Le plaisir de souffrir

DU MÊME AUTEUR

aux Éditions Denoël

Petite philosophie de l'amour, 1994

Alain de Botton

Le plaisir de souffrir

Denoël

roman traduit de l'anglais
par Jean-Pierre Aoustin

Collection **Empreinte**
dirigée par Marie-Pierre Bay

Titre original :
THE ROMANTIC MOVEMENT
(Macmillan, Londres)

9, rue du Cherche-Midi, 75006 Paris
ISBN 2.207.24254.4
B 24254.5

Pour Miel

Introduction

Quand on demandait aux gens de décrire Alice, le mot « rêveuse » n'était jamais loin de leurs lèvres. Sous un vernis de civilisation — et de ce scepticisme qui s'y rattache —, son regard songeur et vague était celui d'un être dont les pensées glissaient sans cesse dans un monde autre et beaucoup moins concret. On discernait, dans ses yeux vert pâle, des traces de mélancolie qui suggéraient un manque essentiel et une aspiration mal définie. On sentait qu'elle cherchait, gênée et même un peu honteuse, dans le chaos du monde, quelque chose qui pût imprégner de sens sa trop banale existence. Et, peut-être à cause de l'époque où elle vivait, ce désir d'autotranscendance (si l'on peut parler d'une façon aussi théologique) en était venu à se confondre avec l'idée de l'Amour.

Bien qu'elle n'ignorât pas quelles grotesques successions de malentendus l'on désigne paresseusement sous le nom de relations amoureuses, elle n'avait jamais cessé de croire en une passion de proportions inacceptables et presque vulgaires. Aux moments les plus incongrus — alors qu'elle hésitait entre différentes marques dans les rayons d'une épicerie, ou qu'elle parcourait la chronique nécrologique dans le métro le matin, ou qu'elle léchait des timbres au goût doux-amer pour les coller sur des factures ménagères —, elle s'apercevait que ses pensées étaient en train de dériver puérilement, mais obstinément, vers le scénario d'une union avec un Autre rédempteur.

Lasse de son aptitude au cynisme, lasse de ne voir que des défauts en elle-même et chez les autres, elle rêvait d'être submergée par ses sentiments pour un de ses semblables. Elle rêvait d'une situation où il n'y aurait ni choix à faire, ni occasions de soupirer en se demandant : « Mais sommes-nous réellement faits l'un pour l'autre ? », où l'analyse et l'interprétation seraient superflues, où l'autre serait simplement une présence indiscutable et entièrement naturelle.

Pour ceux qui ont une conception romantique de l'amour, l'idée que l'on puisse s'embarquer dans une liaison non pour la richesse d'un regard ou la subtilité d'un esprit, mais simplement pour ne pas avoir sous les yeux un agenda plein de soirées solitaires, est choquante et inconvenante. Quoi de plus odieux en effet que de supporter les limitations d'autrui à seule fin de fuir désespérément le face à face avec les nôtres ? Pourtant, après une quête exténuante et infructueuse, nous pouvons espérer être pardonnés (ou tout au moins compris) si nous décidons de lier notre sort à un être dont les qualités n'épuisent en aucun cas notre imagination, mais en qui nous voyons néanmoins le plus beau spécimen humain qui ait jamais manifesté un intérêt soutenu envers nous, un être dont nous trouvons la force de ne pas remarquer le dos bossu, l'excentricité des opinions politiques ou le rire haut perché, en gardant l'espoir d'un progrès ultérieur, au cas où un meilleur candidat se présenterait un jour.

Cela dégoûtait Alice de penser à l'amour en des termes aussi pragmatiques : se contenter ou non du quidam difforme rencontré par hasard à la piscine... Lâche accommodement avec les produits défectueux du monde social au nom de vils impératifs biologiques ou psychologiques. Bien que la vie quotidienne exigeât un jugement nuancé, bien que la transcendance fût rarement présente dans le monde des adultes, elle savait qu'elle ne se satisferait jamais de tout ce qui ne serait pas cette communion des âmes si éloquemment décrite par les poètes et les cinéastes dans le royaume enchanté de l'Art.

Elle aspirait à d'autres choses encore : un sentiment que la vie commencerait enfin pour elle, la fin de cette excessive conscience de soi, de cette débilitante réflexivité, une disposition émotionnelle qui ne la catapulterait pas aussi régulièrement dans de noires déprimes ou des périodes de haine de soi dévastatrice. Il y avait aussi des désirs matériels : celui d'un visage qui n'aurait pas besoin, pour être contemplé, d'un miroir assombri et d'une profonde inspiration préalable, ou encore de ce genre d'existence dont on vous parle dans les pages des journaux de modes — une vie radieuse et pleine de soleil, avec une maison de rêve et des vêtements faits à la main, des chemisiers de soie choisis dans des boutiques de luxe et des vacances sur les plages des mers tropicales.

Pour reprendre la définition de D.H. Lawrence, elle était romantique en cela qu'elle avait la « nostalgie d'un ailleurs » — d'un autre corps, d'un autre pays, d'un autre amant —, formule qui fait écho au fameux *la vie est ailleurs**[1] de l'adolescent Rimbaud. Mais d'où venait ce

1. Les mots en italiques suivis d'un astérisque sont en français dans le texte. *(N.d.T.)*

mal, si l'on peut appeler un tel désir d'altérité un mal ? Elle n'était pas bête, elle s'était plongée dans les grands livres et les grandes théories, elle avait appris que Dieu était mort et que l'Homme (cet autre anachronisme) était au bord de la faillite en tant qu'incarnation d'une réponse à l'existence, elle savait que l'on était censé appeler les histoires qui finissent bien, avec leurs héroïnes satisfaites, des romans de pacotille, pas de la littérature. Et pourtant, peut-être parce qu'elle avait gardé un penchant pour les feuilletons à l'eau de rose et les chansons dont les refrains proclamaient lyriquement une volonté de

Te serrer dans mes bras et t'aimer mon amour
Oh oui ! et t'aimer mon amour,

elle attendait encore qu'un sauveur (au moyen du téléphone ou autrement) fît son apparition.

Dans un monde dont la matérialité ne devait pas, selon elle, lui valoir nécessairement le titre de « réel », Alice s'occupait des comptes de la clientèle dans une grande agence de publicité non loin de Soho Square. Elle travaillait là depuis qu'elle avait quitté avec un diplôme son université de province quelques années plus tôt ; elle avait décidé d'accepter cet emploi en raison surtout d'une confusion rétrospectivement naïve entre le plaisir de consommer des produits et la tâche moins gratifiante qui consiste à orchestrer une telle consommation.

Elle occupait, avec une collègue du service financier, une partie d'un grand bureau non cloisonné, travaillant sous la vive lumière de tubes fluorescents et le souffle froid d'un climatiseur. Après sa journée de travail, le métro la ramenait à l'appartement d'Earl's Court qu'elle partageait avec son amie Suzy. Jusque-là, les deux jeunes femmes avaient surmonté sans peine les difficultés de la vie en commun, mais dernièrement Alice était rentrée chez elle avec une certaine appréhension. Après une longue traversée du désert, son amie, une élève infirmière enjouée et dotée d'un solide sens pratique, avait fini par tomber amoureuse. L'élu était un garçon éminemment raisonnable, un jeune docteur, intelligent sans ostentation, ironique et drôle, qui avait un certain goût pour les histoires macabres de salle de dissection.

Dans la secrète, peut-être même inconsciente hiérarchie de beauté féminine, Alice avait toujours considéré qu'elle était, sinon extraordinairement plus jolie, du moins pourvue d'avantages naturels bien distincts. Elle avait, dans le passé, rassuré Suzy en lui disant que, si rares qu'ils fussent, des hommes *ad hoc* se présenteraient le moment venu, que les grosses chevilles ne constituaient pas un problème et que ce qui comptait c'était la personnalité — paroles de réconfort prodiguées avec la condescendance sous-jacente de quelqu'un dont les attraits reposaient sur des bases plus solides et qui avait une longue liste de messages sur son répondeur téléphonique pour le prouver.

Mais quelle que fût la grosseur respective de leurs chevilles, c'était maintenant Alice qui s'efforçait de garder le sourire tandis que Matt et Suzy s'appelaient « Babar » et « Mimi » et ponctuaient leurs conversations de petits rires étouffés dont les raisons lui demeuraient mystérieuses.

« J'ai toujours dit que nous resterions proches l'une de l'autre, même si je trouvais quelqu'un, lui avait dit Suzy un soir en lui serrant affectueusement la main. Tu es ma meilleure amie dans tout le vaste monde et ça je ne l'oublierai jamais. »

Suzy avait donc tenté un vaillant remodelage de la dyade romantique en invitant son amie au restaurant ou au cinéma ou en lui proposant des promenades au bord de l'eau. Mais, si sincères que fussent ces invitations, Alice s'était bientôt révélée incapable d'accepter la générosité de Suzy. Montrer à quelqu'un un visage heureux, tout en étant intérieurement anéantie par l'absence de sentiments correspondants, voilà qui était au-dessus de ses forces. Elle préférait passer ses soirées dans l'appartement, à feindre de l'intérêt pour le sort des pays ravagés par la guerre que lui montraient les journaux télévisés, assise sur le canapé de la salle de séjour, une assiette de poisson ou de poulet pâlichon passé au micro-ondes en équilibre instable sur ses genoux.

Elle n'avait plus envie de voir qui que ce fût, ou plutôt, l'absence de l'Autre faisait paraître tous les autres superflus. Elle en connaissait beaucoup qui se comptaient parmi ses amis, son carnet d'adresses était bien rempli, parce qu'elle posait des questions aux gens sur eux-mêmes, s'intéressait à leur vie, se souvenait de leurs histoires, et par conséquent satisfaisait habilement leur besoin d'être reconnus et appréciés. Si l'envie de reprendre contact avec eux lui faisait défaut, c'était peut-être parce que ces amis représentaient pour elle une compagnie sans pour autant soulager son sentiment de solitude. Celui-ci ne cessait pas quand, à une table, elle était entourée de visages animés, il ne pouvait disparaître que lorsque le degré d'intérêt d'un autre être humain allait au-delà de l'habituelle et prosaïque évaluation superficielle. Elle aurait été d'accord avec la conclusion (fort peu aristotélicienne) de Proust selon laquelle l'amitié n'est qu'une forme de lâcheté, une fuite devant les responsabilités et les défis bien plus formidables de l'amour.

L'apitoiement sur soi-même pointe le bout de son nez quand nous posons sur nous-mêmes un regard objectif et que naît un sentiment de compassion pour la personne que nous voyons — une disposition d'esprit impliquant que « si c'était quelqu'un que je ne connaissais pas, comme je le plaindrais… ». Il est voué à se nourrir de notre propre infortune et de notre propre tristesse. La connotation péjorative associée à ce mot suggère que de tout temps l'on a jugé avec sévérité ceux qui s'exagèrent leurs propres ennuis, se désolent sans raison valable. Ces gens-là se considèrent comme des personnages tragiques lorsqu'ils sont plaqués après une banale amourette ; ils souffrent d'une légère inflammation de la gorge et, emmitouflés dans des châles, entourés de médicaments, toussent et crachent comme s'ils avaient une pneumonie.

Par tempérament, Alice était réfractaire à un tel sentiment. Et pourtant, au cours des dernières semaines, elle s'était surprise à lutter contre une envie terrible de fondre en larmes. Cela la prenait dans les circonstances les plus embarrassantes, pendant des déjeuners avec des collègues ou les réunions de travail du vendredi après-midi. Elle sentait ses yeux se gonfler et les fermait pour contenir ses larmes, mais sous la pression un peu de liquide salé coulait sur sa joue et y formait une gouttelette en forme de poire.

« Vous vous sentez bien, ma petite ? lui avait demandé une pharmacienne à l'air bienveillant tout en lui rendant la monnaie pour un médicament qu'elle était allée chercher pendant une pause-déjeuner.

— Oui, bien sûr, très bien, avait-elle répondu en refermant son porte-monnaie, troublée à l'idée que sa détresse était devenue si visible.

— Prenez bien soin de vous, n'est-ce pas ? » avait ajouté la femme avec un sourire caressant tandis qu'Alice s'éloignait du comptoir.

Elle ne comprenait rien à ce désespoir dans lequel elle était tombée. Elle avait toujours pensé que le bonheur se définissait plutôt par une absence de souffrance que par la présence du plaisir. Pourquoi alors, avec un emploi décent, une bonne santé et un toit au-dessus de sa tête, sombrait-elle régulièrement, et si puérilement, dans d'irrépressibles crises de larmes ?

Tout ce dont elle pouvait se plaindre, c'était de se sentir douloureusement insignifiante aux yeux des autres, et en quelque sorte superflue par rapport à la planète et aux mouvements de ses habitants.

Ce qu'il y avait peut-être derrière ces larmes, c'était le soupçon navrant que si elle disparaissait soudain de la surface de la terre, personne n'accorderait à son absence plus d'une minute de ses pensées.

Réalité

Au début du mois de mars, Alice accepta une invitation à passer un week-end chez sa sœur aînée, Jane, qui vivait avec son mari dans un lotissement situé dans un des quartiers les plus déshérités de la ville. Jane avait fait des études de droit et dirigeait maintenant un centre d'accueil pour femmes battues — travail dont elle ne manquait jamais de lui faire comprendre qu'il avait une bien plus grande valeur que la commercialisation de shampooings ou de détergents ménagers.

La structure morale de cette relation attribuait à Alice le rôle de la sœur cadette frivole et égocentrique, et à Jane celui de la noble et vaillante sœur aînée — quelqu'un qui avait héroïquement renoncé à avoir un jour une existence confortable pour se mettre au service des plus démunis.

Ce samedi-là, en début d'après-midi, les deux sœurs allèrent se promener dans un parc près du lotissement. Une pluie fine avait commencé à tomber et ajoutait une note de morosité à l'aspect déjà particulièrement désolé du lieu.

« Tu as l'air en forme, remarqua Jane tandis qu'elles ouvraient le portail.

— Vraiment ? Oh, tant mieux, mais je ne suis pas sûre de me sentir si bien que ça.

— Pourquoi ? Qu'est-ce qui ne va pas ?

— Oh, je ne sais pas, ce n'est sûrement rien du tout, répondit Alice, circonspecte quant à la façon dont sa sœur, confrontée à l'inextricable confusion de ses sentiments, pourrait réagir.

— Allons, vas-y, je t'écoute.

— Oh, c'est idiot, vraiment... Je ne me sens pas très bien en ce moment, c'est tout.

— Tu as vu un docteur ?

— Non, ce n'est pas ce genre de chose.

— Alors qu'est-ce que c'est ?

— C'est seulement dans la tête, comme d'habitude.

— Continue.

— Je me sens comme fatiguée à l'intérieur, pas physiquement, mais pour ainsi dire émotionnellement. Je peux regarder d'autres gens et leur parler, et faire des tas de choses objectivement intéressantes, mais d'une certaine façon rien ne me touche vraiment.

— Comment ça ?

— Il semble y avoir un écran entre moi et le monde, une sorte d'isolant qui m'empêche de rien ressentir comme je le devrais. Par exemple, j'ai vu des fleurs dans un magasin l'autre jour, des jonquilles, et normalement j'adore les fleurs, mais cette fois je les regardais comme si ç'avait été des objets venus d'une autre planète. Oh, je ne sais pas ce que je raconte. C'est sans doute un très mauvais exemple, mais rien n'a l'air *réel,* si tu vois ce que je veux dire. »

Il y eut un silence, puis Jane répondit :

« Moi je voudrais bien que les choses aient l'air un peu *moins* réelles par ici. La mairie me cherche encore des crosses au sujet du financement. Si on les laisse faire, ces salopards fermeront toute la boutique. C'est dingue, parce que nous avons tellement de travail en ce moment... J'ai dû m'occuper d'une femme que son mari fou a mutilée en lui coupant quatre doigts avec une scie. Et hier, les services sociaux nous ont amené une femme du Bangladesh qui ne parle pas un mot d'anglais et dont le mari est mort, la laissant avec trois enfants en bas âge. Et il y a Susan, une fille de treize ans dont le père vient d'être emprisonné pour l'avoir violentée.

— Quelle horreur.

— Je t'envie parfois, soupira Jane. J'ai eu à peu près autant de réalité que je peux en absorber cette semaine. »

L'histoire de la pensée montre qu'il existe une tentation quasi irrésistible de diviser le monde en deux — en un monde réel et un autre moins réel.

D'un point de vue strictement logique, les batailles qui font rage sur ce sujet sont une absurdité. Tout ce qui existe est par là même réel. Mais la querelle reste intéressante si on y voit la manifestation d'une lutte éthique plutôt qu'épistémologique. Car ce qui est considéré comme réel est aussi ce qui est jugé avoir de la valeur.

Confrontés au spectacle disparate des phénomènes de l'univers (bébés qui naissent, feuilles qui tombent des arbres, grenouilles qui pondent des œufs, volcans qui font éruption, politiciens qui mentent), les philosophes nous proposent un choix illimité, et bien sûr contradictoire, de substances ou d'idées réelles. Pour Thalès, c'était l'eau, le plus essentiel et irréductible des éléments, qui constituait l'ultime réalité. Pour Héraclite, cependant, c'était le feu. Pour Platon c'était l'âme rationnelle, pour saint Augustin Dieu, pour Hobbes le mouvement, pour Hegel le progrès de l'esprit, pour Schopenhauer la Volonté, pour Madame Bovary l'Amour, pour Marx la lutte du prolétariat vers l'émancipation…

Ces penseurs se rendaient compte, naturellement, qu'il y avait d'autres éléments en jeu dans le monde, ils voyaient simplement dans celui qu'ils avaient choisi le ressort central et principal du mécanisme complexe de l'histoire humaine.

Philosophe	*Dates*	*Ingrédient de Réalité*
Thalès	v. 636-v. 546 av. J.-C.	Eau
Héraclite	v. 535-v. 475 av. J.-C	Feu
Platon	v. 427-347 av. J.-C.	Âme rationnelle
Saint Augustin	354-430 après J.-C.	Amour de Dieu
Hobbes	1588-1679	Mouvement
Hegel	1770-1831	Progrès de l'esprit
Schopenhauer	1788-1860	Volonté
Madame Bovary	années 1840-1850	Amour de l'homme
Marx	1818-1883	Lutte du prolétariat

Table de la Réalité

Mais Madame Bovary n'est-elle pas une anomalie dans cette liste? Sans doute son statut de philosophe est-il contestable, mais sa façon de diviser le monde en deux est des plus familières. A l'instar de saint Augustin, elle choisit, comme ligne de partage entre les choses, l'Amour — non plus l'amour de Dieu, mais celui de l'homme.

D'un côté le monde des bals fastueux, du papier à lettres couleur crème et des regards lourds de sens, et de l'autre l'existence ordinaire et banale de ternes villageois, l'ennui de la vie domestique et un mari ronflant pesamment dans le lit à côté d'elle.

Alice était implicitement d'accord avec le jugement que porte Madame Bovary sur la réalité. Elle aussi situait l'acmé des possibilités humaines dans l'intimité de deux êtres, négligeant volontiers les autres triomphes de la civilisation (minuteurs à œufs, gratte-ciel, tests individuels de grossesse) pour estimer qu'elle n'était véritablement vivante que dans un état amoureux. C'était là une définition bien éloignée de la science médicale, la « vie » ne dépendant pas ici de la circulation de l'oxygène ou de l'activité cérébrale, mais de la présence de quelqu'un avec qui elle pouvait partager un bain, qu'elle pouvait enlacer tendrement après l'amour, et à qui elle pouvait parler en utilisant un langage affectueusement infantile.

Il était difficile de savoir quand un tel préjugé s'était formé en elle. Pendant son adolescence, elle avait pris peu à peu conscience d'une sorte de manque vital que ni ses amis, ni sa famille ne pouvaient combler, et que seuls des films ou des paroles de chansons pouvaient occulter temporairement.

Depuis lors, la médiocrité des hommes à qui elle avait permis de franchir le seuil de sa chambre à coucher n'avait guère contribué à modifier son échelle de valeurs. Même quand elle entendait sa sœur déclarer que pour elle l'important c'était ce monde où des femmes se faisaient couper des doigts par des maris fous, elle ne pouvait se résoudre à admettre que c'était cela la réalité. C'était certainement très grave de perdre ainsi quatre doigts, voire même — si on oubliait les Grecs — une tragédie. Mais elle aurait soutenu jusqu'au bout que ces doigts, si importants qu'ils fussent, ne devaient pas être considérés comme des éléments déterminants du réel.

Le mépris de Jane pour ce genre d'attitude n'était pas surprenant. L'important à ses yeux, ce n'était pas tant un misérable écran entre soi-même et un vase de fleurs ou le fait d'être ou non amoureux que le fait d'être vivant ou mort, avec un toit au-dessus de sa tête ou à la rue, maltraité ou en bonne santé. Parce que l'argent décidait de telles choses, la vie était plus *réelle* dans les quartiers est de Londres que dans les quartiers ouest, une rue où des bandes d'adolescents maigres et boutonneux traînaient devant des garages était plus *réelle* qu'une rue où des bonshommes à lunettes polissaient les chromes de leur voiture de fonction.

Parce qu'elles devaient dîner avec le mari de Jane ce soir-là, les deux sœurs s'arrêtèrent au supermarché sur le chemin du retour. Jane s'empara d'un caddie et le poussa énergiquement à travers la foule du samedi après-midi.

« Je pensais faire un ragoût avec de la purée. Est-ce que ça te va ?

— Pardon ? répondit Alice.

— Non, rien. Écoute, attends-moi ici, je vais au rayon épicerie, j'en ai pour une minute. »

C'était la vue d'un couple attendant un bus de l'autre côté de la grande baie vitrée qui avait distrait Alice. L'homme était grand et vêtu d'un épais manteau de laine, qu'il avait déboutonné pour en envelopper sa compagne. Leur souffle se condensait en vapeur devant eux, tandis qu'ils se serraient douillettement l'un contre l'autre pour se protéger du vent froid qui s'engouffrait en rafales dans l'avenue. Il se pencha pour l'embrasser dans le cou, elle ébouriffa affectueusement ses courts cheveux noirs — et Alice poussa un léger soupir en songeant combien elle aurait aimé aussi que quelqu'un l'enveloppe dans son manteau de laine et bécote son cou à des arrêts de bus polaires.

Ce soir-là, après le ragoût, la purée et trop de verres de vin rouge, le débat à caractère dualiste sur la réalité fut quelque peu approfondi :

« Je ne te comprends pas, vraiment pas, dit Jane. Pour qui te réserves-tu ? Le Messie ? Il y a toujours un problème, non ? Il est trop intelligent ou trop stupide, trop beau ou pas assez beau, trop passionné ou trop mollasson. Pourquoi n'apprends-tu pas à accepter les gens tels qu'ils sont, avec leurs verrues et tout, pour pouvoir te consacrer à ce qui est important dans la vie ?

— C'est formidable de savoir ce qui est important, ma chérie, intervint le mari de Jane, John, en s'appuyant au dossier de sa chaise et en allumant une cigarette.

— Allons, John, tu sais très bien ce que je veux dire... Nous nous apprécions toi et moi, et nous nous aimons, mais ce n'est pas ce genre d'amour qui travaille Alice, cette chose avec un grand A et des violons et des chocolats...

— Deux minutes et on en revient à cette vieille caricature, dit Alice. Je ne sais pas pourquoi je me donne la peine de partager quoi que ce soit avec quelqu'un qui enfonce le couteau dans la plaie chaque fois qu'elle le peut.

— C'est ça, l'Othello de la famille, poignardant la pauvre et innocente...

— Ne fais pas ta sainte nitouche.

— Du calme, ma chère.

— Je suis calme, merci. J'en ai simplement assez de cette façon que tu as de juger tout ce que je fais.

— Tu vois bien que tu perds ton calme.

— C'est possible.

— Eh bien, il n'y a vraiment pas de quoi, parce que je ne pense pas que je sois en train de dire quelque chose de particulièrement offensant. Je voulais seulement faire une remarque qui me paraît très évidente, à savoir que réussir une vie de couple n'est peut-être pas tout à fait ce que tu imagines. C'est un rude travail, il faut changer des couches et se débrouiller pour joindre les deux bouts et faire des efforts quand on est tous les deux fatigués et irritables. Il n'y a rien de prestigieux là-dedans, continue à rêver si tu crois que c'est comme les baisers de cinéma que tu vois dans les films de Hollywood. »

Art et vie

Dans le métro qui la ramenait chez elle le lendemain, Alice repensa à cette histoire de baisers; plus précisément, elle se demanda ce que cela signifiait pour sa sœur et son mari John de s'embrasser.

Pour autant qu'elle pût en juger, ce n'était pas là une chose qu'ils faisaient très souvent. Elle les avait rarement vus échanger des gestes d'affection, même avant la naissance du bébé, même avant leur mariage. Quelques années plus tôt, quand sa sœur et elle étaient allées passer un mois de vacances en Amérique, John avait embrassé Jane sur la bouche dans le hall de départ de l'aéroport de Heathrow. Mais cela n'avait pas été le baiser d'un amoureux disant au revoir à sa bien-aimée avant une séparation douloureusement longue : cela avait plutôt ressemblé au baiser d'un homme qui essaie d'embrasser une femme comme il s'imagine qu'un homme doit embrasser une femme quand ils sont jeunes et épris l'un de l'autre et qu'elle s'en va passer un mois de vacances avec sa sœur en Amérique. Rien d'étonnant donc à ce que Jane parlât d'une façon désobligeante des baisers hollywoodiens ou qu'elle pensât que le genre de baiser décrit dans les œuvres d'art n'avait rien de réel, puisque ceux qu'elle avait reçus dans la vie semblaient avoir peu de rapport avec le courant d'émotions qu'elle pouvait avoir ressenti au fond d'elle-même.

Alice avait toujours pensé qu'un bon baiser pouvait égaler, sinon surpasser, l'acte d'amour proprement dit, dans les bras (ou sur les lèvres) d'un partenaire capable. Elle appréciait qu'un homme y consacre du temps et qu'il ait envie d'en explorer toutes les possibilités érotiques et les subtilités techniques. Il fallait pour cela l'habileté d'un violoniste ou d'un pianiste, il fallait savoir contrôler les mouvements de chaque muscle buccal, connaître le clavier, le rythme et le tempo, savoir quand presser fort ses lèvres contre les lèvres de l'autre et quand les effleurer légèrement et malicieusement, quand ouvrir la bouche et quand faire preuve de réserve. Il fallait aussi contrôler le flux salivaire et la cadence respiratoire, savoir comment modifier sensuellement la position de la tête, intégrer toutes les parties du visage dans le baiser, coordonner ce qui se passait du côté des lèvres avec l'exploration digitale des oreilles et de la nuque, des tempes et des sourcils.

Comme ils avaient été rares dans son expérience amoureuse, les baisers dignes de ce nom… Les premiers avaient été — d'une façon peut-être prévisible — désastreux, soit trop humides, soit trop secs, conséquences d'une nervosité adolescente — mais, même plus tard, elle avait trouvé bien rares les occasions où les hommes s'investissaient convenablement dans cet acte. La plupart du temps, ils n'y voyaient qu'un prélude à la phase du déshabillage, un rituel poli nécessaire à la réalisation d'un dessein bien plus vaste et ambitieux, et une fois qu'ils étaient au lit ensemble, leurs pensées et leurs efforts étaient clairement dirigés ailleurs.

Voilà pourquoi la remarque condescendante de Jane au sujet des baisers hollywoodiens lui était restée en mémoire. Elle impliquait une distinction entre deux types de baisers :

1. Les baisers de la vie *réelle,* comme celui qu'avaient échangé Jane et John dans le hall de départ de l'aéroport de Heathrow, et
2. Les *pseudo*-baisers *artistiques*, des efforts sensuels ambitieux dont on voyait surtout des exemples dans les films hollywoodiens, les romans ou les tableaux.

Mais, réfléchissant à la question sur le chemin du retour, Alice en conclut que s'il s'agissait de choisir entre le genre de baisers qu'échangeaient Jane et John et ceux que l'on voyait sur l'écran, alors ces derniers, d'une certaine façon, méritaient d'être reconnus comme étant plus vrais et plus réels, quoique beaucoup moins pratiqués, que les autres.

Un esthète aurait pu voir là un aspect du vieux débat opposant l'Art et la Vie. Selon le point de vue qu'on adoptait, les baisers « vie » valaient mieux que les baisers « art », ou inversement. Et si, comme Jane, on se rangeait dans cette affaire du côté de Platon, alors c'était la Vie, incontestablement, qui avait l'avantage.

Platon était convaincu que l'art ne pouvait par définition que s'efforcer de rendre justice à la vie et que c'était là une tentative vouée à l'échec. Les artistes étaient superflus dans une société idéale, parce qu'ils ne faisaient qu'imiter ce qui existait déjà et n'avait donc pas vraiment besoin d'être reproduit — si jolis que puissent être les Rodin ou les Klimt. A quoi bon dessiner un lit quand il y a partout de vrais lits? A quoi bon filmer un baiser quand le bécotage est une pratique si courante?

Oscar Wilde n'était certes pas du même avis. Dans sa maxime fameuse quoiqu'un peu rebattue, il affirme que ce n'est pas l'art qui imite la vie, mais la vie qui imite l'art. Que voulait-il dire en formulant un aussi surprenant aphorisme ? Que c'est l'art qui a l'avantage sur la vie, que les baisers qu'on reçoit d'amants en trois dimensions sont forcément les parents pauvres de ceux que l'on voit sur l'écran. L'esthétique romantique de Wilde jugeait sévèrement un homme comme Tony, qu'Alice avait embrassé pendant la fête de Noël de sa boîte, un type dont l'haleine empestait la soupe à l'oignon et dont le comportement rappelait celui d'un chien enthousiaste revoyant son maître après une longue absence.

Alice arriva chez elle peu après six heures le dimanche soir. Toutes les lumières étaient éteintes dans l'appartement et la porte ouverte de Suzy laissait voir un lit non défait. Elle entra dans sa propre chambre, posa son sac sur la chaise et se recroquevilla sous sa couette. Les rideaux de la fenêtre n'étaient pas tirés et elle regarda fixement l'immeuble d'en face. Une femme qui avait enfilé de longs gants orange grattait un plat dans une cuisine, dans l'appartement du dessus un homme était penché sur un journal devant une télévision allumée, et au-dessus du toit et de son fouillis de tuyaux de cheminée hors d'usage et d'antennes de télé, un croissant de lune brillait par intermittence à travers un chaos de nuages rapides.

Alice fut tirée en sursaut de sa rêverie par le téléphone qui sonnait dans le couloir, mais la sonnerie s'arrêta au moment où elle allait décrocher. Elle resta quelques instants dans l'étroit corridor, appuyée contre le mur sur un pied, les yeux fixés sur l'ampoule nue près de la porte. Elle n'arrivait pas à savoir au juste si elle avait faim ou si elle était fatiguée, si elle avait envie de voir des gens ou d'être seule, de lire ou de regarder la télé. Elle monta lentement l'escalier intérieur, absorbée dans la tâche qui consistait à couper un bout de peau morte près de l'ongle de son index. Il y avait un mot de Suzy dans la cuisine, elle ne reviendrait pas avant lundi, il restait de la lasagne et de la salade dans le frigo, avait-elle passé un bon week-end ?

La lasagne avait pris un coup de vieux, la salade avait perdu sa bonne mine un ou deux jours plus tôt. Peut-être un peu de soupe alors ? Elle prit un ouvre-boîtes dans le tiroir près de l'évier et une boîte de soupe dans le garde-manger derrière le frigo. Elle la réchauffa jusqu'à ce que son contenu commence à frémir, puis versa celui-ci dans une épaisse assiette en faïence ; le rouge tomate jurait avec le vernis vert à motifs floraux. Il y avait une pile de journaux du week-end au bout de la table et elle les feuilleta tout en mangeant.

Comme on se sent seul quand on dîne d'une boîte de soupe de tomate dans une cuisine et qu'il n'y a personne pour vous regarder, personne pour atténuer l'horrible et triviale matérialité de tels instants, personne pour leur conférer un semblant d'importance ou de sens… Dîners solitaires et soupe tiède : peut-être y avait-il là un indice qui permettait de comprendre pourquoi, en voyant une récente exposition, Alice avait tant aimé les œuvres des représentants du pop art, et en particulier ce qui l'avait attirée dans l'œuvre d'Andy Warhol. C'était un exemple supplémentaire de cette faculté qu'a l'art de rehausser les couleurs de la vie.

Warhol avait pris une humble boîte de soupe et effectué une opération par la magie de laquelle non seulement l'art imitait un objet (Platon), mais lui donnait relief et valeur (Wilde). Les boîtes de soupe Campbell's avaient toujours eu quelque chose de déprimant, mais elles perdaient beaucoup de ce caractère déprimant dès lors que l'on pouvait penser que quelqu'un d'autre les avait vues et s'était donné la peine de les hausser au rang d'objets de valeur, qu'elles étaient entrées dans les musées et avaient acquis un prestige d'icônes.

Ces « objets ordinaires », dédaignés en tant que tels, et que l'on avait pendant des décennies jugés indignes d'être représentés — boîtes de conserve et hamburgers, sèche-cheveux et bâtons de rouge à lèvres, pommes de douche et interrupteurs électriques —, les critiques d'art sérieux avaient été contraints de les regarder plus attentivement, parce que des peintres les prenaient maintenant pour modèles. Ils avaient dû examiner, par-delà leur velouté d'asperges, toutes sortes d'objets précédemment méprisés, parce qu'il avait été décidé qu'eux aussi devaient être inclus dans le royaume de l'art, avec les Madones, les Vénus et les Annonciations.

Un simple cadre autour d'un objet ordinaire attirait l'attention sur des formes, des couleurs et des résonances que d'habitude on ne voyait même pas, et suggérait que :

Il se passe ici quelque chose de spécial

Cyril Connolly a opposé les productions journalistique et littéraire en disant que la première était faite pour être lue, et la seconde relue. Dans cette optique, les boîtes Campbell's étaient *journalistiques* (de simples récipients jetables servant à transporter du liquide) jusqu'à ce que l'opération de Warhol — celle qui consistait à les encadrer — les élevât à la dignité du *littéraire* (quelque chose qu'on accroche au mur pour mieux pouvoir le contempler et le revoir).

Soupe littéraire

Ne pouvait-on pas voir une analogie entre ce que Warhol avait fait avec sa peinture et ce qu'un amant ou une amante faisait quand il ou elle déclarait ravissant un groupe de taches de son — longtemps dédaigné — sur le nez ou la main du ou de la bien-aimé(e)? N'était-ce pas structurellement le même processus quand un amant murmurait « Sais-tu que je n'ai jamais vu quelqu'un qui ait d'aussi adorables poignets/grains de beauté/cils/ongles de pied que toi? » et quand un peintre attirait l'attention sur les qualités esthétiques d'une boîte de soupe ou de tampons Jex?

S'émerveiller de tels détails était risible dans un sens, aussi risible qu'une boîte de soupe sur un mur, et pourtant, si l'on comprenait qu'il était possible d'admirer de telles futilités parce qu'elles faisaient partie d'un tout plus important, l'amour d'une personne par exemple, alors une justification pouvait être trouvée. Une fois qu'un trait particulier était perçu comme un *détail* d'un ensemble plus vaste, il échappait à son insignifiance d'élément isolé, non rattaché à quoi que ce soit d'autre.

Tout en soupant solitairement dans sa cuisine, Alice rêvait au jour où, parce que quelqu'un s'intéresserait à elle, elle pourrait aussi connaître ce sentiment que des petites choses en elle étaient appréciées, que, sans qu'il fût besoin d'aller sur la Lune ou de devenir Présidente, des éléments de sa vie ordinaire pouvaient acquérir une certaine valeur, que le poids de sa solitude pouvait être allégé par quelqu'un qui dirait « C'est si charmant cette façon que tu as de… » et à qui elle pourrait faire le même genre de remarque. Ce serait une époque bénie où un dimanche soir passé à lire des journaux devant une assiette de soupe pourrait éviter de sombrer dans une lamentable tristesse, parce qu'il y aurait là quelqu'un (pas Warhol peut-être, mais quelqu'un) pour digérer l'expérience avec elle.

« Quelle idiote je fais, pensa-t-elle soudain pour dissiper toutes ces idées qui lui passaient par la tête. Il faut que j'arrête ça. »

Elle repoussa le journal qu'elle avait dans les mains, porta l'assiette vide jusqu'à l'évier et la rinça rapidement à l'eau froide.

« Je dois être complètement narcissique ou peut-être simplement très vaine ou très folle. »

Elle se dit que c'était sans doute l'appartement qui la rendait claustrophobe, et décida d'aller voir un film. Elle regarda le programme à la dernière page du journal et vit qu'on passait *A bout de souffle* de Jean-Luc Godard au cinéma Renoir. Elle descendit très vite dans sa chambre, enfila un autre pull et descendit tout aussi vite dans la rue pour trouver un taxi qui l'emmènerait Brunswick Square.

Le hall du cinéma était plein de couples bon chic bon genre, et tandis qu'elle achetait son ticket, elle ressentit un peu de cet embarras mêlé d'instinctive appréhension qu'elle avait souvent éprouvé en allant seule au cinéma.

« Qu'est-ce que ça peut faire, ce que les autres pensent, de toute façon ? » soliloquait-elle, agacée par l'égocentrisme qu'impliquait son inquiétude paranoïaque.

Elle acheta une tranche de gâteau au gingembre et choisit un siège sur le côté d'un rang du milieu. Les lumières s'éteignirent, et peu à peu elle s'oublia, s'affranchit de ce corps plein de gaucherie qui redoutait le regard des autres. Elle était Jean Seberg sur les Champs-Élysées, le *Herald Tribune* à la main, elle était Belmondo dans le bureau de l'American Express, elle traversait en voiture le quartier de Saint-Germain-des-Prés la nuit, elle écoutait le concerto pour clarinette de Mozart en sachant qu'elle allait mourir.

Quand le générique de fin apparut, elle se sentit coupée d'un monde qu'elle avait fait sien. Elle voyait s'estomper des personnages et des émotions inhabituellement vivants et intenses. Elle avait pleuré, elle avait ri, elle avait admiré Jean Seberg et aimé Belmondo. Un homme et une femme portant des lunettes et des vêtements noirs se levèrent devant elle et remirent bruyamment leur imperméable.

« Un bon pastiche du néo-réalisme italien, murmura l'homme.

— Tu trouves ? Plutôt du John Ford mâtiné de Sartre », suggéra sa compagne.

Alice resta assise jusqu'à ce que le nom du distributeur et le numéro d'exploitation du film défilent sur l'écran, espérant ainsi confusément retarder le moment où elle devrait affronter la douloureuse transition entre le film et la vie.

Elle n'avait plus assez d'argent pour prendre un taxi, et décida donc d'aller à pied jusqu'à l'arrêt de bus situé au bout de Charing Cross Road. Les rues humides et sombres baignaient dans la lueur orangée des lampadaires et il y flottait une odeur de friture. Cela suscita en elle un désir bien compréhensible de revoir Paris.

Elle avait passé une année dans la capitale française avant d'entrer à l'université. C'était la première fois qu'elle vivait loin de chez elle, et cette expérience lui avait communiqué cette sorte de vision romantique de Paris si commune parmi ceux qui ne sont pas obligés d'y vivre en permanence. Elle s'était sentie pleine de spontanéité et d'assurance, elle s'était fait beaucoup d'amis, des admirateurs l'avaient poursuivie de leurs assiduités, lui avaient envoyé des bouquets de fleurs et adressé des déclarations enflammées.

Elle avait travaillé dans une agence de voyages à Montparnasse, et comme on lui laissait deux après-midi libres par semaine, elle avait fini par acquérir une excellente connaissance du cinéma français contemporain. C'est pourquoi Paris était maintenant associé dans son esprit à la notion de cinéma — autant à cause de tous les films qui avaient été tournés dans ses rues et sur ses boulevards que de ceux qu'elle y avait vus.

Marchant le long de Tottenham Court Road, elle en voulut soudain terriblement à Londres d'être une ville si peu filmée. Si elle préférait Paris à Londres, c'était parce qu'elle ne percevait pas simplement la capitale française à travers une expérience quotidienne (après tout, on peut être également malheureux dans les deux villes), mais qu'elle la voyait aussi avec les yeux des cinéastes et des peintres qui s'y étaient trouvés avant elle. Quand elle regardait les rues parisiennes, elle ne voyait pas seulement des briques et du mortier, elle voyait des briques et du mortier tels que les avaient vus Manet et Degas, Toulouse-Lautrec et Pissarro, Truffaut et Godard.

Les rues de Paris avaient acquis par là même une *esthétique*, contrairement à celles de Londres, une esthétique que l'on peut définir comme étant l'aura qui s'attache à la matière première de la production artistique. La seule esthétique qu'Alice parvenait à voir dans le paysage londonien provenait de vagues réminiscences de ténébreuses adaptations de Dickens diffusées par la B.B.C. ou de photos panoramiques de style « carte postale » tirées des premiers films de James Bond (manifestement Whistler et Monet n'étaient pas restés gravés dans sa mémoire).

Londres n'avait pas été assez *regardée* et ne pouvait donc pas rayonner comme les villes caressées par les pinceaux, les plumes et les caméras des artistes. Elle n'avait pas l'aura de Rome, de New York ou de Prague, cette beauté qui naît de ce qu'on voit quelque chose que quelqu'un d'autre a vu avant soi, ce qui permet de filtrer ses perceptions à travers celles d'un autre. Les grands cinéastes, songea Alice, brisent la solitude des métropoles modernes en créant une image commune susceptible d'unir les perceptions éparses de leurs populations effroyablement amorphes et anonymes.

Elle arriva à l'arrêt de bus devant Foyles à temps pour attraper son bus et s'assit sur une banquette près du receveur.

« Ça pince ce soir, hein ? remarqua-t-il du ton de quelqu'un qui cherche à entamer une conversation.

— Oui », répondit sèchement Alice.

Alors même que, quelques minutes plus tôt, elle avait pensé à la façon dont les cinéastes brisaient la solitude des villes, la perspective d'avoir à discuter avec un receveur de bus lui semblait maintenant odieuse. Ce n'était pas de snobisme social qu'elle faisait preuve en l'occurrence, mais de snobisme esthétique. Elle trouvait très bien de voir des receveurs de bus dans des films, mais était choquée par ce qu'ils avaient de grossièrement prosaïque quand ils interrompaient sa rêverie sur le chemin du retour.

Sa réaction exprimait un ressentiment confus à l'égard de son propre manque de qualités esthétiques. Jean Seberg avait joué le rôle d'une très ordinaire jeune fille américaine à Paris, mais tandis que tout dans la vie de Seberg semblait poétique, tout dans celle d'Alice semblait frappé de banalité. Elle était banale, ses amis, ses parents, son travail, son appartement, sa ville, le bus et le receveur, tout cela était banal. Que voulait-elle dire par là ? Que rien dans sa vie n'était relié à quelque chose d'important, à une cause ou une histoire qui lui eût donné une autre dimension.

Peut-être qu'en d'autres temps Dieu avait constitué une solution à un tel problème : sous Son regard, on avait pu avoir le sentiment que le monde était moins médiocre et moins sordide, que le banal était aussi relié à l'illustre histoire du bien et du mal. Bien que les croyants fussent dans la Cité terrestre, leurs actions n'étaient pas sans rapport avec ce qui se passerait dans la Cité céleste. Dieu voyait tout, et un tel témoin pouvait tout rendre supportable, même une traversée de Londres par une nuit brumeuse et pluvieuse.

Mais Alice n'avait jamais eu la foi, et pour elle c'était à l'art et à l'amour d'en assumer certaines fonctions. De même qu'un film lui permettait d'échapper à un sentiment d'isolement en l'amenant à se dire qu'elle n'était pas la seule à avoir éprouvé telle émotion, vu telle rue ou bu un verre dans tel café, l'amour entretenait en elle l'espoir d'un être à qui elle pourrait murmurer « Tu ressens cela toi aussi ? C'est merveilleux. C'est exactement ce que j'ai pensé quand... » — le contenu d'une âme trouvant ainsi une tendre analogie avec celui d'une autre âme.

Histoires

Quand elle s'éveillait de bonne heure pendant le weekend, Alice avait pour habitude d'aller chercher du pain frais dans une boulangerie proche avec sa Volkswagen. Le samedi suivant, sentant qu'elle ne pourrait guère dormir après huit heures, elle décida de préparer le petit déjeuner et d'en faire la surprise à Suzy et à Matt.

Elle se gara dans l'avenue, acheta quelques croissants encore chauds, puis alla porter des vêtements à nettoyer au pressing un peu plus loin. Quand elle revint à sa voiture, elle remarqua qu'on avait glissé une enveloppe sous un des essuie-glaces. Soulagée de voir que ce n'était pas encore une contravention, elle la fourra dans son sac à provisions et se remit au volant.

De retour à l'appartement, elle trouva les deux amoureux encore endormis, alors elle se fit une tasse de café tout en écoutant une émission d'actualités à la radio. Une minute plus tard, se souvenant de l'enveloppe, elle alla la prendre dans son sac et en sortit la lettre suivante :

« Chère Inconnue,

Pardonnez ces lignes, mais cela fait maintenant des semaines que j'éprouve une envie irrépressible de vous écrire. Je vous vois entrer dans le magasin pour acheter du pain et j'en reste sans voix. Je trouve votre sourire irrésistible et je me demande quand j'aurai enfin le courage de vous parler. Je ne sais rien de vous, à part le fait que vous avez une jolie voiture rouge et un charmant sourire. Vous ne devez pas penser que je ne suis rien d'autre qu'un vendeur. En fait j'adore la musique et je compose moi-même. Si vous voulez, je peux vous préparer à dîner un soir, bien que cela serait cuit au micro-ondes (probablement) et végétarien (certainement). J'espère vous revoir bientôt — ne serait-ce que comme cliente. Vos visites et votre sourire emplissent mon cœur de désir (sincèrement, la rime est accidentelle). »

Oh merde! pensa Alice, résumant ainsi la vague impression qu'elle avait du vendeur en question, un jeune homme au visage cruellement ravagé par l'acné, qu'elle avait remarqué surtout en raison d'un comportement quelque peu furtif et anxieux.

« Qui est la petite veinarde qui a du courrier ce matin?

— Bonjour, Suzy. Ça va?

— Très bien, mon chou. Et toi? répondit Suzy en embrassant Alice sur la joue.

— On vient de me donner une lettre vraiment bizarre.

— Une lettre bizarre? s'exclama Matt en apparaissant sur le seuil de la chambre, les yeux encore tout collés de sommeil. Moi je n'y toucherais pas à cette heure de la journée. Et toi, Suzy?

— Allez, vas-y. Dis-nous de qui elle vient.

— Ah! Elle a apporté des croissants, dit Matt en s'animant à la vue du sac à provisions. Alice, tu es fantastique. Regardez ça, un pour chacun de nous. Oh, et de la confiture aussi.

— Chut! Matt, fit Suzy. Je suis curieuse d'en savoir plus sur cette lettre.

— Si seulement il y avait quelque chose d'intéressant à en dire, répondit Alice. C'est juste une espèce de lettre d'amour…

— Juste une espèce de lettre d'amour ! Je n'ai jamais vu quelqu'un prendre un air aussi blasé en recevant ce genre de bafouille, dit Matt.

— … qui vient de ce type de la boulangerie.

— Un type de la boulangerie ? s'étonna Matt.

— Ouais, ce jeune homme qui vend du pain, il m'a écrit une lettre d'amour. Il dit qu'il aime mon sourire et qu'il veut me préparer un repas végétarien chez lui un de ces jours.

— Bah, cela pourrait être sympa, dit Suzy, qui avait tendance à toujours voir le bon côté des choses.

— Pour ma part je n'aime pas beaucoup la cuisine végétarienne, dit Matt. J'ai été assez emballé par ces côtelettes aux noix ou aux amandes pendant un certain temps, mais on a besoin d'une nourriture équilibrée. Et puis, un boulanger végétarien amoureux de ton sourire — ça m'a l'air plutôt louche.

— C'est un pauvre type de toute façon, dit Alice. Quel culot d'écrire une lettre comme ça…

— Oh ! ne dis pas ça, reprit Suzy d'une voix flûtée, la boulangerie est un travail très intéressant. J'ai connu un boulanger une fois, il faisait des petits pains comme personne.

— Des petits pains comme personne ? fit Matt.

— De toute façon je ne suis pas intéressée, alors n'en parlons plus et mangeons, dit Alice. Je jette cette lettre à la poubelle. »

On aurait certes pu espérer, avec un minimum d'optimisme ou d'imagination, qu'une telle missive aurait des conséquences fort différentes, une histoire d'amour par exemple, du moins une histoire du genre roman de gare. Un jeune boulanger tombe amoureux d'une femme légèrement plus âgée et plus raffinée que lui. La route du bonheur est jonchée d'obstacles, il y a des problèmes d'âge et de classes sociales à résoudre, les amis et l'entourage de la jeune femme acceptent mal le boulanger, son père essaie de l'éliminer, la mère du boulanger se sent œdipiennement menacée et refuse de repasser la chemise de son fils avant un rendez-vous décisif dans un restaurant des beaux quartiers, il est végétarien, elle adore le steak tartare, il écoute de bizarres instruments indiens, elle préfère Mozart. Et pourtant la force de leur passion (on les voit faire furieusement l'amour, couverts de farine) triomphe de tous les conflits et connaît un heureux dénouement aux alentours de la page 350.

Au lieu de quoi la lettre se retrouvait au fond d'une poubelle de cuisine et la belle histoire n'avait plus aucune chance de se réaliser (bien que Suzy continuât de suggérer que les personnes les plus dissemblables s'entendaient parfois très bien, expliquant, pour étayer son argumentation, que Matt ne lui avait pas plu la première fois qu'ils s'étaient rencontrés dans une salle de l'University College Hospital — thèse que Matt contredit aussitôt en racontant comment elle avait été assez troublée pour piquer un fard et entrer en collision avec un battant de porte).

Alice ne connaissait que des discordances dans ses histoires d'amour. C'était toujours au fond de désir qu'il s'agissait, la difficulté était de savoir qui voulait donner quoi et à qui.

En janvier, Tony, l'homme qui l'avait embrassée pendant la fête de Noël, l'avait invitée à dîner et lui avait proposé un week-end à Torquay. Alice avait apprécié le compliment et aimé sa compagnie, mais avait dû par honnêteté le prévenir que les choses en resteraient au stade de l'amitié. A la même époque elle s'était entichée du garçon chargé de réparer la photocopieuse et l'imprimante de son service, et en conséquence avait fréquemment fait appel à l'équipe de maintenance sous prétexte qu'une de ces machines avait un problème avec sa cartouche d'encre. Mais quelques semaines plus tard, Simon, le beau mécanicien, avait annoncé d'un ton léger que son ami Tom et lui iraient dîner ce soir-là au restaurant pour fêter leur deuxième anniversaire de vie commune — et dès lors le service de maintenance n'avait plus jamais été dérangé par le troisième étage pour des problèmes de cartouche d'encre.

Il n'était donc pas étonnant qu'Alice fût captivée par les grandes histoires d'amour et leur enviable caractère de nécessité et d'inéluctabilité. Son attirance pour ces histoires ne venait pas de ce qu'elle croyait naïvement qu'elles représentaient le bonheur, mais plutôt de ce qu'elle pensait qu'elles étaient chargées de sens. La moindre scène avait une signification, même une scène ennuyeuse était là pour dire quelque chose sur l'ennui. Selon Aristote, la différence entre l'horreur et la tragédie, c'est l'intrigue. Avec un récit habilement mené, si dures et sombres que paraissent les choses par ailleurs, on peut être certain au moins qu'il ne s'agit pas seulement d'un conte dit par un idiot, plein de bruit et de fureur et ne signifiant rien.

Les héroïnes de fiction romanesque trouvaient sur leur chemin des maris jaloux, des amants ténébreux, des situations délicates et des obstacles assez sérieux pour que leur vie en devienne intéressante sans pour autant sombrer dans le désespoir. Le pistolet mentionné au premier acte partirait inévitablement au quatrième.

Ainsi, au moment où Alice s'apprêtait à vivre sans enthousiasme un autre mois de sa vingt-quatrième année, une distinction pouvait être établie entre deux sortes de temps :

Le Temps chargé de sens : celui dont les histoires étaient imprégnées, un temps qui révélait la personnalité et dont les séquences étaient reliées entre elles par des locutions telles que *de ce fait, afin que* ou *en raison de.*

Le Temps mécanique : simple mouvement d'aiguilles sur un cadran, déroulement chronologique dépourvu d'une structure narrative classique — à la rassurante rigidité — construite sur le modèle inexpugnable :

Besoin/Désir → Conflit → Résolution

Les besoins et les désirs d'Alice constituaient au mieux une espèce de saga informe et décousue, où les choses arrivaient apparemment sans raison, où les désirs ne suscitaient jamais de conflits, où des conflits naissaient sans désir préalable, où les résolutions n'étaient que des pansements provisoires sur des blessures instables — et le tout durait des années, sans même le répit d'une pause publicité.

Dans son histoire personnelle, les difficultés avaient rarement eu le privilège de pouvoir être exprimées. Elle avait aimé son père, mais ses rapports avec lui avaient toujours été faussés — il était trop occupé à diriger une chaîne internationale de grands magasins, et d'ailleurs il n'avait pas le contact très facile avec les enfants. Sa mère était jugée raffinée et charmante dans le milieu social qu'elle fréquentait, mais Alice n'avait jamais vu en elle qu'une personne trop gâtée, puérile et (si elle n'avait pas été aussi vindicative) légèrement pitoyable. Ses parents avaient été si accaparés par leur propre vie qu'elle avait eu le sentiment que ses problèmes n'étaient pas assez importants pour qu'elle en parlât. Les circonstances l'avaient forcée à se ranger dans le camp des rongeurs d'ongles plutôt que dans celui des hurleurs ; sa vie était un drame intérieur et non pas extérieur.

Ce n'était peut-être pas une coïncidence si elle avait toujours été fascinée par l'histoire du fil d'Ariane. Cet antique mythe grec raconte l'arrivée de Thésée en Crète, où il doit être emprisonné et trouver la mort dans le palais en forme de labyrinthe du féroce Minotaure. Mais avant qu'on l'y enferme, Ariane, une des filles du roi Minos, l'aperçoit, tombe amoureuse du beau jeune homme et décide de l'aider à échapper au sort cruel qui l'attend. Prenant elle-même de gros risques, elle lui glisse dans la main une pelote de ficelle qui lui permettra de retrouver son chemin hors du labyrinthe. L'amour et la gratitude étant des sentiments étroitement mêlés, quand Thésée parvient à tuer le monstre et à sortir du dédale, il tombe amoureux à son tour et fuit la Crète en emmenant avec lui sa chère princesse Ariane.

Alice était touchée par ce qu'elle supposait être le symbolisme de cette histoire : le besoin d'un fil conducteur et le lien entre ce fil et l'amour, l'idée que c'était le don de l'amant qui offrait une possibilité d'orientation.

Ce qu'elle avait sans doute oublié — sa connaissance de la mythologie grecque n'étant pas très précise —, c'était que l'histoire se terminait d'une façon sensiblement plus cruelle et malheureuse, puisque selon les versions, Thésée abandonnait Ariane peu après leur départ de Crète, les deux amants étaient séparés par accident, ou bien Ariane était emmenée au pays des dieux par un Dionysos jaloux.

Cynisme

La semaine suivante, Suzy invita son amie Joanna à dîner. Joanna était une esthéticienne élancée qui mettait sa fierté à peindre ses longs ongles en mauve, à combattre l'hypocrisie et à être franche avec les gens — c'est-à-dire qu'elle arrivait rarement au bout d'une conversation sans offenser quelqu'un, après quoi elle se défendait en demandant : « Si je ne le lui dis pas, qui diable le fera ? »

Les trois jeunes femmes, assises autour de la table de la cuisine, bavardaient en buvant du vin et en mangeant de la salade.

« Alors dis-moi, comment ça va côté cœur ? s'enquit Joanna en se tournant vers Alice.

— Oh, pas mal.

— J'adore cette fille, elle est toujours si polie ! « Oh, pas mal », dit-elle. On dirait que je lui ai posé une question au sujet du temps ou…

— Désolée, qu'est-ce que je dois dire ?

— Je ne sais pas moi, dis-moi avec qui tu fricotes, qui te fait prendre ton pied, ce genre de chose. Est-ce que tu es encore avec ce… comment s'appelle-t-il déjà ?

— Tony. Non, c'est fini depuis un moment, n'est-ce pas ? intervint Suzy, inquiète quant au tour que prenait la conversation.

— Hé ! Elle n'a pas perdu sa langue, laisse-la parler, protesta Joanna.

— Oui, c'est fini, elle a raison. Tu sais, on n'était pas très bien assortis et alors... oui, j'ai décidé qu'il valait mieux...

— Tu sais ce qu'on dit, en amour comme à la guerre tous les coups sont permis », remarqua Joanna, puis elle fit une pause, comme si quelque chose de profond venait d'être dit. Il y eut un silence pendant qu'elle allumait une cigarette et avalait la fumée à fond, puis elle reprit : « Tu sais quoi ? Je vais te faire un vrai cadeau. Je vais te brancher avec quelqu'un de spécial. Je connais ce type, cet ami de mon frère. Je suis sûre qu'il te plaira. Il fait de la musculation, c'est un ingénieur informaticien, très sexy et séduisant. Je pense qu'il pourrait résoudre tous tes problèmes.

— Très drôle, répondit Alice.

— Drôle ? Je croyais que tu sauterais sur l'occasion...

— Oh ! sûrement.

— Eh bien, pourquoi pas ?

— Parce que je suis très bien toute seule.

— C'est possible, je dis seulement que tu serais probablement beaucoup mieux avec ce garçon entre tes draps.

— Ce n'est pas à toi d'en juger.

— Excuse-moi, j'avais cru comprendre que tu n'étais pas très bien pourvue en ce moment côté chambre à coucher.

— Ça ne me gêne pas. Je veux dire, si je suis avec quelqu'un, alors tant mieux, mais si ce n'est pas le cas, ça peut être aussi très bien.

— Alors qui promène partout une tête d'enterrement ?

— Je ne sais pas.

— Écoute, ma fille, crois-moi, tu es peut-être satisfaite de ta vie et tout, mais on a tous besoin de changement de temps en temps. Est-ce que tu préfères le lisse ou le velu ?

— Pardon ?

— Est-ce que tu préfères les poitrines lisses ou velues ?

— Je ne sais pas, ça m'est égal. Ça dépend de la personne.

— Quelle fille raisonnable ! Écoute, laisse-moi lui donner ton numéro de téléphone, et puis vous pourrez voir ça ensemble, sentir les vibrations et prendre une décision. D'accord ?

— Pas d'accord.

— Pourquoi ?

— Parce que, franchement, Joanna, je n'ai besoin de *personne*...

— Okay, inutile de s'énerver. Bon sang, ce que les gens peuvent être susceptibles !

— Et toi tu pourrais peut-être te montrer un peu moins insensible.

— Je disais seulement que je connais ce garçon qui a l'air intéressant et étant donné que tu ne...

— Qu'est-ce qu'il y a, Alice ? Ça ne va pas, mon chou ? demanda Suzy, qui avait remarqué que les yeux d'Alice se gonflaient de larmes.

— Ce n'est rien, excusez-moi, répondit-elle en se levant brusquement de table. Je dois être fatiguée. J'ai besoin d'aller m'allonger un moment. »

Son départ fut suivi d'un silence tendu. Suzy regardait fixement l'assiette encore à moitié pleine d'Alice et sa serviette jetée à la hâte sur la table.

« Hé, ne m'accuse pas, dit Joanna pour prévenir tout

reproche. Je faisais une suggestion, c'est tout. Elle passe son temps à se morfondre, elle est visiblement malheureuse, alors je me suis dit qu'elle devait sortir et rencontrer quelqu'un. Je t'assure, cet ami dont je parlais, il est super. Et de toute façon, si je ne le lui dis pas, qui diable le fera ? »

Quels que fussent les mérites de cette prétendue franchise (que seule la ligne la plus ténue séparait d'une grossière impolitesse), Joanna n'avait pas tort en l'occurrence. Bien qu'Alice, en son for intérieur, ne rêvât que d'amour, elle était devenue, avec le temps, de moins en moins disposée à s'avouer ce fait et à l'avouer aux autres. Alors qu'auparavant son état de « célibataire » avait suscité maintes plaisanteries et taquineries amicales, la durée dudit état lui avait peu à peu conféré un caractère de gravité auquel on évitait de faire allusion.

Le problème amoureux était escamoté, mais ses répercussions se faisaient sentir ailleurs. Les amis d'Alice, qui se souvenaient de son tempérament optimiste, étaient surpris de l'entendre soutenir la thèse d'un déclin universel : ses prédictions concernant la situation économique globale, l'avenir des relations entre les hommes et les femmes, la famille, les valeurs du monde civilisé et le niveau de l'éducation, la propreté des villes et le prix des chaussures, les variations climatiques et la destruction de la faune et de la flore, prenaient toutes les couleurs les plus morbides. Elle énonçait des réflexions profondes du genre « la vie n'a aucun sens de toute façon — les hommes et les femmes ne se comprendront jamais — tout ça n'est qu'une mauvaise plaisanterie du début à la fin ».

Il était surprenant de voir comme la transition pouvait se faire facilement entre la pensée : « Je suis malheureuse » et cette autre, sensiblement plus générale : « L'existence sur terre est un exercice futile » ; comme la vulgarité de cette plainte : « Personne ne m'aime » pouvait se retrouver sublimée en cet élégant aphorisme : « L'amour est une illusion. » L'intérêt de la chose résidait moins dans la question de savoir si l'existence et l'amour étaient ou non futiles (comment un individu aurait-il pu affirmer en avoir la certitude ?) que dans la façon dont l'élément catalytique pouvait être dissimulé au profit d'une maxime très générale qui évitait soigneusement toute référence au sujet lui-même.

Les exemples illustres de ce phénomène abondent. Prenez le cas du philosophe Arthur Schopenhauer, dont la haine pour sa mère est bien connue, et dont le tempérament fort mélancolique peut être qualifié de « hamlétien ». Quand il eut dix-sept ans, son père mourut et sa mère transplanta toute la famille de leur Hambourg natal à Weimar. Là elle se transforma en veuve joyeuse, mena une vie très mondaine, donna des fêtes, eut des aventures galantes, s'acheta des robes hors de prix et dépensa son argent comme ont coutume de le faire ceux qui n'en gagnent pas eux-mêmes. Elle devint un vrai bas-bleu et ouvrit un salon que Goethe, dit-on, a visité. Elle écrivit même des romans qui eurent un certain succès et acquit une réputation littéraire qui dépassa de beaucoup celle de son fils (dont l'œuvre majeure, *Le Monde comme Volonté et comme Représentation*, fut refusée par trois éditeurs et ne lui rapporta rien). Cela peut arriver à n'importe qui de ne pas avoir de chance avec sa mère, mais il faut une tournure d'esprit particulière pour généraliser à partir de cette expérience et intégrer dans sa philosophie de l'existence l'idée que les femmes sont « puériles, sottes et bornées, bref de grands enfants toute leur vie durant », ou que « seul un intellect masculin obscurci par l'instinct sexuel peut appeler ces créatures chétives, aux épaules étroites, aux hanches larges et aux jambes courtes, le beau sexe », ou qu'« elles n'ont de sentiment ou de réceptivité véritables ni pour la musique, ni pour la poésie, ni pour les arts plastiques ».

Ce qui est intéressant là-dedans, c'est la façon dont Schopenhauer, dans les milliers de pages qu'il a écrites, s'est bien gardé de parler de la seule chose qui le contrariait vraiment, de *la* femme qui le contrariait — par opposition *aux* femmes qu'il insultait en tant que race —, à savoir la mère qui donnait des fêtes et jetait l'argent par les fenêtres comme le font ceux qui n'en gagnent pas eux-mêmes.

Ou prenez ce malheureux duc de La Rochefoucauld — l'auteur de maximes pessimistes affirmant que dans la vie, si affreuses que paraissent les choses, elles sont en vérité bien pires encore. Mais ces maximes perdent un peu de leur autorité universelle quand on considère la vie d'un homme qui a connu une succession presque ininterrompue de désastres, qui a pris la décision politiquement téméraire de se ranger à la cour du côté d'Anne d'Autriche et de ses partisans parce qu'il était amoureux de sa demoiselle d'honneur, qui l'a payé cher en se faisant exiler pendant deux ans par Richelieu, et qui plus tard n'a jamais été remercié de sa loyauté par Mazarin et Anne quand celle-ci devint régente; un homme qui fut du mauvais côté dans chaque bataille de la Fronde et dont le château fut rasé, qui perdit quelque temps la vue à la suite d'une explosion, un homme enfin dont l'espoir de faire une brillante carrière militaire ou politique a toujours été déçu et dont la quête amoureuse est restée à peu près vaine.

Quelques semaines après la visite de Joanna, une grande et raide enveloppe fut glissée dans la fente de la porte d'entrée au moment du petit déjeuner.

« C'est pour toi. Ouvre-la, dit Suzy en la poussant sur la table vers Alice.

— Je te l'ai déjà dit, je ne reçois que des factures. Je la lirai ce soir. »

Mais ce n'était pas une facture, c'était une invitation envoyée par une femme qu'Alice avait connue au lycée et qui n'avait donné aucun signe de vie depuis.

« Qu'est-ce que c'est ? demanda Suzy.

— Oh, rien, je ne peux pas y aller.

— Voyons un peu ça. Bon sang, ça a l'air formidable ! Dîner, danse. Super.

— Vraiment ?

— Bien sûr. Qu'est-ce que tu vas mettre ?

— Arrête de faire l'enfant, Suzy.

— C'est une question importante.

— Je n'irai pas. J'ai beaucoup de travail en ce moment. D'ailleurs je n'ai rien à dire à qui que ce soit. Je ne comprends pas pourquoi les gens tiennent tant à se fréquenter. Je veux dire, ils vont dîner quelque part, et ce n'est rien d'autre qu'une sorte de rituel vide de sens et ridicule. Quelqu'un demande “Alors, comment allez-vous ?” et quelqu'un d'autre jacasse pendant dix minutes et il faut rester assis là et écouter poliment — et puis on vous demande “Et comment allez-vous ?” et vous pouvez jacasser à votre tour pendant un moment. Et voilà tout.

— Ce n'est pas toujours comme ça, on a parfois des conversations agréables...

— Ouais, en général avec un ange qui veut juste coucher avec vous et dont vous n'entendez plus jamais parler. »

Parce que l'expérience avait appris à Alice qu'elle ne goûtait jamais que les choses qu'elle n'avait pas attendues avec impatience, elle s'efforçait de ne rien attendre du tout. Notoire corrélation entre une pensée pessimiste et l'espoir d'éviter l'échec qu'on a envisagé : si elle prévoyait le pire, le pire n'arriverait pas. Le prix qu'il fallait payer pour la moindre chose qui se passait bien était une constante et fatigante obsession à l'égard de tout ce qui pouvait aller de travers.

Par conséquent, lorsque, entrant dans la chambre de Suzy le soir du dîner, elle se plaignit de sa robe en disant qu'un sac poubelle aurait été plus chic et ajouta qu'elle serait sûrement de retour à temps pour regarder les actualités de dix heures, ses paroles ne reflétèrent nullement la réalité de ses sentiments. Elle pensait simplement que si elle comparait sa robe à un sac poubelle et prédisait qu'elle rentrerait de bonne heure, les faits, d'une manière ou d'une autre, viendraient démentir ses propos.

Soirées

La soirée avait lieu dans un ancien entrepôt situé sur un quai de la Tamise à Rotherhithe, décoré et aménagé dans un style mi-industriel mi-baroque. Comme pour les grands bals du passé, le caractère exclusif de cette soirée ne reposait pas tant sur l'argent ou l'appartenance à une classe sociale que sur l'intimidation du style. De grands lustres pendaient des plafonds où l'on avait peint des reproductions de chefs-d'œuvre italiens, tandis qu'au-dessus de la piste de danse un morceau de chapelle Sixtine, également peint, baignait dans un kaléidoscope tournoyant de couleurs. Des tentures de velours recouvraient les murs de la salle à manger, une rangée de petits salons faiblement éclairés courait le long d'une galerie haute, où des convives buvaient dans des flûtes bleutées et se saluaient avec des gestes exagérément affectueux.

Alice laissa son manteau au vestiaire et gravit le grand escalier en pliant et repliant son ticket entre ses doigts. Elle trouva la place qui lui avait été attribuée et vit que ses compagnons de table (tous des inconnus pour elle) n'étaient pas encore arrivés; alors elle resta debout derrière sa chaise et admira un énorme bouquet de fleurs en matière plastique aux couleurs vives posé au centre de la table.

« Maintenant vous pensez, zut, j'aurais dû rester à la maison, je ne connais personne ici, je suis affreuse, comment vais-je pouvoir endurer ça jusqu'au bout, etc. Pas vrai ? demanda un homme qui se tenait debout lui aussi près d'un coin de la table.

— En fait, je me demandais seulement pourquoi on allait avoir besoin de trois couverts différents, répondit sèchement Alice.

— Oh ! pardon. Je me suis trompé. Peut-être est-ce moi qui pense, merde, j'aurais dû rester chez moi, j'ai l'air affreux, comment vais-je pouvoir supporter ça jusqu'au bout ?

— Vous pensez vraiment cela ?

— Je ne sais pas trop à vrai dire. Je le pensais il y a une minute, mais on ne peut jamais savoir comment les choses tourneront... Vous croyez que j'aurais dû mettre une chemise et une cravate ? demanda l'homme, qui portait un tricot à col roulé gris anthracite sous un costume de couleur sombre.

— Je ne sais pas.

— Moi j'ai toujours du mal à savoir comment m'habiller dans ces occasions-là. Ça ne vous arrive jamais ? De ne pas savoir quoi porter, ou plutôt d'avoir quelque chose que vous voudriez porter mais de ne pas savoir si quelqu'un d'autre portera ce genre de chose, si bien que vous finissez par mettre ce que vous pensez que les autres vont porter et non seulement vous vous trompez, mais vous ne portez toujours pas ce que vous auriez aimé porter ?

— Je suppose que ça m'est arrivé quelquefois, répondit

Alice et un léger sourire se dessina involontairement sur ses lèvres.

— Et si j'intervertissais les cartons et venais m'asseoir à côté de vous pendant qu'il en est encore temps? Personne ne s'en apercevra, vous ne croyez pas? demanda l'homme d'un air plaisamment malicieux.

— Pourquoi voudriez-vous faire ça?

— Parce que sinon je serai assis entre Mélanie et Jennifer et je crois que je les déteste déjà toutes les deux.

— C'est une idée que vous vous faites. Vous les trouveriez peut-être très charmantes.

— Je ne sais pas, ces noms n'évoquent rien de bon pour moi. J'ai eu une grand-tante arthritique et folle qui s'appelait Mélanie et ma dentiste se prénomme Jennifer et fait tout ce qu'elle peut pour me gâcher l'existence.

— Et si moi ça me plaisait d'être assise entre Robert et Jeff?

— Mieux vaut un diable qu'on connaît que deux qu'on ne connaît pas », répondit diaboliquement l'homme en intervertissant les cartons, si bien qu'en un instant la destinée de convive d'Alice fut bouleversée et un homme prénommé Éric (car tel était le nom qui figurait sur le nouveau carton) fut assis à côté d'elle.

Peu à peu les autres invités arrivèrent, prirent place sans se rendre compte de la permutation, et le repas commença. Il semblait y avoir en Éric une énergie et une impatience qui forçaient Alice à rester sur la défensive, à répondre aux questions plutôt qu'à en poser, à se contenter de réagir plutôt qu'à prendre la moindre initiative. Elle se sentait assaillie par la rapide succession de ses questions : Quelle était sa profession? Quel âge avait-elle? Où habitait-elle? Avait-elle déjà été amoureuse?

« Pardon ?

— Je vous demandais si vous aviez déjà été amoureuse.

— Pourquoi est-ce que je vous dirais cela ?

— Ah ! Vous préférez revenir au temps. Excusez-moi. Je me demande quand nous aurons une autre gelée blanche... Il paraît qu'en Écosse il y a du verglas sur les routes et du brouillard dans les vallées... Oh, et peut-être un peu de neige en altitude.

— Je vous ennuie ?

— Pas du tout.

— Qu'est-ce qui vous fait penser que je crois seulement à l'amour ?

— J'ai l'honneur d'avoir une cynique à côté de moi.

— Juste une réaliste.

— Et moi qui ai toujours pensé que le but de toute femme était de trouver l'homme de sa vie.

— Quelles inepties machistes ! C'est vrai pour certaines, mais pas pour toutes. Ce n'est pas du tout mon but. Moi ce qui m'intéresse c'est d'être indépendante. Je veux apprendre à passer de longs moments sans voir personne et sans en être affectée. Ce n'est pas que j'aie un problème de ce côté-là. Je me débrouille très bien toute seule en fait. Je connais des gens qui ne supportent pas du tout la solitude. Prenez la fille qui partage mon appartement, Suzy. Elle aimerait mieux être avec n'importe qui plutôt que de rester seule, elle sortirait avec le premier venu pour ne pas avoir à passer une soirée seule. Je veux dire, elle est sympa et son ami aussi, c'est juste que je ne voudrais pas finir comme elle, dans un petit cocon douillet où on n'affronte pas vraiment la réalité...

— C'est un très beau collier que vous avez là, l'interrompit Éric en tendant le bras pour le saisir délicatement entre pouce et index.

— Il appartenait à ma grand-mère, répondit Alice d'une voix qui perdait de son assurance.

— C'est si rare de voir un collier aussi élégant…

— Merci. »

Alice se méfiait instinctivement des hommes comme Éric : il avait une sorte de charme brusque qui la mettait sur ses gardes, et on se demandait s'il ne considérait pas toute cette soirée comme une bonne plaisanterie. Mais si elle doutait de sa sincérité, elle ne doutait pas de l'attraction qu'il exerçait sur elle. Il y avait quelque chose de plaisamment sensuel dans ses gestes les plus simples, dans la façon dont il brisait la croûte d'un petit pain avec ses doigts ou dans la rapidité et l'adresse avec lesquelles il empilait des légumes sur sa fourchette.

Éric travaillait dans la banque et s'occupait de matières premières et de marchés à terme, mais son parcours, tel qu'il le raconta à Alice, avait été moins conventionnel. Il avait commencé par faire des études de médecine, avait travaillé au Kenya en tant qu'accoucheur, puis s'était orienté vers des activités plus commerciales. Il s'était lancé avec succès dans l'édition musicale avec un ami, puis avait investi dans une chaîne de magasins de vêtements, et ne s'était tourné que récemment vers la profession bancaire.

« Le problème avec les matières premières, c'est que les sommes en jeu sont énormes, expliqua-t-il. Elles sont si énormes qu'on oublie que c'est de l'argent réel qu'on manipule, ça reste très abstrait. C'est ce qui me plaisait dans les magasins de vêtements. Dans la finance, on peut gagner ou perdre dix millions en quelques secondes et s'en apercevoir à peine, tandis que dans un magasin, vous voyez entrer des clients cinglés qui vous crient dessus pendant une demi-heure parce que leur misérable tee-shirt à dix livres a rétréci au lavage. Ça remet en quelque sorte les choses à leur vraie place. Est-ce que vous m'écoutez ?

— Oui, oui, bien sûr, répondit Alice, qui se rendait compte qu'elle avait regardé fixement Éric sans rien entendre de ce qu'il disait.

— Vous rougissez, dit-il.

— Mais non.

— Mais si !

— Vraiment ? Il fait plutôt chaud ici. »

Le dessert arriva, un gâteau au chocolat entouré d'un coulis de framboise.

« Comment se fait-il que vous ayez au moins dix framboises et moi aucune ? » demanda Éric en regardant l'assiette d'Alice. « Je peux en prendre une ? » ajouta-t-il, mais il se servit avant qu'elle ait eu le temps de répondre.

Il avait une façon de séduire qui semblait l'exempter de tout risque. Il utilisait la tactique latine de séduction, qui consiste à afficher ouvertement son désir, ce qui rend le rejet à la fois plus probable et moins honteux — une telle superbe contrastant avec l'attitude des pâles séducteurs nordiques (Werther et compagnie) qui passent leur vie à murmurer gauchement des mots d'amour trop abstraits et se suicident en silence si on ne les comprend pas.

Mais puisque Éric admettait si volontiers ses intentions, il était logique qu'il reconnût aussi leurs conséquences.

« D'accord, je sais ce que vous pensez, dit-il. Vous vous amusez bien, vous riez, mais ce qui vous tracasse c'est que vous ne savez pas si vous pouvez me faire confiance ou non. Vous pensez : “Ce type est-il sincère ou est-ce un sale hypocrite ? Tout ceci n'est-il qu'une plaisanterie ou y a-t-il quelque chose de sérieux derrière ?" Vous ne savez pas très bien comment vous comporter. Si c'est une plaisanterie, ça ne vous intéresse pas, mais une partie de vous-même pense que ce n'en est peut-être pas une, et qu'il vaut donc mieux rester dans les parages… C'est l'éternel problème des femmes : doivent-elles ou non faire confiance à l'homme qui cherche à les séduire ? Vous pouvez aimer un homme sans avoir confiance en lui, mais ce que vous voulez éviter c'est de souffrir encore à cause d'un homme. »

Nous ne devons pas juger Alice excessivement vaine, mais il y avait quelque chose d'attrayant dans les manières d'un homme qui lui disait ce qu'elle ressentait et tombait plus ou moins juste. Il lui aurait fallu plus de cynisme qu'elle n'en avait à sa disposition pour rester insensible à quelqu'un qui la regardait droit dans les yeux et lui déclarait qu'en dépit du fait qu'il ne la connaissait pas depuis longtemps, il savait qu'elle était une femme d'une sensibilité peu commune.

« Vous vous méfiez sans doute énormément des types dans mon genre, dit-il.

— Pourquoi ?

— Parce que vous êtes quelqu'un qui a souffert.

— Pas plus que la plupart des gens.

— Si. C'est simplement que vous traitez vos problèmes à la légère, probablement parce que personne ne vous a jamais permis de les prendre au sérieux. Vous ressentez des tas de choses que les autres ne ressentent pas, vous les ressentez en profondeur, et c'est pourquoi vous avez dû vous forger une carapace protectrice. Cela vous prend une grande partie de votre énergie, il suffit de regarder vos épaules pour sentir cette tension en vous.

— Qu'est-ce qu'elles ont, mes épaules ?

— Rien, c'est simplement que la manière dont vous vous tenez est très éloquente. On ne vous l'a jamais dit ?

— Non.

— Bah, les gens ne sont pas très observateurs, n'est-ce pas ? »

L'attrait durable qu'exercent sur les humains les horoscopes et les prophéties personnelles montre assez comment notre désir d'être compris est généralement plus fort que nos doutes quant à l'exactitude avec laquelle on a pu arriver à une telle compréhension. Éric n'ignorait pas avec quelle rapidité l'on peut gagner la confiance des gens — il suffit pour cela de leur dire qu'on les comprend. Ils désirent tellement croire en la réalité d'une telle compréhension qu'ils sont tout prêts à s'attendrir en entendant ou lisant le premier jugement « autorisé » porté sur eux-mêmes, que celui-ci vienne de la bouche d'un beau parleur ou d'un paragraphe sur les Gémeaux.

« C'est si bruyant ici, oublions la danse, dit Éric. Si on allait prendre un verre dans un endroit plus tranquille ?

— Ces endroits-là doivent être tous fermés à l'heure qu'il est.

— Alors on pourrait peut-être aller bavarder un peu chez moi ?

— Comment ?

— Je disais qu'on pourrait peut-être aller chez moi.

— Je ne pense pas que ce soit possible », répondit Alice, qui avait très envie d'accepter mais ne voulait pas passer pour une de ces femmes qui accueillent favorablement de telles propositions.

« J'ai un problème avec ma clef, déclara-t-elle. Nous avons une serrure assez capricieuse. J'ai dit à ma copine que si elle revenait la première, elle devrait fermer la seconde serrure, mais que si c'était moi qui revenais la première, je laisserais la lumière allumée dans le couloir, plutôt que de fermer d'abord la porte à clef, et... euh... ce que je veux dire, c'est que je pense que c'est un peu compliqué. »

La question de savoir comment céder à une entreprise de séduction n'est pas simple : trop tôt et l'on peut être jugé indigne, trop tard et l'intérêt du partenaire peut s'émousser. Alice devait-elle accepter la proposition d'Éric, au risque de voir cela interprété comme un fâcheux manque de respect de soi-même, ou lui dire poliment bonne nuit, au risque de ne plus jamais le revoir ?

L'austérité sexuelle et son contraire peuvent se rejoindre dans une angoisse commune. Une personne peut accepter de faire l'amour tout de suite de peur qu'un délai ne tue à jamais l'intérêt du partenaire, ou ne jamais faire l'amour de peur que cet acte ne provoque un abandon immédiat.

Par tempérament, Alice avait tendance à réagir en fonction de la première peur, supportant mal l'inflation sentimentale, ce processus en vertu duquel la personne séduite mise — non sans coquetterie — sur le fait qu'une offre réduite suscite généralement une demande continue.

Bien que beaucoup d'amants, à l'instar des gouvernements, prétendent la détester, l'inflation peut parfois se révéler utile à une saine économie amoureuse. Il peut être profitable (quoique d'une façon sans doute assez perverse) qu'un des amants dise : « Non, écoute, je regrette, j'ai une migraine/un ami/une amie à voir/une indigestion, alors restons-en là pour ce soir » et que l'autre languisse en songeant que décidément « l'amour vrai n'a jamais suivi un cours facile ». Il peut être avantageux qu'un des partenaires en vienne à avoir le sentiment qu'il n'est pas à la hauteur, que le prix de l'autre est trop élevé. C'est alors que le séducteur se met à acheter des truffes en chocolat, à pousser de profonds soupirs et à écrire des vers du genre « Si nous avions pour nous le temps et ses abîmes/Votre coquetterie ne serait pas un crime… »

« Écoutez, je comprends parfaitement, répondit Éric, je n'insiste pas. C'était une idée comme ça. Je pensais qu'il pourrait être agréable de discuter dans un endroit plus calme, mais bon… Après tout il est tard, et vous ne me connaissez pas bien. Je respecte votre décision. J'espère qu'on se reverra, on pourra peut-être aller voir ce film italien dont vous me parliez.

— Oui, ça serait bien. »

Alice quitta la *party* peu après une heure du matin, et comme leurs appartements se trouvaient dans la même direction, Éric lui proposa de la raccompagner en voiture pour lui éviter d'avoir à prendre un taxi.

Lorsqu'ils atteignirent le quartier où Éric habitait, une idée vint tout à coup à l'esprit d'Alice, à savoir que s'il comprenait vraiment à quel point il lui était difficile d'accepter son invitation — et puisqu'il lui avait dit si courtoisement qu'il respectait sa décision de la décliner —, il n'y avait au fond aucune raison pour qu'elle ne pût changer d'avis sans paraître frivole et lui laisser entendre qu'un brin de causette métaphorique serait peut-être après tout l'idéal pour terminer la soirée.

Naissances virginales

Éric se révéla être un amant très habile, doux, attentionné et plein d'imagination. Il savait comment mettre Alice à l'aise et en même temps combler ses désirs de façon inattendue. Dans leurs ébats, les moments de tendre badinage alternaient avec des instants d'une intensité libre de toute inhibition. Les questions qui avaient tourmenté Alice jusqu'au premier baiser étaient maintenant reléguées au second plan et faisaient place à un pur ravissement.

Partager le lit de quelqu'un, c'est d'une certaine manière se heurter au souvenir et aux habitudes de tous ceux avec qui il a déjà dormi. Notre façon de faire l'amour est tout imprégnée de notre histoire sexuelle, un baiser est enrichi de tous les baisers passés, notre comportement dans la chambre à coucher est fortement marqué par les réminiscences des chambres à coucher dans lesquelles nous avons dormi jusque-là.

Quand Alice et Éric faisaient l'amour, c'étaient deux histoires sexuelles qui se rejoignaient. Éric avait appris de Christina la manière dont il léchait maintenant les oreilles d'Alice, celle-ci avait appris de Robert une certaine façon de passer délicatement la langue sur les lèvres du partenaire, Rebecca avait enseigné à Éric comment effleurer les dents de l'autre avec sa langue, y compris leur face interne. Hans avait été un professeur enthousiaste pour tout ce qui concernait les baisers sur le nez, mais une tentative dans ce sens de la part d'Alice sembla indiquer que ceci ne serait pas du goût d'Éric. Elle avait adoré la façon dont Chris avait mordillé son cou, et, en vertu de ce curieux processus qui veut qu'en amour on fasse aux autres ce qu'en réalité on apprécie surtout soi-même, elle était maintenant très occupée à mordiller le cou d'Éric.

Bien qu'une histoire sexuelle puisse être souhaitable d'un point de vue purement mécanique, elle révèle une certaine complexité psychologique. Avoir une histoire sexuelle n'implique pas seulement qu'on a fait l'amour avec un certain nombre de gens, cela suggère aussi qu'on a soit repoussé, soit été repoussé par ces mêmes partenaires; une façon mélancolique d'interpréter une histoire sexuelle personnelle consiste à y voir une histoire du désappointement.

Il y a là par conséquent une curieuse contradiction : d'un côté, les amants paraissent réinventer le monde à travers leur passion; d'un autre côté, leurs gestes portent la marque d'un passé dont ils ont dû continuellement se détacher.

L'énergie avec laquelle Alice était en train de faire l'amour était le signe d'une révolte contre une telle histoire; elle voulait oublier d'autres baisers et d'autres nuits qui avaient commencé comme celle-ci, ardentes et intenses, pour finir en récriminations — lui déclarant qu'il ne pouvait pas s'engager, elle dégoûtée par l'expression vide de son visage derrière son journal du matin.

Comme il semble être puissant, ce désir qu'il n'y ait rien eu ni personne avant soi — un vestige du (virginal) fantasme berkeleyien : « Peut-être ai-je tout inventé, peut-être le monde est-il né avec moi, peut-être suis-je son créateur… » On sait que Nietzsche a dit que l'erreur la plus fréquente des philosophes était de ne pas tenir compte de la dimension historique du sujet, et, en dehors du milieu intellectuel, il y a d'innombrables et cruels exemples de révolutionnaires qui ont voulu faire redémarrer le monde à l'année zéro. Une profonde ambivalence semble régner dans notre attitude envers l'histoire — d'un côté, un désir de tout préserver (encyclopédisme), d'un autre, le désir de tout recommencer (révolution).

Il n'est pas difficile de deviner vers quel extrême Alice était portée dans son attitude amoureuse. Bien qu'elle eût été souvent déçue, elle restait fidèle à un idéalisme qui était l'antithèse de l'approche historique : en tant que révolutionnaire romantique, elle voulait croire que l'homme avec qui elle dormait serait celui qui mettrait un terme à son histoire sexuelle et apporterait à son existence une réponse définitive.

Ils retombèrent épuisés sur le lit, et Éric, après être allé chercher un verre d'eau dans la cuisine, se recroquevilla sous la couette à côté d'elle, marmonna quelque chose qui ressemblait à une parole de gratitude, et s'enfonça rapidement dans le monde des rêves.

Alice avait toujours du mal à larguer les amarres de la conscience en de telles circonstances, dans une chambre inconnue, un lit différent du sien, avec un corps étranger endormi près d'elle. Elle se passait et se repassait mentalement le film de la soirée, essayait de comprendre comment elle s'était retrouvée ici, pourquoi elle avait paru avoir la situation en main et en même temps, curieusement, ne pas la contrôler. Un fond de puritanisme la forçait à se demander si elle n'avait pas fait quelque chose de mal, si quelque terrible châtiment ne lui serait pas infligé pour le plaisir qu'elle avait pris. Le problème de la confiance lui revint brièvement à l'esprit, mais en fut chassé par une main qui retombait dans son giron.

Le bras d'Éric, dans son sommeil, était parti à sa recherche, et la présence de ce bras solitaire, séparé du reste de son *moi* assoupi, emplit soudain Alice d'une affection inattendue pour son compagnon.

Elle prit sa main et regarda son visage, endormi comme celui d'un enfant, en se demandant : « Qui est cette personne que j'ai trouvée ? » Elle observa la façon dont le passé avait façonné ses traits et essaya d'en déduire certaines choses pour l'avenir. Comment répondrait-il à l'amour d'une femme ? Qu'est-ce qu'il trouvait ridicule ? Qui lui inspirait de l'antipathie ? Quelles étaient ses opinions politiques ? Comment se comporterait-il, confronté aux larmes d'un enfant ? A une trahison ? A un sentiment d'infériorité ?

Une simple impression court toujours le risque de reposer sur des bases trop fragiles. Nous quittons une soirée et un ami nous demande « comment est » tel autre convive. Pour être honnête, il nous faudrait répondre : « Comment pourrais-je le savoir ? J'ai seulement parlé avec lui pendant deux heures. » Si nous avions vécu avec quelqu'un pendant cent vingt ans, et si on nous demandait ce que nous pensons de lui, pour ne pas trahir la complexité de sa personnalité, il nous faudrait répondre : « Je commence seulement à le connaître. » Au lieu de cela, à peine avons-nous rencontré quelqu'un depuis deux minutes qu'une impression est déjà formée : *Il/elle me plaît/Il/elle ne me plaît pas* — phénomène dans lequel on peut voir le vestige préhistorique d'une nécessité biologique, l'homme des cavernes devant décider sur-le-champ, quand il voyait un de ses semblables, s'il avait affaire à un ami ou à un ennemi.

Peut-être parce qu'elle avait attendu si longtemps, ou parce qu'il avait vraiment l'air adorable endormi près d'elle et qu'il s'était montré gentil et doux, ou simplement parce qu'il était agréable de rester éveillée tard dans la nuit et de caresser de tels espoirs, Alice se surprit à penser que cet homme dont elle partageait la couche pourrait bien se révéler être l'incarnation d'une foule de désirs étonnamment intenses dont elle avait jusqu'alors presque oublié l'existence.

Amoureuse de l'amour

En émergeant du sommeil, Alice sentit les lèvres d'Éric descendre le long de son cou et de ses épaules et elle fut envahie d'un bien-être spontané en se rappelant où et avec qui elle commençait son dimanche matin. Un grand sourire éclaira son visage tandis qu'elle se tournait vers son pourvoyeur de bonheur.

« Bonjour, dit-elle.

— Bonjour.

— Tu as bien dormi ?

— Comme un bébé, répondit Éric en se penchant pour poser un baiser sur son front. Et toi ?

— Pas mal.

— Il faut un peu de temps pour s'y faire, hein ?

— Oui, je suppose qu'on peut dire ça. »

Un silence suivit, auquel les deux amants échappèrent en s'enlaçant et en s'embrassant.

« C'est si agréable d'être ici avec toi, murmura Alice.

— Hmmmmm, répondit Éric en humant l'odeur de sa peau. Tu as une idée de ce qu'on pourrait faire aujourd'hui ?

— Je ne sais pas, je n'ai rien prévu.

— Quelle chance. Faisons n'importe quoi.

— Hein?

— Faisons tout ce que tu as envie de faire. Passons-nous tous nos caprices. On peut aller n'importe où, faire n'importe quoi, être n'importe qui.

— Tu es fou.

— Non, vas-y, dis-moi ce que tu veux faire. On pourrait aller avaler un petit déjeuner quelque part, ou bien prendre un bateau et aller manger des glaces à Greenwich. On pourrait aller en haut de la cathédrale Saint-Paul ou à Kew Gardens. On pourrait déjeuner dans un restaurant chinois de Soho, ou pique-niquer dans Hyde Park. On pourrait aller au cinéma, voir six films d'affilée et manger douze sacs de pop-corn. On pourrait louer un ballon à air chaud et nous envoler pour Brighton. On pourrait prendre le Concorde, déjeuner à New York et être de retour à temps pour dîner à Londres. Tout ce que tu veux.

— Eh bien, commençons par prendre une douche, suggéra plus prosaïquement Alice. Après on verra. »

Ils passèrent par l'appartement d'Alice pour qu'elle puisse se changer, puis allèrent prendre un petit déjeuner tardif dans un bistrot français près de Hammersmith. Ils commandèrent des œufs, des toasts, du café et du jus d'orange, et, assis côte à côte sur une banquette recouverte de velours, parcoururent les journaux du dimanche, en s'arrêtant parfois pour se prendre par la main ou se caresser le genou. C'était une de ces douces et idylliques journées de printemps dont les romans nous disent qu'elles sont faites pour les amants, et Alice et Éric faisaient de leur mieux pour se montrer à la hauteur des circonstances — météorologiques ou autres.

Mais que savait Alice de l'homme qui était assis sur la

banquette à côté d'elle ? Cette connaissance était extrêmement limitée, elle se résumait à des détails apparemment incohérents tels que :

– on l'envoyait à Francfort le lendemain pour qu'il participe à une importante réunion d'affaires
– il avait raconté une histoire drôle où il était question d'un couple de Belges et d'un parachute
– il avait dit : « Je mets la sincérité au-dessus de tout »
– il aimait caresser chaque phalange de la main d'Alice
– il avait des yeux d'un bleu profond, expressifs et pleins d'énergie
– il avait dit que son expérience médicale lui avait appris qu'il fallait vivre chaque jour comme si ça devait être le dernier.

Dans un sens ces renseignements étaient très ordinaires, mais le jugement porté sur la personne concernée dépendait de la façon dont on les considérait. Avec un interprète généreux et un désir suffisant, ils pouvaient apparaître comme étant les parties émergées de merveilleux icebergs. Ils tendaient alors à prouver qu'Éric était :

– un exemple de réussite professionnelle
– drôle
– lucide et franc
– doux et érotique
– beau et sage.

Il eût été très prématuré de dire qu'Alice était en train de tomber amoureuse d'Éric. Après tout, elle n'avait passé qu'une soirée et une nuit avec lui, et il n'avait pas encore fini le second œuf de leur premier petit déjeuner pris en commun. Néanmoins, ses sentiments semblaient tellement enclins à laisser loin derrière eux les quelques éléments dont ils disposaient qu'avant de parler d'amour il nous faudra sans doute parler d'un phénomène psychique différent, auquel Alice avait toujours été prédisposée, et qui fut peut-être une caractéristique essentielle des premiers jours qu'elle passa avec Éric.

Après avoir mangé, ils reprirent la voiture pour aller voir une exposition à Whitechapel, puis profitèrent du dernier quart d'heure du marché de Brick Lane avant de prendre le bateau pour Westminster, d'où ils marchèrent jusqu'au parc de Battersea. Éric attira l'attention d'Alice sur la pagode chinoise qui se trouvait près de la berge, et l'impressionna en parlant du grand philosophe chinois Confucius, qu'il appelait Confaustus — ce que du reste elle ne remarqua pas, car elle était trop occupée à savourer le plaisir de se promener bras dessus, bras dessous avec un homme beau et sage le long de la glorieuse Tamise par une belle journée de printemps.

S'il n'était pas possible qu'Alice fût en train de tomber (sérieusement) amoureuse d'Éric, alors peut-être étaitelle en train de tomber amoureuse de l'amour.

Quel est donc ce curieux sentiment syntactiquement répétitif?

Il exprime une certaine réflexivité au sein de l'état amoureux, qui fait que l'on tire plus de plaisir de son propre enthousiasme émotionnel que de l'objet amoureux qui l'a suscité.

Plutôt que de penser simplement que X est merveilleux, l'amant amoureux de l'amour pense d'abord : « N'est-ce pas merveilleux d'avoir trouvé quelqu'un d'aussi merveilleux que X ? » Quand Éric s'arrêta pour renouer le lacet de sa chaussure au milieu du pont de Battersea, Alice ne pensa pas seulement : « N'a-t-il pas l'air adorable quand il lace ainsi sa chaussure ? », mais aussi : « N'est-ce pas fabuleux d'avoir enfin trouvé quelqu'un qui lace ses chaussures d'une façon aussi adorable ? »

L'objet du désir (désigné par la lettre C sur le schéma ci-dessous) est, à ce stade, en quelque sorte une attraction secondaire par rapport au désir (B) lui-même.

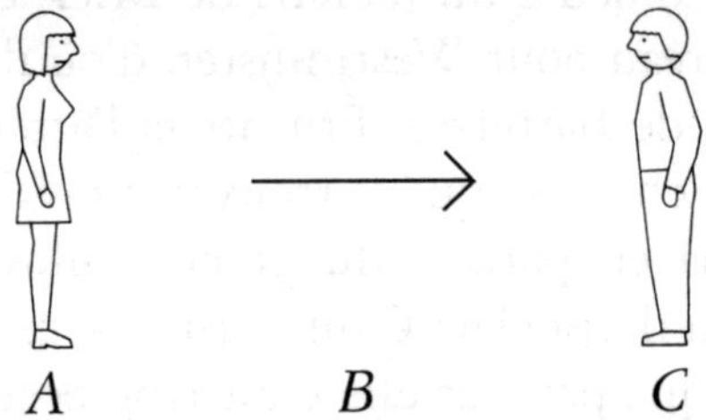

L'objet C finit de lacer sa chaussure et, la nuit ayant commencé de tomber, proposa à Alice de la raccompagner chez elle.

« Ç'a été une journée fantastique, dit-elle en ouvrant la portière de la voiture vert bouteille d'Éric.

— Je suis content que ça t'ait plu. Mais dommage pour le Concorde...

— Oh, ce sera pour le week-end prochain.

— Je vais mettre de l'argent de côté toute la semaine. »

De retour chez elle, Alice jeta son sac à main sur son lit et frappa deux fois très vite dans ses mains, trahissant ainsi cette sorte d'excitation que l'on doit à tout prix (après l'âge de douze ans) éviter de manifester en présence d'autrui.

Comprendre sa joie reviendrait à comprendre comment les arides mois précédents avaient progressivement éveillé en elle des soupçons destructeurs vis-à-vis de son propre manque de désir. Elle avait cessé de se demander ce qui clochait chez les hommes, et au lieu de cela, avait commencé à se demander : « Qu'est-ce qui cloche chez *moi* pour que je trouve qu'il y a tant de choses qui clochent chez eux ? » Des articles de magazines avaient suggéré d'horribles explications — elle avait peur de se « laisser aller », on avait peut-être abusé d'elle quand elle était petite, ou alors elle était inconsciemment plus attirée par les femmes. Quand un homme comme Tony lui avait fait des avances pendant cette fête de Noël, elle avait pensé qu'il ne lui convenait pas du tout, mais avait repoussé l'idée qu'il n'était peut-être pas assez bien en se disant sévèrement : « Ce n'est pas bien de toujours penser que les autres ne sont pas assez bien. » Elle avait embrassé son séducteur pour échapper à la crainte de ce que son absence d'envie de le faire pouvait avoir d'anormal.

Alice pouvait maintenant frapper dans ses mains, parce qu'Éric avait rendu cette attitude contre-intuitive superflue. Elle était infiniment soulagée de pouvoir enfin penser (à défaut de pouvoir encore le dire) : « Tu sais, je pense que ça pourrait vraiment marcher avec quelqu'un comme toi. »

Il était donc prévisible que les risques d'exagération seraient bien réels quand Suzy rentrerait à son tour ce soir-là.

« Il est merveilleux, tu l'adorerais. Il est beau et intelligent, et très doux aussi. Je me sentais si bien près de lui. On n'a pas beaucoup parlé en fait, mais ça n'avait pas d'importance. C'était comme si on se comprenait intuitivement. C'était si touchant de se réveiller à côté de lui et de voir son délicieux petit visage d'ange qui me souriait… »

Alice se perdait dans sa propre rhétorique : des expressions comme « délicieux petit visage d'ange » sortaient facilement de ses lèvres; après un si long dénuement affectif, elle savourait avec joie la richesse d'un vocabulaire amoureux à nouveau disponible.

Indétermination

Ce qu'il y avait de fascinant, dans le portrait d'Éric tel qu'Alice l'esquissa pour Suzy ce soir-là, c'était cette assertion selon laquelle les deux amants « se comprenaient intuitivement », assertion précédée d'un aveu de pauvreté de communication verbale.

Aux yeux du sceptique ou de ceux qui sont épris de dialogue, une revendication de compréhension intuitive peut paraître douteuse, sinon ridicule — quelque chose d'inventé pour compenser un manque d'évidence verbale et d'abusivement promu à un rang supérieur à celui du langage lui-même. Le fait de privilégier le silence peut être considéré comme un simple subterfuge, une excuse pour une incapacité à s'exprimer ou pis encore.

Mais l'indigence verbale à laquelle Alice avait fait allusion n'entravait pas, et peut-être même confortait, son sentiment qu'Éric et elle avaient beaucoup de choses en commun, des choses que la maladresse du langage rendrait naturellement impossibles à communiquer oralement.

Nous avons dit que lorsque Éric avait embrassé son cou et ses épaules, Alice avait été submergée par un sentiment de « bien-être spontané ». Il s'agit là d'une description hâtive et superficielle de ce qui avait brièvement traversé sa conscience, mais son insuffisance n'est pas seulement imputable à l'auteur. Une telle insuffisance est inévitable quand les mots sont confrontés aux sensations de l'amour. L'amour est au-delà du langage ; celui-ci peut sans doute tenter d'esquisser ses contours, mais comme une carte qui indique les caractéristiques principales d'un terrain, il ne peut jamais fournir, malgré ses efforts, qu'une pauvre approximation des sensations elles-mêmes.

Pourtant Alice avait parlé à Éric ce matin-là (leur premier matin) au lit. Elle lui avait dit : « *C'est si agréable d'être ici avec toi.* »

Son aversion pour les mots n'avait rien d'étonnant. Tant de riches sensations pour s'entendre finalement prononcer cette phrase maladroite : « C'est si agréable d'être ici avec toi. » Seigneur ! Qu'est-ce qui clochait donc avec les mots ? Le langage était comme un crible géant dans lequel elle aurait versé toute la richesse de son bonheur matinal, mais qui n'aurait rien laissé de plus au malheureux Éric que la pâle satisfaction de savoir qu'elle trouvait tout cela très agréable.

Mais il s'avéra que l'indétermination ne se limitait pas aux mots.

Chargés qu'ils étaient du poids de l'idéal romantique, Alice et Éric convinrent de laisser à leur engagement réciproque un certain caractère de fluidité. Ils se verraient quand cela leur conviendrait, leurs rencontres seraient naturelles et libres de toute contrainte extérieure.

Quand ils abordèrent ce sujet, le mardi qui suivit leur premier week-end, leur conversation téléphonique fut

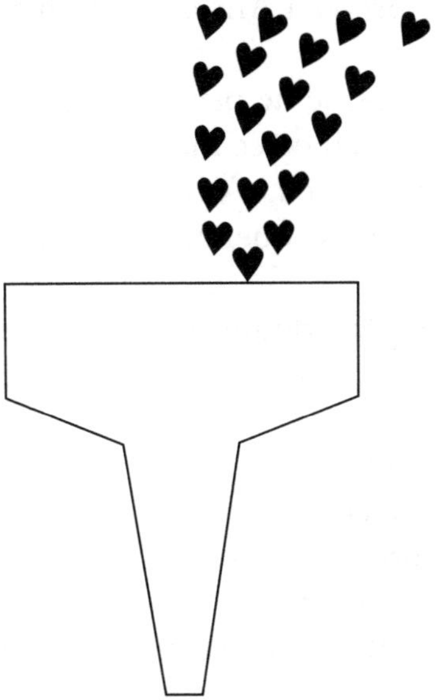

C'est si agréable d'être ici avec toi.

un bon exemple de ce qu'on pourrait appeler le dialecte contemporain du non-engagement.

« Je pense qu'il est important de ne pas brusquer les choses, tu vois ce que je veux dire ? commença Éric.

— Brusquer les choses ? Oui, je comprends. Tu as raison, il n'y a rien de pire. Le mieux est de voir comment ça se présente, de prendre chaque jour comme il vient.

— Il est très important de garder son propre espace vital.

— Bien sûr. Chacun a sa propre vie à vivre.

— Tout à fait.

— Oh, à propos, est-ce que ça te dirait d'aller au

cinéma ce soir ? proposa Alice. Il y a un festival Wenders au National.

— Euh... écoute, je ne pense pas que ce soit possible. J'ai pas mal de travail en ce moment.

— Oh, ça ne fait rien, c'était une idée comme ça. On pourra peut-être faire quelque chose plus tard dans la semaine ?

— Il vaudrait sans doute mieux que je t'appelle pendant le week-end, parce que là tu vois ça va être assez chargé.

— Bien sûr, bien sûr.

— Mais je t'appellerai.

— Parfait, alors à bientôt.

— C'est ça, au revoir. »

Alice se dit à elle-même et dit à ses amis que ses relations toutes neuves avec Éric se caractérisaient par leur « maturité ». Il n'était pas facile de savoir ce qu'elle entendait par là au juste, mais une telle formulation reflétait l'opinion qu'un homme qui refuse une invitation à aller au cinéma et revendique sa liberté de mouvement est d'une certaine façon plus mûr qu'un amant qui trouve cruel d'avoir à passer plus de quelques minutes loin de sa dulcinée.

Malgré son irrégularité, leur liaison acquit toutes les caractéristiques d'un scénario amoureux. Des lettres furent échangées, des appels téléphoniques se prolongèrent tard dans la nuit, Alice trouva sur le seuil de sa porte, en rentrant chez elle, des bouquets avec des cartons où on pouvait lire *Tu es ma fleur préférée, Éric.*

Il était encore assez tôt pour que la « préférence » en question échappât à l'analyse. Quand ils allaient dîner au restaurant, leur conversation s'écartait rarement des sujets discutés dans les journaux sérieux. Il leur semblait inutile d'évoquer le passé, et Alice n'éprouvait pas le besoin d'énumérer ses déceptions ou de demander à Éric des précisions sur une histoire affective qui l'aurait peut-être rendue jalouse. Ce désir d'harmonie de la part des amants signifiait que la question de savoir s'ils avaient réellement quelque chose en commun restait à leurs yeux d'une importance très secondaire.

Dans un sens, ils avaient cessé de s'écouter. Quand Éric dit à Alice (peu conscient du poncif que cela représentait) : « Je ne sais vraiment pas ce que quelqu'un d'aussi intelligent et sensible que toi voit dans un banquier minable et insignifiant comme moi », cela renforça son opinion qu'il était non pas minable et insignifiant, mais tout le contraire.

Elle avait posé une photo de lui sur son bureau et y jetait des coups d'œil à intervalles réguliers pendant ses heures de travail, tirant du visage de son amant tout ce qui pouvait nourrir ses sentiments à son égard. Elle avait souvent scruté ce visage la nuit et se souvenait de chaque petite irrégularité à la surface de sa peau — la tache de son à côté de sa bouche, la trace d'une ancienne cicatrice près de son oreille gauche. Elle regardait amoureusement son expression espiègle et son sourire de jeune garçon, et sentait ses entrailles se contracter de désir.

Ainsi, par un phénomène que l'on n'observe pas seulement dans les premiers temps de l'amour, son désir se nourrissait-il de détails infimes, son imagination étant, comme il se doit, mise à contribution pour combler les lacunes.

Chaque fois que les compagnies cinématographiques rassemblent tout leur courage — et leurs comptables — pour tourner une nouvelle version d'*Anna Karénine*, d'*Emma Bovary* ou des *Hauts de Hurlevent,* elles doivent s'attendre qu'on les accuse d'avoir trahi l'imagination du lecteur en choisissant telle ou telle actrice. L'attrait qu'exercent sur nous les personnages littéraires dépend d'une complexe interaction entre suggestion et indétermination. Les critiques font remarquer que Tolstoï ne donne à aucun moment, dans *Anna Karénine*, de détails sur l'apparence physique de son héroïne, mais il ne faut peut-être pas y voir un oubli de la part du maître. C'est la prérogative des livres, libérés qu'ils sont de la tyrannie de l'image et donc, dans une certaine mesure, de la réalité, de laisser les choses à l'imagination du lecteur. Pourquoi Tolstoï nous aurait-il décrit Anna avec précision ? Si l'écrivain pensait que son héroïne était belle et voulait que le lecteur eût le même sentiment, alors le mieux était de dire simplement qu'elle était belle et de laisser le lecteur se charger du reste — il était encore le mieux placé pour savoir ce qui le faisait saliver dans ce domaine.

Une forme d'évocation poétique émane de détails bien choisis. Quand Rimbaud a écrit son fameux vers *Heureux comme avec une femme**, il a réussi à peindre quelque chose de l'état amoureux à l'aide d'une description minimale. Cette phrase est presque banale, mais échappe à la banalité grâce à son universalité, à cette idée que quiconque a été *heureux avec une femme** (ou *avec un homme**) abordera cette lecture avec son propre stock de souvenirs couleur sépia — pour certains elle évoquera des petits déjeuners au lit, pour d'autres une promenade dans le Marais un dimanche après-midi, une flânerie main dans la main le long de la Bahnhofstrasse, ou des caresses à Nihonbashi.

Mais si Rimbaud avait écrit *heureux comme avec une femme portant un tailleur Saint-Laurent, avec un cappuccino, une édition du Figaro et une table au café de Flore donnant sur le boulevard Saint-Germain**, la plus grande partie de la population du globe ne se serait pas reconnue dans une telle phrase. Seuls ceux qui avaient séjourné à Paris, aimaient les femmes en tailleur, fréquentaient le café favori de Sartre, lisaient le quotidien français conservateur et buvaient volontiers du café auraient pu pousser un soupir de nostalgie et dire : « Je m'en souviens si bien… »

A l'époque où Alice rencontra Éric, son agence de publicité avait pour cliente une chaîne de motels de luxe, les hôtels Évasion. Au cours d'une interminable réunion de travail, son responsable avait expliqué qu'ils désiraient donner à leur chaîne une image associant le luxe, la jeunesse et l'amour. Après s'être longuement penchée sur le problème et avoir fumé trois cents cigarettes, l'équipe des « créatifs » avait proposé une simple photo en noir et blanc d'un homme et d'une femme en train de s'embrasser dans une chambre d'hôtel, avec cette courte légende dessous : *Tout simplement le Paradis.*

Ce qu'une chambre d'hôtel, avec son assortiment habituel de mini-bars, de télévisions, de peignoirs de bain et de cartes pour le service en chambre, avait à voir au juste avec le paradis, voilà ce qu'on évitait discrètement de dire. Bien que chacun ait pu avoir en tête une image de ce genre d'endroit, bien qu'elle ait pu comporter dans bien des cas quelque chose qui rappelait le baiser représenté sur la photo, et bien qu'il y eût sans aucun doute des gens qui s'y étaient passionnément étreints et avaient été absolument enchantés par leur séjour (et l'avaient peut-être même qualifié en plaisantant de « paradisiaque »), il était quelque peu abusif de limiter la notion de paradis à une chaîne de motels en béton dans le nord-ouest de l'Angleterre.

Mais, échappant tous deux à la nécessité de s'expliquer

pleinement, l'hôtel de la publicité et l'amant désiré pouvaient servir de tremplin à une imagination fertile. Ceux qui voyaient la photo publicitaire n'étaient pas gênés par des détails potentiellement inhibiteurs tels que la couleur du couvre-lit ou la pression hydraulique de la douche, et Alice, de son côté, n'avait pas encore eu le temps de se faire une idée précise du caractère et de la personnalité d'Éric. L'image qu'elle avait de lui était assez vague pour pouvoir contenir tous ses désirs sans révéler de façon trop nette aucun de ses désappointements.

Médiation

Dans la première semaine de mai, un restaurant ouvrit au bord de la Tamise à Chelsea et fit sensation. On ne parla bientôt plus que du *Melteme* en ville, ou plutôt dans ce petit milieu privilégié qui veut faire croire à un autre petit milieu privilégié qu'il s'exprime au nom de — et représente — tout le monde. Le dieu de la mode avait parlé, et décrété avec toute la force d'une injonction religieuse que ce serait désormais *le* temple de la gastronomie — en attendant qu'émergent de nouveaux dogmes culinaires, que les fidèles renient leur foi et que Jérusalem perde son statut de ville sainte.

Alice parla à deux ou trois reprises de ce restaurant sur le ton dédaigneux de quelqu'un qui ne comptait pas y aller un jour et pouvait donc se montrer rosse envers ceux qui le fréquentaient. Elle ne pouvait pas se douter qu'Éric laisserait un message sur son répondeur un vendredi matin pour lui dire qu'il y avait réservé une table pour huit heures et demie — ni à quel point cette surprise altérerait son jugement initial.

La philosophie du *Melteme* était de tout laisser exposé au regard des dîneurs. Ils pouvaient voir les cuisiniers s'affairer derrière une grande baie vitrée — un retournement de l'idéal traditionnel qui veut que l'existence de la cuisine soit en quelque sorte niée. La décoration obéissait au même principe de transparence, car les conduits de ventilation, les câbles électriques et les tuyaux couraient le long des murs et du plafond, d'où pendaient des lampes halogènes au bout de longs bras sinueux et enchevêtrés qui faisaient penser aux étranges tentacules d'une hydre géante.

De même qu'on avait fait l'économie des corniches et des moulages en plâtre, on avait réduit la cuisine à l'essentiel. On n'y trouvait pas les équivalents culinaires des faux plafonds, à savoir les sauces qui brouillent les différences de goût entre les ingrédients et effacent les gradations et les contrastes de saveur. Qui dit sauce dit compromis, il fallait laisser les aliments affirmer leurs vertus propres. La nourriture révélait alors sa structure, elle avait la hardiesse d'une palette de couleurs primaires.

Les hors-d'œuvre comprenaient une salade de feuilles de laitue d'un vert foncé sur lesquelles on avait coupé d'âcres petits bouts de parmesan, le tout ruisselant d'une huile d'olive riche et dorée et présenté sur un grand plat de faïence. Il y avait d'épaisses tranches de thon presque cru servies avec des légumes presque carbonisés, la sombre et toujours complexe aubergine se retrouvant côte à côte avec un véhément poivron rouge. Le restaurant osait s'en tenir aux mets traditionnels, mais était assez habile pour les réinventer presque : la grosse frite dorée semblait, dans sa perfection, être l'incarnation de la Forme platonique. Les desserts étaient tout aussi hardis, la vedette revenant à une petite colline de chocolat d'un brun profond sur laquelle se détachaient de fines tranches de mangue et de papaye évoquant la nature la plus luxuriante.

Les restaurants peuvent capter l'imagination des gens comme ne peuvent pas le faire les entreprises commerciales qui cherchent à satisfaire des appétits différents et moins vitaux. Cela tient même parfois de l'expérience érotique, et le *Melteme* avait suscité une quasi-hystérie. Il fallait réserver sa table longtemps à l'avance, les célébrités se battaient pour y entrer, soudoyant à l'occasion les maîtres d'hôtel, les vedettes de la chanson et les hommes d'affaires, les hommes politiques et les artistes le fréquentaient assidûment, et tous les journaux et magazines à la mode publiaient des articles sur « l'événement gastronomique de la décennie ».

Alice ayant, encore tout récemment, dîné seule de soupe en boîte, et n'ayant guère l'habitude de fréquenter les temples de la gastronomie, il était prévisible que son plaisir de se retrouver assise avec Éric à une des tables en coin si convoitées du *Melteme* un vendredi soir fût aussi intense.

« N'est-ce pas fantastique ? s'exclama-t-elle.

— Ouais, c'est chouette, répondit Éric d'un ton qui suggérait que ce n'était peut-être pas la première fois qu'il dînait avec une femme dans un restaurant dont on avait décrété qu'il était l'événement gastronomique de la décennie.

— Alors qu'est-ce que tu vas prendre ? demanda Alice.

— Oh, je crois que je vais choisir le crabe, et puis le canard.

— Je n'arrive pas à me décider, il y a tant de choses, je voudrais prendre de tout. »

Finalement elle adopta une attitude diététiquement plus raisonnable et commanda un carpaccio de saumon et un bar, deux plats que les chroniqueurs gastronomiques avaient décrits comme étant déjà des classiques.

Si, parmi les nombreuses soirées qu'Éric et Alice passèrent au restaurant, l'attention du lecteur est attirée sur celle-ci, c'est peut-être en raison de la singularité du plaisir qu'Alice en retira, et de ce que ceci suggérait quant à la nature et à l'origine de ses désirs.

Quand son entrée arriva, elle fit remarquer à Éric comme cela avait l'air délicieux, puis elle se pencha vers lui et l'embrassa sur la joue.

« Qu'est-ce que j'ai fait d'extraordinaire ? demanda-t-il d'un air ironique.

— Oh, un peu de tout, répondit-elle en levant sa fourchette pour avaler une première bouchée. Hmmm, c'est absolument délicieux », ajouta-t-elle une seconde plus tard.

On pourrait imaginer, parce qu'Alice avait dit à Éric que son carpaccio de saumon était succulent et qu'elle trouvait le restaurant très élégant, que son plaisir était causé directement par la nourriture et le décor. Mais il était curieux de remarquer, tandis qu'elle mangeait son entrée, la façon dont son enthousiasme était devenu une sorte de lointaine annexe de la pensée (plutôt que du fait) qu'elle mangeait un plat que les chroniqueurs couvraient d'éloges dans un restaurant dont tout le monde parlait et qui, cette semaine-là seulement, avait eu pour clients une douzaine de personnalités de premier plan appartenant au monde du cinéma, de la mode et de la musique.

Cette distinction rappelait l'existence de deux modes de désir. Il y avait d'un côté l'opinion **autonome** : « J'aime ce restaurant parce que *je* trouve que la nourriture y est bonne », et de l'autre la pensée **imitative** : « Ce restaurant doit être bon parce que *tous les gens que je connais le trouvent bon.* »

Dans le premier cas, le désir allait directement du sujet à l'objet.

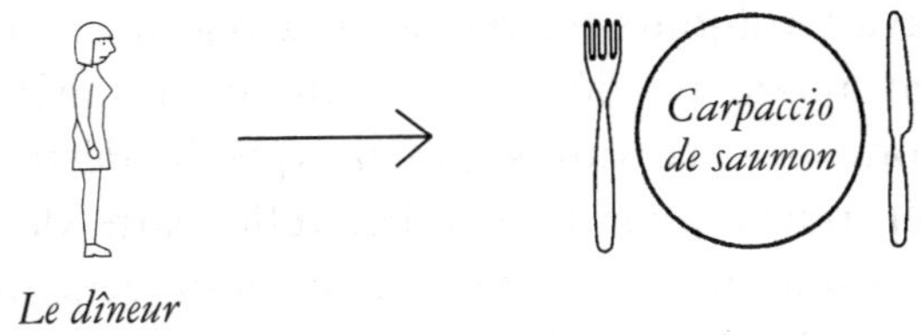

Dans le second exemple, le désir passait d'abord par des canaux intermédiaires, les rubriques gastronomiques des journaux ou les bouches des célébrités.

Les dîneurs se sentiront tout de suite à l'aise dans le cadre plein de charme et d'élégance du restaurant *Melteme*, décoré par le célèbre décorateur andalou José de la Fuente, à qui l'on doit également la décoration du *Croque-monsieur* de Mayfair. La vue sur le fleuve est magnifique, les fruits de mer délicieux, et vous pourrez goûter plus de vingt variétés de poissons et de langoustes. Le chef est français, et l'atmosphère propice à une soirée romantique et raffinée. Les prix sont raisonnables, environ £25 par personne sans les vins, dont vous trouverez une large et tentante sélection. Le carpaccio (£6,95) est en bonne voie de devenir un classique, et est, dit-on, très apprécié des élégantes stars du monde de la mode et de la musique qui fréquentent le *Melteme*. Également recommandés, la polenta, le bar rouge aux poivrons et le thon légèrement grillé. De toute évidence l'endroit à découvrir. Une bonne adresse.

Alice avait toujours eu tendance à réagir en fonction du second mode de désir — le mode imitatif plutôt qu'autonome —, ce qui signifiait que le désir qu'elle pouvait éprouver pour telle robe, telle paire de chaussures, tel restaurant, voire tel amant, était généralement engendré par les mots et les images des autres.

Elle avait vu, la semaine précédente, la pièce de Samuel Beckett *En attendant Godot* au National Theatre. Les critiques avaient été dithyrambiques, les gens en parlaient en termes empreints de gravité mais chaleureux, Alice avait donc proposé à Éric de réserver deux places. Mais une fois à l'intérieur du théâtre, c'est tout juste si elle avait pu réprimer ses bâillements. Le langage lui paraissait artificiel, le rythme trop lent, les pauses entre chaque réplique étaient si longues qu'elles brisaient toute continuité. L'univers où se mouvaient ces deux vagabonds lui était vraiment trop étranger, c'était un monde de pauvreté, de tristesse et d'absurdité qu'elle avait envie de fuir.

Quand Éric laissa tomber son programme, vers le milieu du premier acte, elle se pencha pour le ramasser et lui sourit d'un air qui pouvait signifier « N'est-ce pas affreux? », mais qui était assez ambigu pour ne pas exclure d'autres interprétations. Pendant l'entracte, elle se garda bien de parler la première, de crainte que son opinion ne diffère de celle d'Éric et des trois collègues qu'il avait invités à se joindre à eux.

« C'est certainement la plus grande œuvre théâtrale que le XXe siècle ait produite, déclara Éric après avoir versé en silence un tonic dans son gin dans un coin du bar très encombré — une affirmation à laquelle la chronique principale de la page culturelle du *Times* conférait toute son autorité —, et c'est certainement la meilleure mise en scène qu'on ait vue à Londres depuis quinze ans. »

L'opinion d'Éric semblait, malgré sa hardiesse, s'accorder entièrement avec celle de ses amis, et puisque chacun hochait la tête d'un air approbateur et affirmait que c'était la plus grande œuvre théâtrale depuis telle autre pièce au cours de laquelle elle se rappelait avoir autant bâillé, Alice ne put guère faire autrement, quand on lui demanda son avis, que de se mettre à l'unisson de l'enthousiasme général.

Du reste, quand vint le second acte, non seulement Alice s'ennuya moins, mais elle commença à prendre plaisir au spectacle. En sortant du théâtre, elle déclara, avec une mauvaise foi dont elle avait peu conscience, que Beckett était en effet un auteur très impressionnant et émouvant, dont elle aimerait découvrir les autres œuvres.

Si les réactions d'Alice choquent, c'est peut-être parce que les quatre cents dernières années de philosophie, de politique et d'art n'ont cessé de faire l'éloge de l'autonomie — les êtres libres étant ceux qui sont capables d'identifier spontanément leurs désirs, de suivre leurs propres penchants sans se laisser influencer par l'opinion publique, par la peur de la foule ou par les décrets arbitraires du dieu de la mode. Ce qui allait de pair avec la dénonciation d'un monde vu comme une scène de théâtre — le *teatrum mundi* où « tous les hommes et les femmes ne sont que des acteurs ». Les désirs des « acteurs » du monde (c'est-à-dire en général les désirs de gloire, d'argent ou de pouvoir) sont liés à la vie en société et donc d'une certaine manière frauduleux. Un acteur murmurant de belles paroles sur une scène ne fera qu'exprimer des sentiments émanant d'un autre individu — ce que faisait à peu près Alice lorsque, dînant dans un restaurant, elle parlait du carpaccio de saumon avec un enthousiasme dont on aurait pu retrouver l'origine dans l'appétit et la plume d'une autre personne.

Du moins Alice était-elle assez lucide pour reconnaître — alors qu'elle finissait l'entrée de son premier dîner au *Melteme* — à quel point elle était heureuse de manger dans un endroit si manifestement *branché*.

Mais qu'est-ce que cela signifiait au juste, vouloir être dans un endroit « branché » ?

Vouloir être dans un endroit dont *les autres* avaient décidé qu'il était branché.

Il y avait là un désir de faire partie d'un centre, un « centre d'intérêt » vers lequel tous les yeux se tournaient et qui acquérait de ce fait une indubitable importance. Autrefois, quand les gens cherchaient des lieux ou des idées « branchés », ils pouvaient tourner leur regard ou leur pensée vers Rome, La Mecque ou Jérusalem, vers la monarchie ou la nation. C'étaient là des « centres d'intérêt » communs, qu'une majorité de gens considéraient comme importants ou précieux et traitaient en conséquence. Mais le déclin des grandes idéologies avait entraîné une certaine confusion quant à ce qui constituait le centre des choses — il n'y avait plus *un* endroit indubitablement à la mode où dîner dans une capitale, on avait désormais le choix entre des centaines de restaurants et de particuliers, qui tous se disputaient le précaire statut de Centre.

Le *Melteme* avait réussi, pour un temps, à devenir ce cœur errant de l'univers, mais on s'apercevait, quand on était enfin parvenu, non sans mal, à obtenir une table et à prendre place dans ce temple du goût, qu'il y avait dans cette quête un certain paradoxe.

Les dîneurs se regardaient les uns les autres à travers la salle pleine à craquer où s'affairaient les serveurs, cherchant frénétiquement des yeux ceux dont la valeur avait été socialement confirmée. Les gens de la table 14 s'imaginaient que ceux de la table 15 étaient plus spirituels qu'eux, avaient lu quelque chose qui leur avait échappé, s'étaient amusés avec des amis plus intéressants que les leurs. Mais ceux de la table 15 regardaient par-dessus leur épaule ceux de la table 16 avec une inquiétude similaire, et la même chose se reproduisait de table en table.

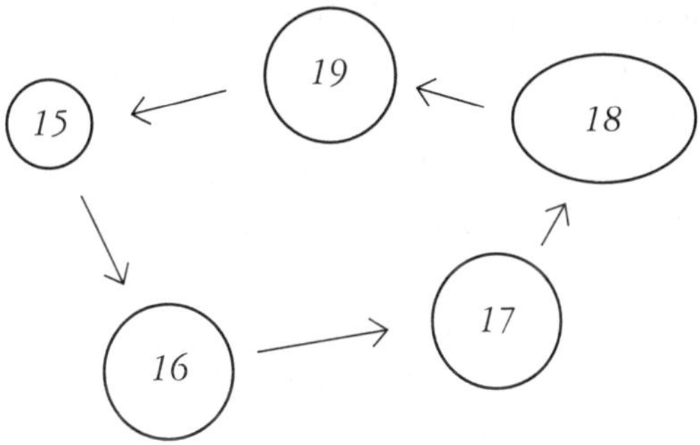

Il n'y avait là bien entendu aucun « centre », il n'y avait dans le restaurant aucun lieu ou objet particulier qui pût confirmer sa qualité de centre, que ce fussent les énormes bacs à langoustes au milieu de la salle ou les tables si bien situées près des fenêtres (Éric n'avait malheureusement pas pu en obtenir une). Le *Melteme* avait acquis sa réputation en s'arrangeant pour donner habilement l'illusion d'être un centre, en étant capable de donner corps à un mirage tout en restant un objet de référence vide de tout contenu.

« Tout le monde est très bien habillé, tu ne trouves pas ? demanda Alice en parcourant la salle des yeux pendant la seconde partie du repas.

— Je suppose, oui, répondit Éric, apparemment plus intéressé par son canard.

— Regarde ce couple là-bas. Sa tête à lui me dit quelque chose. Il ne travaille pas à la télé ?

— Je ne sais pas.

— Je crois que si. Il est dans cette émission où les gens sont interviewés sous la douche. La blonde qui est avec lui est sublime, elle est si belle que ça vous donne envie de jeter l'éponge. Je me demande si elle est mannequin. Je n'ai jamais vu une silhouette pareille. Je suis sûre qu'elle n'a rien mangé de toute la semaine pour pouvoir venir à bout de cette salade. En tout cas elle a l'air de joliment s'ennuyer avec son type. »

Alice aimait regarder les gens dans les restaurants, observer leur visage et essayer de deviner (ou de reconnaître) le genre d'existence qu'ils pouvaient mener. Quand elle était avec un homme, le jeu acquérait une dimension supplémentaire, car elle demandait souvent à son amant quelles autres femmes il trouvait séduisantes et lui disait à son tour quels hommes elle avait remarqués. Il y avait dans ce jeu une discrète allusion au fait qu'il est inévitable que d'autres êtres continuent à attirer — plus ou moins longuement — notre attention, si amoureux que nous prétendions être.

Mais son intuition lui disait qu'il n'était pas possible de jouer à ce petit jeu avec Éric, car la condition *sine qua non* en était que, pour devenir un sujet de discussion, les attirances ainsi confessées ne devaient pas être sérieuses. *Je te permets de parler de ceux/celles que tu trouves séduisant(e)s, parce que je suis assez confiant(e) pour ne pas voir dans cette attirance une menace.*

Le charme évident d'Éric et sa conception libérale des rapports entre les hommes et les femmes ne laissaient pas à Alice une marge suffisante pour plaisanter sur un sujet tel que l'infidélité. Mais nous ne devons pas la plaindre outre mesure, car ce qui l'avait séduite en Éric, entre autres choses, c'était précisément ce sentiment qu'il était séduisant aux yeux d'autres femmes. Il y avait une analogie structurelle entre ce qu'elle éprouvait pour lui et l'enthousiasme que lui inspirait le restaurant, car dans les deux cas le sentiment que les autres les appréciaient ajoutait un ingrédient décisif à son désir.

Quand Éric, ce soir-là, avait choisi la cravate qu'il porterait pour aller dîner, il avait appelé Alice pour qu'elle l'aide à la choisir.

« J'ai tellement de cravates, avait-il dit, on n'arrête pas de m'en offrir.

— Si ce n'est pas une pitié, avait répondu Alice. Des centaines de femmes ont dépensé un argent durement gagné pour t'acheter des cravates, et tout ce que tu sais faire, c'est te plaindre… »

L'allusion à des « centaines de femmes » n'était pas fortuite. Alice croyait sincèrement qu'Éric avait connu beaucoup de femmes — et cette pensée avait beau être teintée de jalousie, elle n'en était pas moins, d'une certaine façon, curieusement plaisante.

Pour elle, l'amour avait toujours été lié à l'admiration. « Je ne peux pas aimer un homme que je n'admire pas », disait-elle volontiers. Et cela signifiait implicitement que non seulement elle devait l'admirer, elle, mais que les autres devaient le faire aussi. La médiocrité de son propre *moi* pouvait être neutralisée par un homme dont les souliers venaient d'Italie et les costumes de Savile Row — mais qui l'avait tout de même choisie parmi de nombreuses autres admiratrices. Le fait que d'autres le désiraient, et que malgré cela c'était elle qu'il désirait, confortait en elle un sentiment précaire de sa propre valeur.

Un homme qui possédait cent « cravates-gages-d'amour » avait donc plus de valeur qu'un homme qui n'en avait qu'une — or Éric, comme c'était à prévoir, résista à la tentation de la détromper, car la plupart des cravates qui pendaient dans son placard avaient plus à voir avec des cadeaux reçus lors de congrès professionnels qu'avec des dons du cœur passionnés.

Quand elle rentra chez elle ce soir-là, Alice dit à Suzy combien Éric avait eu l'air séduisant, ce qui les amena à échanger des considérations plus générales sur les hommes et leur apparence physique.

Suzy avait toujours affirmé qu'elle souffrait du complexe de Quasimodo.

« Montre-moi un bossu ou un manchot ou un infirme quelconque et je suis sûre de trouver quelque chose de sexy en lui, expliquait-elle.

— Bon sang, comment pourrais-tu... ? Je veux dire, je plains ces gens, mais je ne pourrais jamais sortir avec eux.

— Pourquoi ? C'est bien plus intéressant de sortir avec des gens qui ne sont pas ostensiblement séduisants.

— Ah oui ? Pourquoi donc ?

— Eh bien, parce qu'alors tu es la seule à savoir ce qu'il peut y avoir de sexy et de merveilleux en eux. Et de toute façon, quand on aime quelqu'un, qu'est-ce que ça peut bien faire, ce que les autres pensent ? demanda Suzy, dont le petit ami du moment, Matt, sans être un de ces handicapés à qui il manque une main ou une vertèbre, avait peut-être quelques centimètres de moins qu'il n'aurait fallu et quelques kilos en trop.

— Je ne te comprends pas. Je ne pourrais pas sortir avec quelqu'un qui ne serait pas très présentable. Tu te souviens de ce garçon, Chris, qui s'intéressait à moi il y a quelque temps, bon, il était vraiment gentil mais si maladroit, si mal dans sa peau, je ne supporterais pas d'être avec quelqu'un comme lui, je serais toujours embarrassée, je me sentirais comme obligée de lui trouver des excuses… »

Suzy avait une confiance enviable en sa capacité à juger les choses bonnes ou mauvaises sans s'appuyer sur l'opinion d'autrui, à décréter que tel petit restaurant polonais était le meilleur de Londres alors qu'aucun chroniqueur gastronomique n'en parlait, ou à aimer un homme auquel le monde n'accordait pas de grands honneurs ni même une grande attention.

Alice, en revanche, plus sensible au poids de l'opinion d'autrui, apportait la preuve que le prix à payer pour un homme que les autres admiraient était une extrême difficulté à faire en toute confiance des remarques — si rosses qu'elles fussent — sur les particularités de blondes mourant d'ennui dans les coins des restaurants à la mode.

Sexe, shopping et le roman

L'autre faiblesse d'Alice était qu'elle adorait courir les magasins.

« Tu te souviens de ce magasin de Camden dont je t'ai parlé ? demanda-t-elle à Éric le lendemain matin.

— Comment aurais-je pu l'oublier ? répondit-il, absorbé dans la lecture des pages financières du journal du week-end.

— Eh bien, ils disent dans ce magazine qu'il y a des soldes là-bas pendant tout le mois.

— Dieu est miséricordieux.

— Je cherche un cardigan depuis une éternité, et je crois qu'ils ont juste ce qu'il me faut.

— Lequel ?

— Celui qu'elle porte, dit-elle en lui montrant la photo d'un mannequin. Qu'est-ce que tu en penses ?

— Hmmmm.

— C'est nettement insuffisant ce "hmmm", il coûte une petite fortune.

— Oh pardon. Comment dire… Ce cardigan représente l'aboutissement triomphal des efforts de la civilisation occidentale pour produire le lainage parfait. C'est l'apogée de la création vestimentaire, la fierté de l'industrie de la mode, la Mona Lisa des cardigans...

— Bon, alors tu vas m'accompagner là-bas aujourd'hui ? »

Éric accepta, mais il s'avéra vite que Camden ne serait pas leur seule destination. Le magasin en question n'avait pas la bonne taille de cardigan, mais avait en revanche des sandales très originales qu'il eût été dommage de ne pas acheter maintenant qu'ils étaient allés si loin vers le nord. Ensuite, puisque cela se trouvait être sur le chemin du retour, ils s'arrêtèrent à Notting Hill, où il y avait un choix fantastique de ces boutons à motifs indiens qui faisaient fureur. Et puisqu'ils étaient déjà à Notting Hill, il aurait été un peu bête de ne pas descendre vers High Street Kensington, ce qui les mena tout naturellement à South Kensington, qui n'était qu'à quelques pas de Kings Road, d'où l'on pouvait envisager, puisque ce n'était finalement pas si loin, un petit tour du côté du West End, de Bond Street et de Covent Garden.

C'est ainsi qu'Alice se retrouva en possession non seulement du fameux cardigan, celui dont elle avait si longtemps rêvé, mais aussi d'une paire de sandales, de boucles d'oreilles, de trois paires de collants, d'articles de maquillage assortis et d'un flacon de parfum. Pour son plus grand plaisir, Éric se révéla être en la circonstance un compagnon fort agréable, ne trahissant rien de l'impatience habituelle des hommes à l'égard de ce rituel féminin et insistant pour lui payer un cardigan qui aurait sérieusement écorné ses économies. Les cartes de crédit faisaient sans regimber ce qu'on attendait d'elles, les vendeuses étaient obséquieuses, ils trouvaient facilement des taxis pour les transporter à travers la capitale. Ils déjeunèrent dans un petit snack près de Hanover Square, puis revinrent à Onslow Gardens où se trouvait l'appartement d'Éric. Là ils firent passionnément l'amour sur le sofa, parmi des sacs qui portaient les noms d'une demi-douzaine d'élégantes boutiques de mode londoniennes.

La publication de *Madame Bovary* en feuilleton dans la *Revue de Paris* en 1856 aurait autorisé Gustave Flaubert à affirmer qu'il était l'auteur du premier « roman de sexe et de shopping », ou du moins du premier roman qui rendait les rapports entre ces deux activités si explicites et montrait à quel point ils étaient psychologiquement étroits. Si les lecteurs contemporains furent surtout choqués par l'adultère d'Emma, sa disgrâce eut autant à voir avec son penchant immodéré pour le lèche-vitrine et les toilettes dernier cri, qui la forçait à s'endetter jusqu'au cou, qu'avec son comportement amoureux. Dépenser de l'argent était pour elle un exercice libidinal qui comportait tous les risques d'une course en fiacre rideaux tirés et pouvait procurer à peu près les mêmes plaisirs.

Flaubert approuvait-il cette attitude ? Ne peut-on pas soutenir que son *Bovary, c'est moi** ne révèle pas seulement une affinité avec le tempérament romanesque, mais aussi une profonde compréhension des charmes et des pièges de la consommation ?

Peut-être est-il significatif que l'orgasme commercial et sexuel ait mené Emma Bovary à la ruine au moment précis où le capitalisme industriel connaissait ce que les historiens appellent maintenant une révolution dans le domaine de la consommation, et où la vague de puritanisme du XIXe siècle tendait à balayer certaines idées progressistes concernant la liberté des femmes. On pourrait donc voir dans les tentatives faites pour interdire ce roman un effort moralisateur pour réprimer non seulement le sexe, mais aussi et peut-être surtout le *shopping*. Lorsque les arguments contre la copulation sans reproduction commencèrent à perdre de leur pouvoir (religieux) d'intimidation, les arguments contre la consommation sans besoin gagnèrent en virulence (onze années seulement séparent la publication de *Madame Bovary* de celle du *Capital* de Marx en 1867). Le lien n'est que trop évident entre une attaque morale contre le fait d'acheter sans besoin et une attaque morale contre la copulation sans reproduction — dans les deux cas c'est le plaisir qui a été censuré, plus particulièrement le plaisir féminin, et ce, généralement, par des hommes en chapeau haut-de-forme, au visage agrémenté d'une barbe broussailleuse.

Ce qui, apparemment, alimentait surtout les désirs d'Alice, c'était le grand nombre de magazines qu'elle lisait chaque mois. Il y avait en eux une luxuriance à laquelle les livres ne pouvaient prétendre, leurs pages vernies comme une pomme bien astiquée étaient si agréables à toucher et à regarder… Elle plaisantait souvent en disant qu'elle avait envie de « disparaître dans un magazine », et tentait de donner forme à une confuse vision éthique en exprimant le souhait de « magazinifier son univers ».

Ce que ces magazines avaient en commun, c'était ce sentiment qu'ils donnaient d'une clarté et d'une netteté absentes de la vie quotidienne, celles d'un monde où des êtres parfaits se tenaient devant des murs de pierre moussus pour présenter des collections d'automne, ou étaient assis à la terrasse de cafés milanais, vêtus des nouveaux modèles de printemps en coton. De beaux hommes tenaient par la taille de belles femmes dans des poses nonchalantes et provocantes, des mannequins regardaient pensivement la mer, drapés dans le plus léger des tissus, des tubes de rouge à lèvres géants et de splendides robes écarlates s'offraient aux regards à côté de puissantes voitures de sport et de fruits tropicaux.

Le magazine était un instrument de désir, mais paraissait moral en ce qu'il proposait des solutions à la condition humaine. Bien qu'il prétendît vouloir satisfaire ses lecteurs, il n'avait accompli que sa tâche commerciale — par opposition à une tâche « littéraire » — quand il les avait rendus malheureux en leur montrant cent objets qu'ils n'avaient pas et qu'il leur aurait fallu acheter.

Le magazine ne pouvait que rendre Alice malheureuse. Il ne pouvait pas lui dire que les vêtements qu'elle portait conviendraient parfaitement une année de plus, que l'apparence ne comptait pas tant que ça de toute façon, pas plus que la couleur de votre chambre à coucher ou le fait que vous connaissiez telle ou telle personne. Les pages « mode » ne pouvaient que l'emplir de regrets à la pensée de tout ce qui manquait à sa propre garde-robe, les pages « vacances » ne pouvaient que lui rappeler les nombreuses contrées qui étaient plus ensoleillées que la sienne, les pages intitulées « style de vie » ne pouvaient que l'humilier en suggérant implicitement qu'elle avait probablement fort peu de vie et que celle-ci n'avait certainement aucun style.

Madame Bovary lisait des romans du genre romantique, Alice, une rêveuse moderne, lisait des magazines, mais il y avait d'importants liens structurels entre ces deux activités. Le roman et le magazine fonctionnaient comme une fenêtre (une vitrine ?) sur un monde autre et plus enchanteur, stimulant le désir en pratiquant une forme particulièrement élaborée et trompeuse de « réalisme ».

Quoique faisant résolument appel à l'imaginaire, les romans « romantiques » du XIXe siècle s'efforçaient d'introduire une bonne dose de vraisemblance dans les décors et les moindres détails, se différenciant par là même des genres traditionnels de littérature d'évasion. Le romancier devint méticuleux dans sa description des maisons et des paysages, des mœurs sociales et des visages, et le désir ainsi créé était d'autant plus intense que son objet était plus plausible. Bien que les intrigues fussent souvent fantaisistes (beaucoup de pâmoisons au clair de lune et de personnages héritant soudain d'immenses fortunes), les techniques narratives donnaient au lecteur assez de détails pour qu'il pût imaginer que de telles choses se passaient réellement dans la grande ville ou le village isolé où il n'avait jamais mis les pieds. Parce qu'on lui avait parlé de la couleur du cheval, du nombre de taches de son sur une main ou du reflet du soleil sur un revolver rouillé, le lecteur se montrerait peut-être plus indulgent quand le cheval emporterait l'héroïne vers un lointain château écossais, quand l'honnête vierge aux taches de son serait demandée en mariage par un propriétaire terrien cossu et incroyablement accommodant, ou quand le revolver rouillé partirait et tuerait fort à propos un rival jaloux.

Le magazine perpétuait ce flirt avec le possible par sa caricature du réalisme le plus trivial. Il y avait des articles expliquant quel vernis à ongles utiliser quand vous faisiez de la plongée sous-marine au large de l'île Maurice, des conseils pour recréer Giverny dans un petit jardin du sud de Londres, des recettes de cuisine assez intéressantes pour vous donner envie de les essayer, mais juste assez compliquées pour se révéler peu pratiques à réaliser.

L'amour d'Alice pour une telle littérature n'était pas une composante fortuite de sa structure psychologique. Il reflétait un problème d'identité : incertaine quant à ce qu'elle était ou voulait être, elle avait naturellement tendance à adopter des suggestions venant d'ailleurs. Sa recherche d'un cardigan constituait une tentative pour intégrer sa propre confusion dans un style préexistant, en se modelant sur une image fournie par d'autres. C'était une forme d'élégante et onéreuse caricature, la réduction d'une potentielle infinité de traits à quelques lignes essentielles qui pourraient l'ancrer dans une forme sociale reconnue.

Il y avait ce qui était à la mode ou « branché » et ce qui, à tel ou tel moment, ne l'était pas : un ordre schizophrénique de vérité et d'erreur particulièrement fluctuant. La métaphore était importante : on était *branché* sur le corps social ou on en était coupé. Cette saison-là, par exemple, il fut décrété que les manches légèrement évasées, les décolletés plongeants et les étoffes souples seraient les seules « vraies » options. Les boutons ornés de motifs indiens compliqués reçurent l'approbation discrète des « milieux autorisés », ainsi que les cheveux longs noués en chignon et retenus à l'aide d'une seule grande épingle. Les bijoux furent déclarés *out* (c'est-à-dire ringards), les montres d'homme pour les femmes *in* (c'est-à-dire très chic), les robes longues étaient *out*, les robes en toile de jean *in*, le cachemire était *out*, la soie *in*, le fard à joues était *out*, les lotions toniques *in*, le pourpre était de retour, l'orange un crime. Les stylistes de mode s'efforçaient d'affirmer l'importance des vêtements superposés, la survie de l'espèce semblait dépendre de longues et amples chemises ou tuniques correctement portées par-dessus des pantalons collants.

Les conclusions dans ce domaine n'étaient pas le fait d'une entité centrale, elles étaient au contraire irriguées par mille capillaires de cet organisme géant qu'on appelle le *goût* : un monstre capricieux, aux réactions imprévisibles, amalgamant les choix de ses homuncules — les êtres jeunes, célèbres, riches, créatifs et beaux — en un cocktail perpétuellement instable. Instable, parce que ces conclusions dépendaient non des qualités propres d'un objet, mais de la place qu'occupait cet objet à l'intérieur d'un ensemble plus vaste de marchandises. Sans changer lui-même, un cardigan jugé cette saison élégant pouvait être supplanté sur le marché par des modèles qui le feraient paraître réactionnaire ou factice. Tel cardigan évoquait-il l'éclat et le prestige des années vingt, ou (le plus grand péché) trahissait-il l'effort fait par un styliste contemporain pour récupérer une image déjà trop sollicitée des prestigieuses années vingt ?

Une affaire cyclique

Selon son humeur du moment, la conception de l'existence (si l'on peut parler d'une façon aussi grandiloquente) d'Alice était soumise à une alternance entre deux écoles : celle de *l'escalier* et celle du *séchoir rotatif*.

Quand elle était dans une phase de type « escalier », elle voyait dans ce qui lui arrivait une preuve que la vie s'élevait lentement mais inexorablement vers un état de bonheur et de paix représenté par un ultime palier métaphorique. Elle comprenait évidemment qu'il y aurait des parties horizontales à franchir, mais se persuadait que malgré des périodes d'angoisse, de haine de soi ou d'ennui, la direction d'ensemble resterait ascendante. Quand elle se comparait à l'enfant, à l'adolescente ou à l'étudiante morose qu'elle avait été, elle avait l'impression d'avoir réussi à surmonter les obstacles que le passé avait mis sur son chemin, d'avoir acquis une certaine confiance en elle-même et une plus grande compréhension d'autrui.

L'arrivée d'Éric dans sa vie avait naturellement représenté un formidable bond vertical.

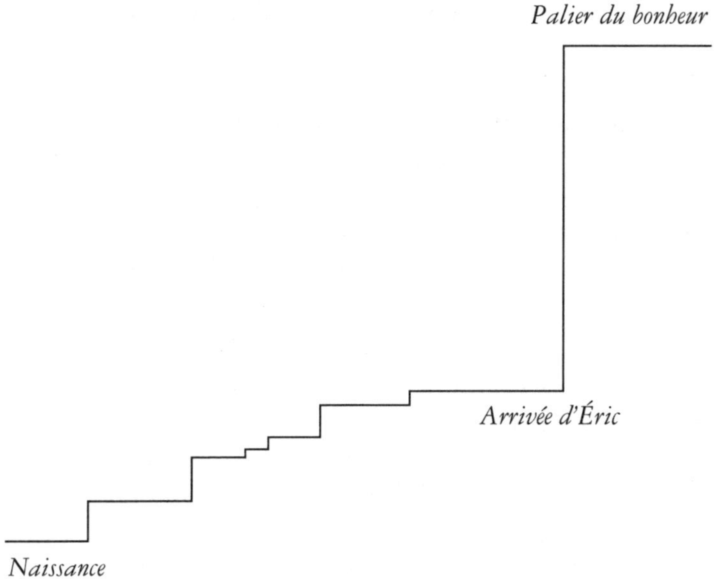

Elle avait enfin rencontré quelqu'un qui la rendait heureuse, avec qui elle se sentait à l'aise, et qui l'avait arrachée à une morne succession de *parties* et de soirées passées devant la télévision. Leurs rapports semblaient échapper aux turbulences manifestes de liaisons passées, il y avait en lui une stabilité nourrie de bon sens qu'elle admirait. Éric semblait savoir ce qu'elle voulait et éprouvait, il était plus âgé qu'elle (un peu plus de trente ans, alors qu'elle en avait à peine vingt-cinq), il avait des opinions sérieuses en politique et en économie, et paraissait ne pas douter du monde où il vivait ni de la place qu'il y occupait.

Néanmoins cet état d'esprit optimiste mettait quelque peu Alice sur la défensive; elle se comportait comme quelqu'un qui, après des années d'efforts pour devenir riche, gagne finalement dix millions et ne peut s'empêcher de le faire sentir. Elle était une parvenue du bonheur.

Elle avait, à une époque moins faste, recherché l'amitié — une amitié fondée sur le réconfort mutuel — d'un certain nombre de jeunes femmes vers lesquelles elle s'était sentie attirée en raison d'une détresse commune consécutive à des expériences malheureuses avec les hommes. Belinda et Margaret étaient deux de ces compagnes des mauvais jours. Elles avaient passé toutes les trois bien des soirées, dans la cuisine de Belinda, à échanger des anecdotes et des plaisanteries en buvant du café et en mangeant trop de biscuits.

Mais Alice avait maintenant le sentiment qu'elle avait dépassé tout cela, alors elle trouvait des excuses pour ne pas les voir et laissait son répondeur branché pour éviter d'avoir à engager la conversation avec l'une d'elles. Elles lui rappelaient un passé qu'elle eût préféré oublier, leurs relations étant fondées sur une misère affective à présent honteuse. Elle regardait l'escalier derrière elle et se sentait animée par une volonté exagérée d'indépendance, comme ces adolescents qui grossissent à plaisir les divergences avec leurs parents pour effacer la honte de s'être précédemment pendus à des jupes émotionnelles et financières.

L'autre possibilité philosophique était représentée par le *séchoir rotatif*. La caractéristique principale du séchoir est que c'est une machine cyclique dont le tambour tourne avec régularité. Mettez un certain nombre de vêtements dedans et la force centrifuge les collera aux parois du tambour. Le moment viendra où un blue-jean sera visible à travers le verre trempé du hublot, puis ce sera le tour des chaussettes, d'une chemise peut-être, d'un torchon à vaisselle et ainsi de suite. Tous ces objets ne seront pas visibles en même temps, mais le mouvement du tambour les forcera à apparaître à intervalles réguliers. Si nous considérons que le jean, les chaussettes, la chemise et le torchon représentent respectivement le bonheur, la joie, l'ennui et le désespoir, il nous est permis de comparer le processus du séchage à celui de la vie elle-même, un processus où ce qui vient une fois revient inévitablement d'autres fois, ce qui suggère qu'il y a des données répétitives dans une vie humaine, que c'est une affaire cyclique.

Il y avait maintenant un peu plus d'un mois qu'Alice était avec Éric, une période qui avait coïncidé avec le début du printemps. Londres était superbe — un aimable fouillis de villages pleins d'arbres en fleurs et de maisons de guingois au charme désuet se détachant sur un ciel bleu clair. Alice avait le sentiment que sa vie avait enfin commencé, et que le bonheur terrestre auquel elle avait si longtemps aspiré n'était plus hors d'atteinte. Sa vie professionnelle elle-même devenait plus stimulante, et à en croire certaines rumeurs, elle pouvait s'attendre à être promue en raison de l'excellent travail qu'elle avait fait lors d'une campagne publicitaire pour un produit assouplissant.

Le dernier week-end avait été particulièrement agréable. Éric et elle avaient passé la soirée du vendredi au *Melteme,* le samedi ils avaient couru les magasins et acheté — entre autres — son cardigan, le soir ils étaient sortis prendre un verre avec un vieux copain d'Éric qui venait d'arriver de New York, puis étaient allés danser dans une boîte de Piccadilly. Le dimanche matin, Alice avait suggéré une visite à un musée situé près de la Tour de Londres, ils avaient déjeuné à la terrasse d'un pub voisin, puis, la journée étant particulièrement douce, avaient marché jusqu'à Parliament Square en longeant le fleuve chaque fois qu'ils le pouvaient.

Peu après leur retour à l'appartement d'Éric, un assourdissant coup de tonnerre avait déchiré l'air. De noirs nuages, poussés rapidement par un vent d'ouest, s'étaient amassés au-dessus de la capitale, puis avaient déversé sur elle des trombes d'eau avec toute la rancune accumulée dont le climat anglais est capable quand cinq jours ont passé sans qu'il tombe une goutte de pluie.

« C'est incroyable ! » s'était exclamée Alice en regardant, par la fenêtre de la salle de séjour, Onslow Square qui ressemblait à l'intérieur d'une cabine de douche à haute pression. « C'est une vraie mousson !

— La météo l'a annoncé toute la semaine, avait dit Éric.

— Vraiment ? J'ai toujours du mal à croire ce genre de prévision. Pas toi ? Je pense toujours que quand il fait beau, il fera toujours beau. »

Le climat se voyait contraint de la détromper. Parce qu'une inclinaison de 23° 26' de l'axe de rotation de la Terre signifiait que le Soleil était directement au-dessus du tropique du Cancer (23° 26' nord) le 22 juin, les étés londoniens étaient assez chauds pour rendre possibles les bains de soleil et pour qu'Éric pût jouer au tennis le soir et prendre ses petits déjeuners sur sa terrasse. Mais parce que le soleil arrivait directement au-dessus du tropique du Capricorne (23° 26' sud) le 22 décembre, les arbres étaient sans feuilles l'hiver, il faisait sombre tôt dans la soirée, et on pouvait attendre longtemps un taxi sous le crachin aux heures d'affluence.

« Est-ce que ça ne serait pas agréable de vivre dans un endroit où il fait toujours chaud ? reprit pensivement

Alice. On aurait besoin d'un minimum de vêtements, il n'y aurait pas de chauffage à payer, et on serait de bonne humeur tout le temps...

— Toi, de bonne humeur tout le temps ?

— Pourquoi pas ?

— Tu serais encore toi-même ?

— Oui, mais moi-même de bonne et charmante humeur.

— Le temps ne change pas les gens comme ça.

— Il me change, moi.

— J'oubliais que tu es une exception biologique.

— Épargne-moi tes sarcasmes. C'est prouvé scientifiquement. »

Alice avait passé une année au Mexique dans son enfance, et depuis elle avait toujours été très attirée par les régions tropicales de la Terre. Entre quinze et trente degrés de latitude, nous disent les météorologues, un air chaud souffle toute l'année, ce qui donne de fortes précipitations, mais un climat très stable. Les températures varient peu, celle de l'air étant presque constante à 20-30°, ce qui rend les différences entre les saisons presque imperceptibles.

Mais dans la zone tempérée nord, dans laquelle se déroulait l'histoire d'Alice et d'Éric, des masses d'air subtropicales et subpolaires s'affrontent violemment, des cyclones et autres dépressions atmosphériques se déplacent sans cesse vers l'est, apportant avec eux des vagues successives d'air maritime humide. Il en résulte une lutte météorologique permanente, les fronts chauds luttant contre les fronts froids et formant d'instables alliances appelées fronts occlus, un conflit qui, le jour où Alice regardait tomber la pluie, ressemblait à peu près à ceci :

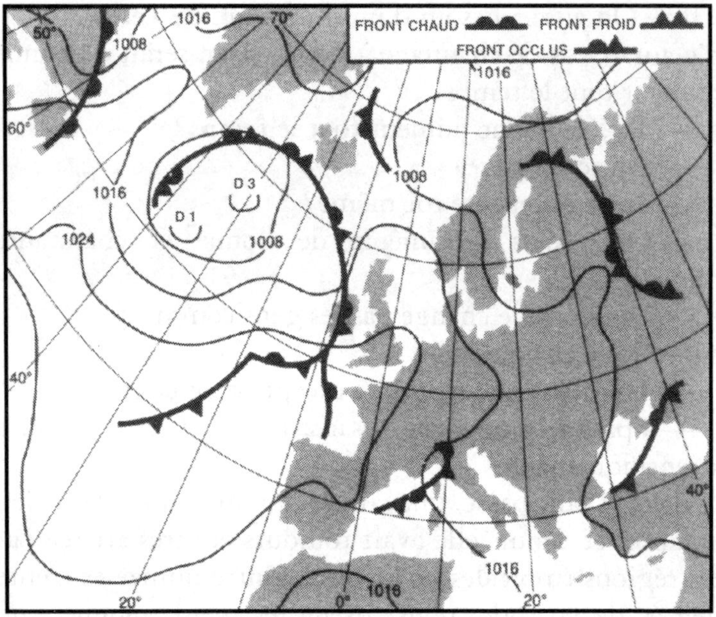

Éric se désintéressa de la pluie et alla allumer la télévision qui se trouvait dans un coin de la salle de séjour. Une émission financière était en cours, dans laquelle on examinait les activités commerciales d'une usine de roulements à billes installée dans le nord de l'Angleterre. Alice le rejoignit sur le bord du sofa un moment plus tard, l'entoura de son bras et regarda affectueusement son visage et cette expression concentrée et soucieuse qu'il avait tandis qu'il fixait l'écran des yeux.

« Qu'est-ce que tu veux? demanda-t-il brusquement sans se tourner vers elle.

— Rien, répondit-elle.

— Alors pourquoi tu me regardes comme ça?

— Pour rien, c'est juste que tu avais l'air tellement mignon, si absorbé dans…

— Ouais, eh bien laisse-moi écouter, ce sont des gens avec qui nous allons travailler, alors ne fais pas de bruit.

— Que dirais-tu d'un baiser silencieux et non perturbateur ? demanda effrontément Alice en se penchant sous le champ de vision d'Éric pour l'embrasser furtivement sur la bouche.

— Alice, pour l'amour du ciel, laisse-moi tranquille, veux-tu ? J'essaie de regarder une émission, et je ne peux pas le faire si tu n'arrêtes pas de m'embêter.

— Pardon.

— Pense un peu aux autres pour une fois au lieu d'en faire toujours à ta tête !

— J'ai dit pardon. »

Éric ne répondit pas, Alice se leva et alla dans la cuisine. Elle ouvrit le réfrigérateur, se versa un verre d'eau et but lentement quelques gorgées avant de vider le reste dans l'évier. Elle jeta un coup d'œil vers la pendule, s'assit sur un des tabourets et se passa pensivement la main sur le visage. A la hauteur de la bouche, à environ un centimètre et demi au nord-est de la commissure gauche, elle détecta les signes d'un désastre dermatologique imminent. Comment ou quand au juste cela avait commencé, elle n'aurait pu le dire, mais au cours de la journée (à moins que l'origine du phénomène ne fût plus ancienne), une glande sébacée s'était engorgée et, pour protester contre ce confinement forcé, menaçait à présent de former un bouton vengeur. Toute la région entourant l'épicentre avait acquis une qualité différente, la peau, plus tendue et plus dure, laissait présager l'éruption volcanique du matin — ou pis encore, le bouton imploserait faute de pouvoir exploser, mettrait des jours et des jours pour disparaître et pourrait à tout moment se remettre à bourgeonner.

Tandis qu'une partie d'elle-même évaluait ce dégât facial, une autre remarquait avec un détachement clinique que c'était la première fois qu'Éric faisait preuve d'un tel manque de courtoisie à son égard, non pas tant la sèche courtoisie des bonnes manières que celle qui consiste à cacher les irritations que l'on peut éprouver en compagnie d'un autre. Son « laisse-moi tranquille » symbolisait la première affirmation de son *moi*, un *moi* qui s'était montré jusque-là d'une grande docilité quand il s'agissait d'aider Alice à enfiler son manteau ou de la laisser franchir la première les portes à tambour.

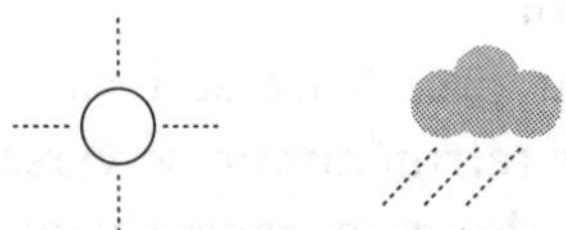

Elle ne pouvait en analyser les raisons mais, assise sur ce tabouret dans la cuisine obscurcie d'Éric, elle ressentit une soudaine et spectaculaire perte de confiance en elle-même. Alors que, quelques instants plus tôt, elle avait eu foi en sa propre capacité à survivre dans le monde adulte, à jouer les rôles requis sans faire de faux pas, tout maintenant se désintégrait rapidement en une spirale d'auto-accusation et de haine de soi. Sa confiance en elle-même avait toujours été une structure précaire qui devait être consolidée par des événements positifs — quand elle avait voulu quelque chose et réussi à l'obtenir, ou quand quelqu'un lui avait plu et qu'elle lui avait plu aussi, elle pouvait commencer à croire vraiment en elle-même et en autrui. Mais cette foi ressemblait à un ballon percé qui a sans cesse besoin d'être regonflé, et lorsque cela se révélait impossible, elle sombrait bientôt dans un état où tout son optimisme antérieur lui semblait être une arrogante imposture, et ceci, la pluie, son état naturel, les cartes que le destin lui avait attribuées et auxquelles elle n'aurait jamais dû toucher.

« On commande une pizza pour le dîner ? lança Éric de la pièce voisine. Je n'ai pas le courage de cuisiner ou de sortir. »

Il était vautré sur le sofa et avait glissé une main sous son pantalon pour se gratter.

« Est-ce que tu es vraiment obligé de faire ça ?

— Faire quoi ?

— Ça.

— Si ça me démange, oui, pourquoi pas ?

— Comme c'est agréable.

— Ou est-ce que tu préfères un plat chinois ? On pourrait toujours aller manger en vitesse un truc au curry, bien sûr. Qu'est-ce que tu en penses ? »

Cela semblait très inopportun, vu la question, mais Alice avait soudain envie de dire à Éric : « Prends-moi seulement dans tes bras. » Elle avait envie — bien plus que d'une pizza, d'un plat au curry ou d'une soupe chinoise (et beaucoup moins rationnellement) — de se mettre à pleurer sans donner d'autre explication à ce débordement lacrymal que : « Parce que je suis triste. » Un sentiment de totale fragilité l'avait envahie, la rendant incapable de coordonner ses réactions avec les exigences du monde. Elle aurait voulu qu'on lui laisse le temps de se désagréger complètement, que quelqu'un la tienne doucement dans ses bras jusqu'à ce qu'elle puisse recoller tous les morceaux.

« Euh… écoute, je ne peux pas, je veux dire je n'ai pas vraiment envie de souper.

— Hein ? »

L'énergie d'exprimer ses sentiments lui faisait défaut ; elle aurait aimé que, sans qu'elle eût à dire un mot, il la regardât simplement et murmurât : « Je sais, je sais. »

Au lieu de cela il dit : « Pourquoi fais-tu la tête d'une môme qui vient de voir la mère de Bambi mordre la poussière ? Je t'ai seulement demandé ce que tu voulais manger.

— Je suis désolée.

— Il n'y pas de quoi être désolée. Cette tête-là te va plutôt bien en fait.

— Écoute, je pense que je ferais mieux de rentrer. J'ai du travail à finir pour demain. D'accord ?

— Pas de problème, Bambi. »

Une heure plus tard, dans son lit, Alice se demanda avec amertume pourquoi elle était à ce point tiraillée

Sur la première chaîne	Elle était sûre d'elle, bien dans sa peau, créative, curieuse, drôle et à l'aise avec les autres.
Sur la deuxième chaîne	Elle se sentait submergée par un ensemble de peurs mal définies qui avaient pour conséquences des ongles rongés, un manque d'énergie et le sentiment d'être coupée des autres.
Sur la troisième chaîne	Un état physique dans lequel son corps lui paraissait aussi lourd qu'« un reste de porridge gris et froid ».
Sur la quatrième chaîne	Le sort des autres était plus enviable que le sien et sa vie était nettement plus misérable que celle de la plupart des gens qu'elle connaissait.

entre des humeurs d'une déconcertante diversité, comparables à des chaînes de télévision qu'un démon irascible regarderait en passant continuellement de l'une à l'autre.

Quand elle songeait à la nécessité de « se trouver elle-même », ce qu'elle entendait surtout par là, c'était qu'il lui aurait fallu trouver *un* moi, *une* chaîne qui eût conféré à sa vie un minimum de stabilité et de quiétude et mis un terme à cet infernal séchage rotatif.

Systèmes de valeur

Tels furent, ce soir-là, les premiers signes indiquant que l'amant idéalisé d'Alice n'était pas l'incarnation parfaite de ses aspirations romantiques. Il n'était pas nécessairement indigne de telles aspirations, simplement il ne faisait plus corps avec les siennes.

Mais si le temps qu'Alice et Éric passaient ensemble commençait à révéler des tensions fondées sur la dissonance, quelle était donc l'origine de ces conflits ?

Sans doute est-il possible, si l'on cherche à comprendre les disparités entre les gens en dehors de la structure linéaire habituelle, d'étudier leur personnalité telle qu'elle se manifeste dans des détails qui, si peu importants en eux-mêmes qu'ils paraissent, peuvent néanmoins révéler des systèmes de valeur certes conflictuels, mais étonnamment cohérents.

1. Décoration intérieure

Quelques semaines avant leur rencontre, l'architecte auquel Éric avait confié la transformation et la décoration de son appartement dans un style minimaliste japonais

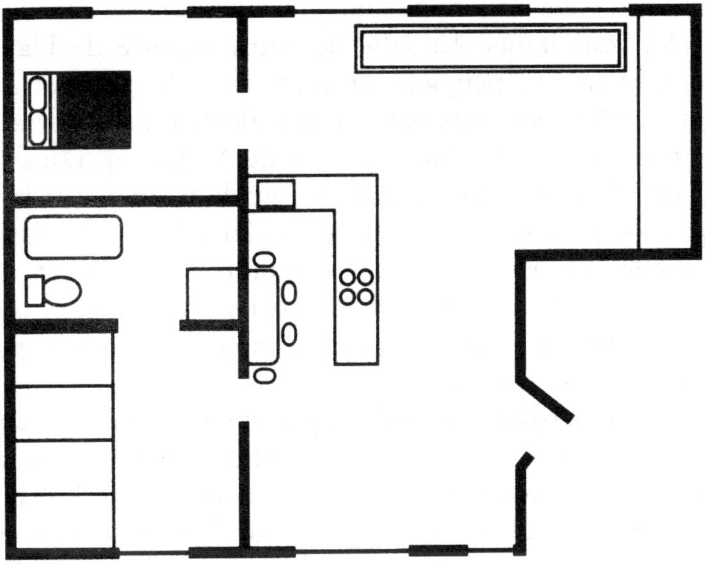

avait fini son travail. Éric avait décidé de réaliser un vieux rêve qui remontait au jour où — une dizaine d'années plus tôt — il avait ouvert un livre consacré aux intérieurs orientaux, et sa situation professionnelle lui avait récemment donné la possibilité financière de mettre ses idées en pratique.

Les placards et les sources d'éclairage avaient été dissimulés dans des renfoncements, les planchers recouverts de lattes de chêne japonais décoloré, les moulures et les plinthes rabotées, et à la place des rideaux il y avait de simples stores vénitiens blancs dont les côtés étaient bien d'aplomb avec le bord extérieur des châssis de fenêtre. Les diverses installations étaient d'une grande sobriété, les poignées de porte chromées étaient de style Bauhaus, l'équipement de la cuisine était composé de ces robustes éléments en inox qu'on trouve dans les cantines et les restaurants. La salle de bains carrelée de blanc comportait une baignoire en cèdre au milieu et, sur un côté, un lavabo creusé dans un bloc de marbre de Carrare et reposant sur des blocs de grès du Yorkshire. Dans la chambre, le sol était un assemblage de tatamis, sur lesquels on pouvait dérouler la nuit un matelas futon, dissimulé le jour dans un placard. Les murs étaient peints en blanc et ornés çà et là d'échantillons d'art américain contemporain — cubes mêlant le noir et l'acier ou spirales en cuivre oxydé.

Éric avait passé une année au Japon pour sa banque afin de se familiariser avec le fonctionnement des places financières, mais il avait pris le temps, pendant les week-ends, d'explorer la culture du pays. Il n'aurait pu prétendre en avoir une connaissance approfondie, ses lectures avaient été pour le moins superficielles : il avait lu en bâillant *Le Chrysanthème et le Sabre* de Ruth Benedict, il avait absorbé non sans peine un peu de Mishima, il avait parcouru avec circonspection quelques passages de Krishnamurti et d'Alan Watts. Sans doute Éric était-il attiré par l'Orient, mais cela avait toujours été d'une façon plus intuitive qu'intellectuelle.

Vers le milieu du mois de mai, il emmena Alice dans un restaurant japonais et, quand on leur apporta un plat de sushi, essaya de lui expliquer cette attirance.

« Regarde comme cela est présenté, cet ordre et ce souci de l'espace, et avec quel soin les petits bouts de saumon sont disposés et tout est enveloppé. Il y a dans la façon japonaise de concevoir les choses une sorte de logique que j'adore.

— C'est merveilleux, répondit Alice. Qu'est-ce que c'est que cette chose blanche ici ?

— C'est du maquereau.

— Et cette chose rose au milieu ?

— Du gingembre. Et tu verras, ce qu'il y a de formidable dans un repas comme celui-ci, c'est que tu peux manger tout un plat et te sentir parfaitement nette et légère après, alors qu'après un repas occidental où tout se mélange on se sent si lourd… »

Quand il parlait de l'Orient, Éric revenait toujours à quelques mots clefs : *légèreté, ordre, logique, propreté, espace.* Il trouvait de telles qualités dans les morceaux de sushi qu'il mangeait, dans les récipients noirs et laqués dans lesquels la nourriture était présentée, dans la fraîcheur du bois des baguettes, dans l'atmosphère calme du restaurant. Il avait remarqué des qualités similaires dans les temples de Kyoto, dans la calligraphie des maîtres zen et dans les quelques haïkus qu'il avait tenté de déchiffrer.

Tandis qu'une serveuse en kimono leur versait du thé, il reprit :

« Le monde est si encombré et compliqué, ce que j'aime dans l'esthétique orientale, c'est qu'elle semble avoir un certain sens de l'espace, et une sorte de rationalité. J'ai aménagé mon appartement de cette façon parce que je voulais, en rentrant chez moi après le chaos du bureau, me retrouver dans une oasis. L'idée derrière cet agencement aéré, c'est que la poussière, la saleté ou le bric-à-brac ne peuvent pas s'y accumuler : tout doit rester bien net. Je voulais un logement où il n'y aurait rien de superflu. J'ai fait de la voile quand j'étais plus jeune, et ce qu'on apprend sur ces bateaux, c'est que tout est là dans un but précis, parce qu'il n'y a pas de place pour les déchets et les choses inutiles. »

L'intérêt d'Éric pour la décoration intérieure s'étendait aux moindres accessoires. Il prenait le temps de chercher l'objet parfait — réveille-matin, tire-bouchon ou calculatrice — et avait choisi avec le plus grand soin les objets usuels de sa salle de bains, de sa cuisine et de sa chambre — radiateurs, interrupteurs électriques, couteaux ou porte-serviettes.

Comment pourrait-on interpréter ce « désir d'accessorisation » (pour employer le jargon moderne)? Peut-être comme une volonté plus ou moins consciente de contrôler entièrement un environnement donné : Éric pouvait ainsi avoir la certitude que, de la boîte à trombones au bouchon de carafe, de l'ampoule électrique au ventilateur, il vivait dans un espace où rien n'avait été laissé au hasard. On trouvait, dans les tiroirs de la plupart des logements, des objets hideusement superflus, fabriqués sans aucun souci esthétique, qui n'avaient tout au plus qu'une valeur sentimentale. Mais cela aurait signifié qu'il y avait dans la vie d'Éric des éléments qui échappaient complètement à son contrôle, qui étaient à la fois *siens* et dangereusement *autres*.

On peut considérer un aménagement d'intérieur comme un miroir mental de celui qui l'a choisi, une représentation non verbale, non active de sa personnalité. Quand la psychanalyse a commencé à s'intéresser aux enfants, elle a bien vite été confrontée à la contradiction qui existe entre un « traitement par la parole » et des sujets dont la maîtrise du langage est loin d'être parfaite. Des théoriciens tels que Klein, Anna Freud et Winnicott s'aperçurent bientôt que les enfants pouvaient très bien exprimer leur univers intérieur en utilisant des moyens non verbaux tels que des jouets et autres objets. Incapable de verbaliser ses problèmes, un enfant pouvait, à l'aide d'un bâton ou d'une pelote de laine, *mimer* un conflit psychique sous les yeux de l'analyste. De même (bien qu'il se fût vigoureusement opposé à une telle interprétation de son esthétique), on aurait pu soutenir que les goûts d'Éric représentaient une forme d'extériorisation de son moi profond.

Parce qu'il se faisait une idée fonctionnelle de sa vie, il voulait qu'elle fût aussi bien ordonnée que son appartement — un lieu où ses aspirations sociales, financières, amoureuses et sexuelles pouvaient acquérir une cohérence et une harmonie quasi parfaites.

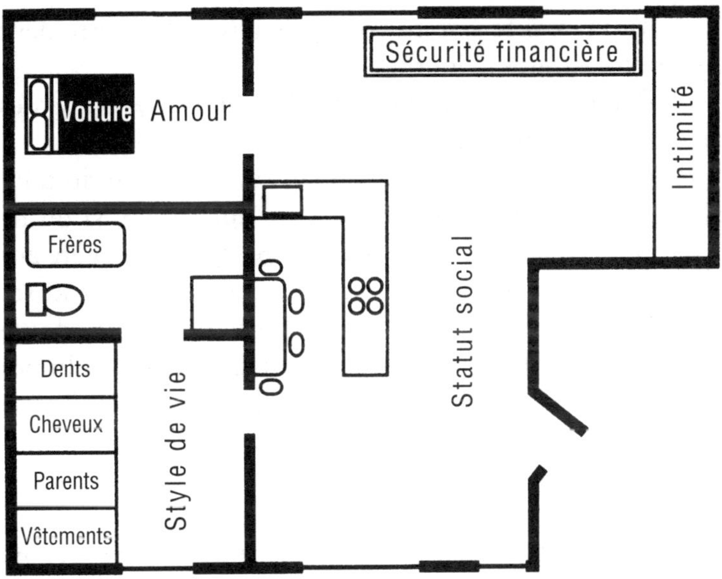

Bien que son existence fût en apparence un modèle d'ordre, il y avait de bonnes raisons pour penser qu'il avait en réalité bien plus peur du désordre — et donc un plus grand sens du désordre — que d'autres. Une toile d'araignée, un panier de linge sale, un carreau ou une assiette cassés l'affectaient plus qu'on n'aurait pu s'y attendre chez un homme habitué aux turbulences de sa vie professionnelle. Si Alice laissait traîner des journaux par terre, elle pouvait être certaine qu'il s'emporterait et lui adresserait quelque remarque férocement sarcastique.

« Qu'est-ce que ça peut faire si je laisse l'hebdo télé comme ça ? rétorqua-t-elle un dimanche matin.

— Ça fait que je ne supporte pas de voir tout ce papier éparpillé dans tous les coins.

— Mais je comptais ranger ça quand on reviendrait ce soir.

— Tu veux dire que tu comptais laisser l'appartement en désordre toute la journée ?

— Ben oui, mais à t'entendre c'est un crime digne des procès de Nuremberg, alors... »

Il était tout aussi agacé si on laissait le cordon du téléphone enroulé plus de trois fois sur lui-même, si on ne remettait pas la télécommande à sa place sur l'étagère au-dessus du poste ou si on ne replaçait pas correctement ses livres sur leurs rayons (il avait choisi une méthode de classement bibliographique selon laquelle les volumes étaient rangés par ordre décroissant de taille — les *Trésors du Louvre* se retrouvant à côté des *Grands moments de Wimbledon* parce que leurs dimensions permettaient de constituer une ligne visuellement harmonieuse).

Éric avait grandi dans une famille qui, sous des dehors de respectabilité bourgeoise, avait connu une réalité moins brillante. Son père avait commencé une carrière d'avocat, mais avait été ignominieusement exclu du barreau, pour des raisons mystérieuses, alors que lui-même était encore enfant. Après cela il s'était embarqué dans une succession d'affaires désastreuses, des transactions impliquant le rachat de terres en Irlande, et avait plongé toute la famille dans un océan de dettes. Sa mère, une femme sévère mais très disciplinée et pleine de ressources, s'était efforcée de sauver les apparences et avait utilisé une modeste somme d'argent dont elle avait hérité pour envoyer ses fils au collège. Son père, qui s'était mis à boire, était sujet à de violents accès de rage, dont sa mère essayait de minimiser l'intensité autant à ses propres yeux et à ceux de ses fils qu'aux yeux de leurs voisins, dans ce quartier très comme il faut de Notting Hill où ils habitaient.

Éric était devenu un homme qui cherchait à réduire autant que possible les incertitudes liées au lieu où l'on vit, aux gens à qui on a affaire, au métier qu'on exerce. Il s'était d'abord orienté vers la médecine parce qu'il avait été attiré par la sécurité et le prestige de cette profession, mais il avait fini par s'impatienter de la médiocrité de ses revenus. Désirant se prémunir contre toute vulnérabilité financière à longue échéance, il s'était lancé dans ce qui s'était révélé être une très belle carrière dans le secteur bancaire. Il était encore, par certains côtés, un joueur, quelqu'un qui savait prendre des risques, mais seulement dans un environnement où les éléments principaux de sa vie étaient sur la bonne étagère.

Il n'y avait rien de minimal en revanche dans la chambre d'Alice, hormis peut-être ses dimensions. Elle regorgeait de tous les objets imaginables et était décorée avec les couleurs les plus voyantes. Sur un côté du lit courait une grande étagère pleine de livres de poche en piteux état, les classiques avec les « moins classiques » aux couleurs criardes; à côté il y avait une petite télévision noir et blanc avec une antenne circulaire, au-dessus de laquelle était suspendu un grand tableau en liège recouvert d'un collage photographique vivement coloré. On pouvait y voir Alice enfant et sa famille au bord de la mer, sa vieille maison, son chien Gatsby, et aussi des amis et d'anciens petits amis, des tantes et des grand-mères. A côté du tableau il y avait une commode encombrée d'articles de maquillage, de brosses à cheveux, d'atomiseurs, de clefs, plus un récipient cylindrique en faïence jaune qu'elle avait acheté à Bordeaux et un vieux miroir victorien trouvé au marché aux puces de Whitechapel. Ensuite venait son bureau, sur lequel était posée une vieille machine à écrire qui n'imprimait plus les lettres r et y, mais dont elle se servait quand même à l'occasion pour taper sa correspondance. Elle avait fourré pêle-mêle dans les tiroirs le courrier reçu au fil des ans, ainsi que quinze volumes de son journal intime, dans lequel elle avait déversé toutes ses pensées pendant cinq bonnes années. Contre le mur opposé se dressait une imposante armoire pleine de vêtements qui témoignaient à leur façon des perpétuelles fluctuations de la mode. Près du lit il y avait deux piles de magazines, sur lesquelles étaient posées une radio et, en vrac, des cassettes.

La première fois qu'Éric avait passé la nuit dans la chambre d'Alice, il l'avait appelée « le capharnaüm », un nom qui lui avait semblé si approprié qu'il l'avait définitivement adopté. Les coussins et les animaux en peluche sur le lit d'Alice l'agaçaient tout particulièrement, et il en vint à détester carrément un coussin pelucheux rose en forme de cœur sur lequel était écrit *J'aime Rome.* Chaque fois qu'il dormait dans sa chambre, il lançait ce coussin dans la boîte à ordures qui était à l'autre bout de la pièce, ou sur l'étagère à livres, hors de portée d'Alice couchée.

« Espèce de petit salaud, pourquoi ne peux-tu pas laisser mon coussin tranquille ? demanda-t-elle après qu'Éric lui eut refait le coup encore une fois.

— Parce que c'est la chose la plus repoussante, laide, dégoûtante, affreuse que j'aie jamais vue, et que je refuse de partager mon lit avec elle.

— Eh bien, il faudra choisir. Ce sera moi *et* mon coussin romain ou rien. »

Alice n'aurait pas songé une seconde à prétendre que ce coussin était un objet attrayant ou pourvu d'une quelconque valeur esthétique, néanmoins elle y était attachée et lui avait réservé une petite place chez elle pendant les dix dernières années. Parce que sa conception de la décoration intérieure était *affective* plutôt que *fonctionnelle,* la valeur d'un objet était moins déterminée par sa capacité à faire ce pour quoi il était fait que par l'ensemble de souvenirs, d'émotions, de sentiments qu'elle en était venue à associer avec lui.

Le coussin en forme de cœur lui avait été offert par son père au cours du dernier voyage que ses parents et elle avaient fait ensemble avant le divorce, un voyage vers le sud le long d'une des côtes italiennes dont elle gardait un souvenir ému. Il y avait certainement beaucoup de coussins plus élégamment conçus et réalisés que celui-ci, des coussins dont l'étoffe était plus belle et les dimensions moins vulgaires, mais aucun d'eux n'aurait renfermé en lui-même l'histoire particulière et la charge affective que possédait celui-ci, n'aurait pu évoquer ce bonheur inhabituel éprouvé, bien des années plus tôt, pendant d'ultimes vacances en famille.

2. Sentimentalité

Alice et Éric avaient dîné dans un petit restaurant espagnol près de chez elle une ou deux semaines plus tôt et s'étaient quelque peu chamaillés au sujet d'un lapin qu'Éric comptait choisir comme plat de résistance.

« Oh ! Éric, non… Ne peux-tu pas commander autre chose ? avait imploré Alice.

— C'est ridicule, ce lapin a l'air délicieux, cuit dans du vin blanc, avec un assortiment de légumes frais… Miam !

— Je déteste l'idée qu'on puisse manger des lapins, dit Alice, qui avait beaucoup aimé dans son enfance un spécimen non cuit, couleur noisette, nommé Patch.

— Toi et ton mysticisme végétarien…

— Avez-vous fait votre choix ? demanda le garçon.

— Oui, je pense que nous sommes prêts », répondit Éric d'un ton assuré.

Un quart d'heure plus tard, un lapin arriva sur un grand plat fumant, et un Éric affamé prit son couteau et sa fourchette et commença à manger avec appétit.

« Ooooh, pauvre petit lapereau croqué par le grand méchant loup, dit-il pour la taquiner, regarde comme le grand méchant loup griffu plonge ses crocs dans la chair délicate et succulente du…

— Tais-toi, espèce de saligaud, je ne vois vraiment pas pourquoi il fallait que tu choisisses justement ce lapin alors qu'il y avait dix mille autres plats sur la carte.

— Écoute, Alice, je ne sais pas pourquoi tu t'énerves tellement à cause d'un malheureux lapin. Tu manges de la viande comme tout le monde, et la seule explication que je voie à une telle irritation, c'est que la nature a donné aux lapins une tête légèrement plus mignonne qu'aux vaches ou aux moutons, et je ne t'ai jamais vue rongée de remords quand tu dévorais un bifteck ou un gigot. Tu as un code moral formidable! Darwin aurait dû y penser : la survie du plus mignon... »

Éric avait continué à la taquiner sur le sujet, et lui avait demandé d'un ton léger le lendemain : « Alors, Végétaline, allons-nous construire quelques cages à lapin supplémentaires aujourd'hui ? »

Alice était peut-être hypocrite en effet (pourquoi se tracasser au sujet d'un lapin mais pas d'un vieux mouton ridé ?), mais l'agacement d'Éric vis-à-vis de sa sentimentalité était trop persistant pour ne pas attirer un certain degré de suspicion. Il ne refusait pas seulement cette sentimentalité pour des raisons logiques (si on mange du mouton, pourquoi pas du lapin ?), mais aussi parce que les situations qu'affectionnent les personnes sentimentales remuaient quelque chose en lui. Il résistait rarement à l'envie de se montrer sarcastique envers ceux qui considèrent d'un œil humide les malades, les impotents, les unijambistes, les canards boiteux, les amants malheureux, les enfants éplorés et les grand-mères arthritiques — attitude qui trahissait une gêne devant l'effroyable vulnérabilité qui était la leur.

S'il taquinait Alice à cause des larmes qu'elle versait chaque fois qu'elle voyait *Love Story* (et elle l'avait peut-être vu dix fois), c'était parce que lui-même fuyait une tristesse dont ses larmes constituaient un rappel symbolique. Rien d'étonnant donc à ce qu'il fît souvent preuve de brusquerie quand elle essayait de lui dire qu'elle se sentait cafardeuse ou qu'elle avait l'impression d'être « aussi grosse qu'un éléphant ». Les remarques qu'il lui faisait alors — bien sûr qu'elle était en forme et belle et serait-il possible qu'ils passent à un autre sujet — signifiaient en réalité : « *Évidemment que tu es bien, il* faut *que tu te sentes bien — je ne supporterais pas qu'il en soit autrement...* »

Les enfants étaient l'image même de la faiblesse, aussi les attitudes contrastées d'Alice et d'Éric à leur égard étaient-elles révélatrices. Alice les adorait, tandis qu'Éric disait : « Si j'avais des gosses, je serais impatient qu'ils grandissent ; je déteste quand ils en sont encore à cet âge mièvre et niais. » Lorsqu'ils allèrent voir le fils de Jane, Tim, qui avait quatre ans, Éric lui posa quelques questions simples, mais parce que Tim sentit dans sa voix un ton désapprobateur, il perdit confiance en lui-même, bredouilla et détourna craintivement les yeux — et aurait fondu en larmes si sa mère, à ce moment, ne l'avait pris dans ses bras.

Alors qu'Éric rechignait à décoder les balbutiements d'un enfant, Alice n'hésitait pas à compenser les insuffisances de l'enfant en faisant appel à sa propre compréhension, à combler les lacunes qu'il ou elle ne pouvait encore combler. Le comportement d'Éric, adulte dans ses manifestations les plus évidentes, était pourtant curieusement puéril quand il attendait des autres ce que les enfants attendent de leurs parents — à savoir, l'infaillibilité. Il était incapable d'utiliser sa propre force pour compenser la faiblesse des autres, incapable d'adopter une attitude de parent indulgent envers les défauts de ceux qui l'entouraient.

Un week-end, ils furent invités à déjeuner chez des amis qui habitaient dans un village près d'Oxford, et comme Éric devait rentrer à Londres de bonne heure, ils décidèrent de prendre deux voitures. Alice n'était pas sûre du chemin et dit à Éric qu'elle préférerait le suivre. Il avait coutume de conduire sa B.M.W. sur la voie rapide des autoroutes, et fut donc irrité quand il comprit avec quelle lenteur il lui faudrait rouler pour que la « coccinelle » d'Alice ne soit pas distancée. Aux carrefours, il la voyait, dans son rétroviseur, regarder prudemment à droite et à gauche avant de repartir. « Quelle vieille mémé », marmonnait-il pour lui-même. A un rond-point près de Reading, la coccinelle cala et Alice ne vit pas quelle sortie Éric avait prise. Quand il remarqua qu'elle ne le suivait plus, il la maudit à nouveau, mais ne retourna pas au rond-point. Il savait qu'elle avait l'adresse, des instructions et une carte, et finirait donc bien par trouver sa destination. Il préférait appuyer sur le champignon plutôt que se montrer paternellement compréhensif envers la faiblesse automotrice d'Alice.

3. Nudité

La première nuit qu'ils avaient passée ensemble, et seulement quelques heures après qu'il lui eut adressé la parole pour la première fois, Éric avait hissé Alice sur la table de la salle à manger et lui avait retiré son slip. Pour Alice, l'intervalle qui séparait le premier regard charmeur de la pénétration durait normalement d'un week-end à quelques mois, c'est pourquoi elle avait été elle-même surprise par la force de son désir et la rapidité avec laquelle les choses se passaient. Si vaillamment qu'une partie d'elle-même eût voulu résister, elle s'était sentie peu disposée à se soumettre aux vestiges d'une morale héritée dictant ce qu'une fille convenable doit faire. Au diable ! avait-elle pensé en s'abandonnant au plaisir du moment. Elle avait laissé Éric déboutonner et dégrafer énergiquement sa robe et son soutien-gorge. Elle s'était laissé porter nue, d'abord sur le sofa, puis dans la chambre, tandis qu'Éric ôtait joyeusement ses propres vêtements et les éparpillait à travers l'appartement.

Après l'amour, Éric s'était glissé hors du lit pour aller chercher de l'eau dans la cuisine et était revenu avec une grande bouteille et deux verres. Debout près de la commode, nu comme un ver, il avait versé — spectacle incongru — de l'eau dans les verres comme un sommelier dans un restaurant chic.

« Tu ne mets pas un peignoir ? avait demandé Alice.

— Non, ça gâche l'érotisme postcoïtal, avait répondu Éric en souriant.

— Je croyais que "postcoïtal" voulait dire qu'il n'y avait plus d'érotisme.

— Ah ! c'est la conception traditionnelle, mais... » avait-il répliqué d'un air entendu.

Dès cette première nuit, il avait été évident qu'Éric se sentait parfaitement à l'aise dans son propre corps. De la façon la plus irréfléchie et immédiate, il tirait une certaine satisfaction de son apparence physique et supposait donc tout naturellement que les autres en feraient autant — ce qui rendait l'usage d'un peignoir ou d'une serviette superflu. Il voyait rarement la nécessité de fermer les rideaux pour priver les voisins du spectacle d'un baiser passionné, et était toujours prêt à se déshabiller si une rivière, un jacuzzi ou une piscine se présentait.

Alice admirait la franchise physique d'Éric, une sorte de franchise dont — en dehors des moments de passion amoureuse — elle se sentait incapable. Sa première impulsion était toujours de tendre le bras pour prendre un peignoir ou un tee-shirt, de baisser la lumière et d'échapper au verdict des miroirs en pied. Un corps n'était pas une chose à exhiber sans nécessité dans un appartement, sauf quand il s'agissait de faire l'amour, car on pouvait être à peu près sûr alors que le mâle serait suffisamment excité pour que ses facultés critiques fussent miséricordieusement émoussées.

Éric aimait taquiner Alice à ce sujet. « Je ne comprends pas pourquoi tu me dis de fermer les yeux alors que tu vas te retrouver nue à côté de moi dans une seconde à peine, lui disait-il quand elle insistait pour qu'il ne la regarde pas se déshabiller. Ni pourquoi tu ne veux pas que je te voie traverser la chambre alors que je sais exactement comment tu es faite. »

Se montrer nue, pour Alice, revenait à dévoiler un objet de honte potentielle. (« Tu appelles ça des seins ? Es-tu sûre que ces pieds n'appartiennent pas à un canard ? » se demandait-elle à elle-même quand son humeur la portait à se détester.) Lorsque son maquillage était enlevé et que ses vêtements gisaient en tas sur le plancher, elle se sentait sans défense et, dans cet état de vulnérabilité, cherchait à s'assurer auprès de son amant qu'il ne rirait pas d'elle ou n'utiliserait pas contre elle des évidences physiques. Elle avait le sentiment que son corps était un handicap, une faiblesse, quelque chose qui faisait qu'elle était à la merci de l'attitude plus ou moins généreuse des autres à son égard. Si irrationnel que ce fût, elle ne pouvait s'empêcher de ressentir une certaine réserve quand elle était nue, un besoin de se persuader qu'elle pouvait faire confiance à l'homme avec qui elle se trouvait — mêlés à une envie persistante et quasi irrésistible de se précipiter dans la salle de bains.

« Espèce d'idiot, rends-moi mes affaires ! » lança-t-elle à Éric le matin où il décida de lui jouer un tour en cachant ses vêtements dans un placard « secret ». « Tu as une minute, après j'appelle la police !

— Très bien, voilà le téléphone, ils seront d'accord avec moi, tu es bien mieux nue qu'habillée, répondit-il.

— Ne sois pas désagréable Éric, je vais me mettre en colère pour de bon si tu ne fais pas ce que je te dis de faire, l'avertit Alice, debout au milieu de la salle de séjour, telle une Ève impatiente réclamant une feuille de vigne.

— Allons, du calme…

— Du calme ! C'est très amusant pour toi, hein ? Eh bien, ça ne m'amuse pas du tout, alors s'il te plaît rends-moi mes vêtements.

— D'accord, mon chou, ils sont dans ce placard près de la cuisine — ce n'est pas la peine de te mettre dans des états pareils. »

4. Nudité émotionnelle

Éric avait beau s'enorgueillir de son aisance physique, il n'en était pas moins sujet à une timidité paralysante dès lors qu'il s'agissait d'une autre forme de nudité — et dans un domaine si différent que pendant longtemps Alice ne songea même pas à faire le rapprochement avec sa propre recherche d'une feuille de vigne. Sans doute Éric était-il ravi de s'ébattre nu dans les rivières et les forêts, mais ce qui le faisait se précipiter vers un peignoir symbolique, avec un sentiment d'urgence infiniment plus fort, c'était la plus légère menace de nudité émotionnelle.

Ce qui rend la nudité émotionnelle plus difficile à détecter, c'est l'absence d'une définition claire. La nudité physique est une évidence visuelle — et par conséquent les prudes dans ce domaine peuvent être facilement traqués et leurs vêtements cachés par ces hédonistes contemporains qui accordent tant d'importance à l'aisance physique. Mais parce que le *moi* est enfermé dans le corps, il faut souvent plus de temps pour identifier et mettre en évidence la pruderie émotionnelle, bien qu'il y ait probablement dans *ce* domaine autant, sinon plus, de pudibonds.

La nudité émotionnelle est liée au fait de révéler notre propre faiblesse et notre propre insuffisance à un autre être humain, une dépendance qui nous prive d'une capacité à l'impressionner par d'autres moyens que le fait brut de notre existence. Alors nous ne pouvons plus mentir ou fanfaronner, nous vanter ou nous cacher derrière de belles paroles — comme Montaigne l'a dit du moment de la mort, ce moment où, émotionnellement nus, nous devons « parler françois » et « montrer ce qu'il y a de bon et de net dans le fond du pot ».

Je me dénude émotionnellement quand je confesse un *besoin* — quand j'avoue que je serais perdu sans toi, que je ne suis pas forcément la personne indépendante que j'ai essayé de faire croire que j'étais, que je suis en réalité un être faible et beaucoup moins admirable, qui a bien peu de certitudes quant à l'existence et au sens qu'elle peut avoir. Quand je pleure et que je te confie des choses que, j'espère, tu garderas pour toi, car cela me tuerait si d'autres les apprenaient, quand je renonce au petit jeu des œillades séductrices pendant les dîners et réceptions et reconnais que c'est toi qui occupes mes pensées, je me dépouille d'une illusion d'invulnérabilité soigneusement élaborée. Je deviens aussi désarmé et confiant que si j'étais sur une piste de cirque, attaché à une planche sur laquelle des poignards viendraient se planter à quelques centimètres de ma peau, des poignards que j'aurais moi-même librement donnés au lanceur. Je te permets de me voir humilié, peu sûr de moi, indécis, dans ces moments où j'ai perdu toute confiance en moi-même, où je me déteste et serais donc incapable de te convaincre (si le besoin s'en faisait sentir) de ne pas en faire autant. Je suis faible quand je te laisse voir mon visage affolé à trois heures du matin, mon regard angoissé devant l'existence, où rien ne subsiste des fanfaronnes et optimistes philosophies que j'ai proclamées pendant le dîner. J'apprends à faire le dangereux pari que, bien que je ne sois pas l'être jovial et sûr de lui que tu vois tous les jours, bien que tu disposes d'un catalogue exhaustif de mes peurs et de mes phobies, tu puisses néanmoins m'aimer.

Et qu'est-ce donc alors qu'un *habillement* émotionnel ? Il consiste en une vaste garde-robe conçue pour préserver du regard de l'autre le doux intérieur, cacher sa vulnérabilité génitale symbolique, le grand et secret *J'ai besoin de toi.* Être émotionnellement vêtu, c'est refuser de se remettre entre les mains de quelqu'un dont on ne peut contrôler les actions, quelqu'un qui peut par définition nous blesser ou nous rendre fou en ne répondant pas à un coup de fil ou en faisant du pied à la personne d'en face.

Éric s'engageait rarement dans une liaison sans s'assurer qu'il avait une garde-robe complète de costumes bien doublés, son but étant de construire une vie dans laquelle l'amour ne serait pas le pilier principal, dans laquelle il ne serait pas forcé de renoncer aux fondations autonomes de son bonheur.

On pourrait diviser les architectes dans ce domaine en deux catégories, les romantiques et les raisonnables. Les architectes raisonnables ont appris la règle fondamentale selon laquelle le poids d'un bâtiment doit être réparti sur de nombreux supports (plus il y en a mieux ça vaut), de façon qu'en cas d'accident il puisse se reporter de la partie endommagée sur toutes les parties intactes.

Éric répartissait son poids sur de nombreux piliers — par exemple, le fait de rester en relations avec plusieurs amies (ce qui réduisait les risques d'effondrement dus à un seul rejet), de fréquenter des milieux suffisamment variés pour pouvoir survivre à une rupture avec un groupe particulier, ou de gagner assez d'argent pour atténuer les conséquences d'une infortune financière.

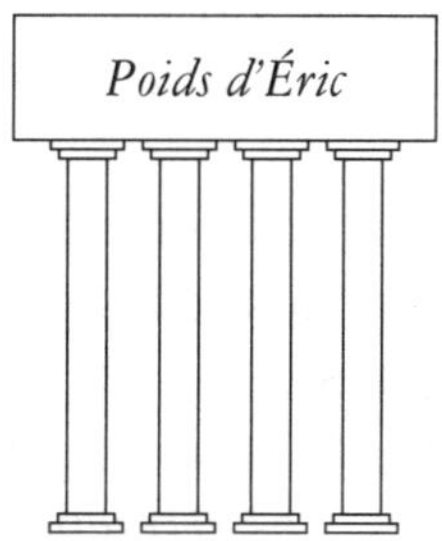

Alice était une architecte différente et beaucoup moins avisée, car elle tendait à placer tous ses besoins sur un seul pilier et espérait contre tout espoir qu'il supporterait leur poids.

Bien qu'il fût ce pilier en l'occurrence, Éric était remarquablement peu disposé à se reconnaître lui-même dans ce rôle de support. Il évitait de trop faire référence à lui-même, comme s'il hésitait à assumer sa fonction dans leur couple, à demander : « Qu'est-ce que *je* ressens ? » « Qu'est-ce que *nous* faisons dans cette histoire tous les deux ? » « Qu'est-ce que *nous* allons faire le week-end prochain ? »

Sa réticence ne reposait pas sur une indifférence aux qualités d'Alice, c'était simplement son attitude envers ces qualités qui faisait de lui un prude émotionnel — sa réticence à admettre qu'il aurait eu du mal à vivre sans elles.

Au début Alice avait accepté cela comme faisant partie des règles du jeu — pendant les premières semaines, les amants ne sont pas censés discuter de ce qu'ils représentent l'un pour l'autre, de crainte que leurs sentiments ne soient pas réciproques. Les références à l'avenir sont évitées, au cas où l'un d'eux ne pourrait pas envisager un avenir commun.

Après une première nuit passée ensemble, une allusion à une autre rencontre dans les jours ou les semaines à venir est généralement interprétée comme étant très significative. Il y a rarement quelque chose de fortuit dans la façon dont un amant dit « Alors on pourrait peut-être aller voir cette pièce le jour de mon anniversaire ? », lorsque l'anniversaire en question n'est qu'à deux semaines de là. Une telle proposition tend à suggérer, d'une façon subtile mais claire, que le couple survivra au moins jusque-là. La relation se prolongeant, on s'attend à ce que cette perspective temporelle s'accroisse, jusqu'au moment où l'on pourra dire avec quelque assurance : « Et si on commençait à économiser pour pouvoir aller skier à la fin de l'année prochaine ? » ou même : « Que dirais-tu d'une croisière quand on prendra notre retraite ? »

Mais cette projection temporelle était, dans le cas d'Éric, réduite à l'extrême : elle dépassait rarement la semaine. Alors qu'Alice espérait que l'avenir prendrait bientôt des contours mieux définis, il découvrait des moyens toujours plus ingénieux pour esquiver le danger d'une implication chronologique personnelle.

Ses déclarations d'affection elles-mêmes étaient codées. Quelques semaines plus tôt, ils étaient allés voir un mauvais film américain, l'histoire d'un couple texan que les circonstances séparent, mais pour qui l'amour finit par triompher de l'adversité. L'acteur principal (qui s'appelait Billy dans le film) ressemblait d'une façon frappante à Éric, détail qu'ils avaient tous les deux mentionné en sortant du cinéma. Éric se sentait proche d'Alice ce soir-là, et tandis qu'ils retournaient à la voiture, il avait passé un bras autour de sa taille. Il avait voulu lui dire comme il la trouvait jolie et à quel point il tenait à elle, mais au lieu de le faire comme quelqu'un de sa propre classe et de son propre pays, il avait choisi de le faire avec la voix traînante de l'acteur principal du film.

« Baby, tu es la plus adorable petite chose que j'aie vue de toute ma fichue existence, avait-il dit en imitant l'accent texan de Billy.

— Oh ! c'est si gentil à toi de dire ça, avait répondu Alice de sa voix normale, en prenant la main d'Éric et en la caressant affectueusement.

— Tu sais, tu es la plus chouette nana de ce côté du Mississippi, avait ajouté poétiquement Billy/Éric.

— Vraiment ? Alors qui est la fille dont je devrais être jalouse de l'autre côté du Mississippi ? »

De même, Éric avait pour habitude de dissimuler ses besoins émotionnels derrière un écran plus acceptable de besoins physiques. S'il voulait qu'Alice s'intéresse à lui, il lui était plus facile de déclarer qu'il avait un rhume, une mauvaise grippe ou un terrible mal de dos que d'avouer la vraie souffrance qui se cachait peut-être derrière cette somatisation.

Alors il pouvait mettre un bonnet de laine, s'emmitoufler dans des pardessus et annoncer, du lit où il gisait, sa fin prochaine.

« Mademoiselle Alice, soyez un ange, pouvez-vous venir en aide à votre patient et lui apporter un peu de vitamine C s'il vous plaît ? » lançait-il de son lit d'agonie.

Il pouvait échapper aux risques inhérents au scénario amant/amante en s'attribuant le rôle de patient et en attribuant à Alice celui d'infirmière ; un besoin primitif d'être dorloté et adoré pouvait être satisfait en redemandant plaintivement des gouttes pour le nez ou du sirop pour la toux.

En juin, Éric alla à Francfort afin de conclure un marché très intéressant pour sa banque, mais en revint amèrement déçu après que l'affaire fut allée à un concurrent allemand. Il ne parla guère au cours du dîner ce soir-là et mangea du bout des lèvres et d'un air morose ce qu'Alice avait préparé. Ensuite il alla s'asseoir sur le sofa, et il avait l'air si malheureux et abattu qu'elle s'étendit près de lui et prit son visage dans ses mains.

« Tu sais, tu es toujours mon héros, que tu reviennes avec ton butin de deutsche marks ou non, lui dit-elle en repoussant ses cheveux en arrière et en le regardant tendrement.

— Bon sang, Alice, garde ta condescendance pour toi, veux-tu ? » répliqua-t-il — réaction naturelle d'un homme dont la vie était dominée par la croyance, éprouvante et lourde de solitude, qu'il ne méritait d'être aimé que pour ses succès.

5. Générosité

Éric avait toujours été quelqu'un de particulièrement généreux. Même à l'époque où il avait eu peu d'argent, il avait toujours été prêt à payer les tournées ou à régler les additions au restaurant. Il envoyait des fleurs et des cadeaux à ses amis pour leur anniversaire, aidait un certain nombre d'œuvres de bienfaisance et, au bureau, étoffait le salaire de sa secrétaire avec une partie du sien. Quand Alice et lui allaient dans les magasins, il sortait souvent son portefeuille, conscient du fait qu'il gagnait beaucoup plus qu'elle.

Après un week-end qu'elle avait passé chez des amis dans le Dorset, Alice revint avec un cadeau pour Éric, un fromage enveloppé dans une feuille d'aluminium.

« Ils le fabriquent dans cette minuscule ferme où il n'y a que deux vaches, je ne sais même pas comment ça s'appelle, mais tu vas l'adorer, dit Alice.

— C'est très gentil. C'est la première fois qu'on m'offre un fromage », répondit Éric, touché autant par le tendre soin avec lequel il avait été empaqueté et rapporté à Londres que par l'objet lui-même.

Si délicieux qu'il fût, ce symbole de l'affection d'Alice fut ressenti par Éric comme étant un fardeau bien plus lourd que son support matériel — le fardeau de se sentir redevable pour la sollicitude et l'amour qu'un tel cadeau impliquait. Sa présence dans le réfrigérateur d'Éric témoignait de tous les efforts qu'Alice avait faits pour *lui* : elle était allée dans une ferme, avait donné l'argent, avait enveloppé le fromage et l'avait mis dans son sac, et pendant tout ce temps c'était à lui qu'elle avait pensé. Quel bonheur ! Mais quel poids !

Il n'y avait donc rien d'étonnant à ce qu'Éric, éprouvant

le besoin de se délester de ce fardeau de gratitude, décidât de surprendre Alice le lendemain en lui achetant une très belle bague qu'ils avaient remarquée tous les deux dans une bijouterie près d'Oxford Street.

« Je n'arrive pas à y croire ! » s'exclama Alice quand elle ouvrit l'étui. Elle sauta au cou d'Éric pour l'embrasser. « C'est si généreux de ta part… »

Éric s'était certes montré financièrement généreux (la bague n'était pas donnée), mais son acte avait peut-être été moins généreux sur le plan affectif — une mesquine tentative pour alléger la dette engendrée par le fromage à cinq livres d'Alice. Il avait voulu être le plus grand donneur de cadeaux, autant parce qu'il détestait éprouver ce manque d'autonomie qu'entraîne un sentiment de gratitude que parce qu'il aimait donner.

Bien que les dettes soient condamnées dans le monde financier, il se peut que le monde de l'amitié et de l'amour dépende, d'une façon sans doute assez perverse, de dettes bien gérées. Ce qui constitue une bonne politique économique peut constituer une mauvaise politique amoureuse — car l'amour consiste en partie à s'endetter et à accepter l'incertitude qui naît de ce qu'on doit quelque chose à quelqu'un, à lui faire confiance quant au pouvoir qui en résulte, celui en particulier de décider comment et quand réclamer son dû.

Éric payait ses factures à temps, mais il était dommage pour Alice qu'il ne pût faire preuve d'une maturité affective équivalente en évitant de s'acquitter si promptement de ses dettes envers elle.

Connaître l'autre

Dans la première semaine d'août — cela faisait donc plus de cinq mois qu'elle fréquentait Éric —, Alice reçut un coup de téléphone d'une amie qu'elle avait rencontrée dans une colonie de vacances dans le Massachusetts bien des années plus tôt et qui vivait maintenant en Hollande.

« Alors raconte-moi tout. Qui est-ce ? demanda Monica.

— Il s'appelle Éric, et il travaille dans la banque.

— Vous êtes ensemble depuis combien de temps ?

— Oh, mon Dieu, plusieurs mois, six je crois.

— Sexy ?

— Oui, plutôt...

— Comment est-il ?

— Comment il est ?

— Ouais, tu vois ce que je veux dire.

— Je ne sais pas très bien.

— Comment ça tu ne sais pas ? C'est toi qui sors avec lui, non ?

— Eh bien, il est... je ne sais pas comment expliquer, il est... un peu bizarre », dit Alice — et puis elle rit, parce que le mot *bizarre* était sorti de sa bouche d'une façon tout à fait inattendue.

« Bizarre? dit Monica. Tu es toujours sortie avec des types si normaux, qu'est-ce qui t'a pris cette fois? »

En repensant à ce mot sur le chemin du retour, ce soir-là, Alice se rendit compte qu'à la façon révélatrice de tous les lapsus il reflétait peut-être mieux la vérité de ses sentiments que d'autres mots mieux choisis. Éric n'était pas fou : il ne se prenait pas pour Napoléon et ne portait pas de bonnet de bain au lit; pourtant son comportement général lui donnait une impression de bizarrerie, parce qu'elle ne pouvait le faire entrer dans aucune des catégories qui l'auraient rendu plus prévisible.

Notre comportement envers autrui est modelé en grande partie par une notion inconsciente de ce que seront vraisemblablement leurs réactions à notre égard. Nous nous projetons mentalement une carte de leurs traits de caractère et nous nous en servons pour nous orienter dans le choix de ce que nous leur disons ou faisons. C'est un modèle qui fonctionne sur le principe : *Si je fais ou dis x, il ou elle fera y...* Enrichi au-delà d'un certain degré de complexité, ce modèle est ce qui nous permet de prétendre, d'une façon plus ou moins assurée, que nous *connaissons* quelqu'un. Alice se souvenait d'un aphorisme qu'elle avait lu une fois sur un poster dû à l'artiste américaine Jenny Holzer. Il disait simplement :

CRACHEZ UNE GRANDE
GORGÉE DE LAIT SUR QUELQU'UN
SI VOUS VOULEZ SAVOIR RAPIDEMENT
À QUOI VOUS EN TENIR
SUR SON COMPTE

Sans aller aussi loin que de cracher pour de bon du lait sur les gens, Alice s'amusait parfois à leur faire passer un test imaginaire : que ferait cet homme, qui lit la page des sports de son journal en face d'elle dans le métro ? Comment ce ministre réagirait-il ? Ce chauffeur de taxi ? Cette fleuriste ? Ce test imaginaire avait beau être absurde, il n'en révélait pas moins rapidement les particularités d'un caractère, un certain potentiel d'irritabilité, d'humour ou de vulnérabilité. Alice s'apercevait qu'il y avait toujours des gens dont elle pouvait prédire à coup sûr les réactions, et d'autres qui la laissaient totalement perplexe.

Il ne faisait par exemple aucun doute qu'elle pouvait prétendre *connaître* (dans le sens de : prédire) le comportement et la personnalité de sa collègue de travail Xandra. Xandra était une comptable de trente-cinq ans dont le bureau se trouvait en face du sien ; elle portait des vestes jaune et rouge bordeaux et avait une « carte comportementale » dont on pouvait déterminer les contours avec une précision comique.

Xandra avait peut-être été à l'origine quelqu'un de psychologiquement complexe, mais le résultat pratique de son histoire personnelle était un mécanisme psychique doté d'une régularité d'horloge. Son thème moniste était que les autres étaient destinés à mener une existence meilleure que la sienne et qu'il était de son devoir de les informer (pendant d'interminables pauses-café) de ses colossales déceptions. Si Alice lui racontait un week-end agréable, elle pouvait être certaine que la première réaction de Xandra ne serait pas : « C'est formidable ! », mais plutôt : « Pourquoi est-ce que je ne passe jamais de week-ends aussi agréables ? » Si quelqu'un était promu dans son service, elle remarquait : « Ils font ça pour m'embêter. » Si un bel homme traversait le bureau, entre une et trois minutes plus tard (Alice s'était amusée à le chronométrer) Xandra commençait à se plaindre, d'une façon ou d'une autre, de l'infériorité de son propre petit ami, un électricien corpulent si tragiquement dépourvu de qualités que les gens sensés se demandaient pourquoi Xandra restait avec lui. Même le fait de rapporter du snack du rez-de-chaussée un sandwich garni d'une manière imaginative provoquait ce commentaire : « Pourquoi est-ce que je ne peux jamais choisir des garnitures aussi appétissantes ? »

Nul n'aurait pu lui inspirer moins de sympathie que cette méprisable collègue, et pourtant Alice devait convenir qu'il y avait dans leurs rapports un élément qui faisait malheureusement défaut à ce qu'elle vivait avec Éric. Elle ne *connaissait* tout simplement pas Éric comme elle *connaissait* Xandra, avec lui elle ne pouvait compter sur aucune des réactions réflexes dont Xandra était coutumière. Il était encore plus ou moins un mystère pour elle, quelqu'un dont les soudains mouvements de colère, les élans de générosité, les angles morts émotionnels et les jugements profonds ne correspondaient à aucun des modèles psychologiques qu'elle connaissait.

Parfois, quand elle allait rejoindre Éric, elle trouvait leur conversation guindée et empruntée : « On a l'air d'être des étrangers ce soir, disait-elle.

— Des étrangers ?

— Oui, j'avais l'impression qu'on était vraiment à l'aise ensemble hier soir, mais ce soir on dirait qu'on vient de se rencontrer.

— Bah, ces choses-là arrivent, non ? Est-ce qu'il reste un peu de cette lasagne dans le frigo ? » (Éric était remarquablement doué pour faire en sorte que ses propres torts semblent être ceux des autres : Alice se sentait idiote d'avoir évoqué ce sujet, tandis qu'il s'attaquait joyeusement à un reste de lasagne.)

Elle ne pouvait pas non plus prévoir quand il se mettrait en colère. Quand elle était anxieuse, elle avait l'habitude de prendre la manche de son pull et d'y enfouir son visage. Elle se livrait à cette petite manie, un jour qu'ils se rendaient en voiture à Hampstead, lorsque Éric freina brusquement et lui cria : « Bordel, arrête de faire ça !

— Faire quoi ? demanda Alice, alarmée.

— Avec ta main, là, avec le pull, bredouilla-t-il, à peine capable de formuler sa contrariété.

— Pardon... d'accord... mon Dieu, qu'est-ce qu'il y a de mal à ça ?

— Ça me rend dingue, c'est tout. »

Mais avant qu'elle pût le cataloguer définitivement comme un irascible salopard qui sortait de ses gonds à la moindre provocation, il la surprenait en réagissant calmement dans des situations où les autres perdaient généralement leur sang-froid. Quand elle fut envoyée à Peterborough pour y visiter des clients, Éric lui prêta sa carte de crédit, mais elle l'égara ou se la fit voler pendant qu'elle téléphonait dans la gare de King's Cross. Affolée à l'idée de ce qui arriverait si elle lui disait que sa carte Visa avait disparu au beau milieu d'une gare grouillante de monde, Alice en vint à redouter tellement sa réaction qu'elle décida de régler la question en lui annonçant gravement :

« Nous devons cesser de nous voir.

— Hein ? Pourquoi ?

— Parce que j'ai fait quelque chose de terrible, je suis impardonnable, et il vaut mieux qu'on arrête tout maintenant. Alors je vais juste reprendre mes affaires chez toi et appeler un taxi, et on restera chacun de notre côté pendant un moment, et peut-être qu'ensuite…

— De quoi parles-tu ? Qu'est-ce que tu dis ? Qu'est-ce qui se passe ?

— Oh merde, dit Alice en se mordant la lèvre.

— Quoi ?

— Je ne peux pas te le dire.

— Il faut me le dire.

— Je ne peux pas.

— Ne sois pas bête, qu'est-ce que c'est ?

— J'ai perdu ta carte de crédit.

— C'est tout ? Bon sang, tu m'as vraiment fait peur !

— Tu veux dire que tu n'es pas fâché ?

— Non, ce n'est pas un problème, on va juste appeler la banque et ils annuleront la carte et m'en enverront une autre lundi. Rien de plus facile. Alice, ne t'en fais pas pour ça, tout va bien, je t'assure, je me moque bien d'une stupide carte de crédit, c'est une chance que tu n'aies rien perdu de plus précieux. Allons, oublions cette histoire, elle ne mérite pas qu'on en parle une seconde de plus. »

Le comportement imprévisible d'Éric frustrait le besoin de certitude d'Alice : elle dessinait sans cesse des cartes, puis devait les modifier en fonction des changements géologiques qu'elle constatait dans sa nature. Son amour pour lui se manifestait par la bonne volonté ou l'énergie avec lesquelles elle cherchait à interpréter cette confusion du mieux qu'elle pouvait. S'il se montrait irritable, c'était seulement parce qu'il était surmené, s'il se montrait peu communicatif, c'était seulement parce qu'il était fatigué ou qu'il avait faim. A un moment donné, elle définit Éric comme étant « quelqu'un qui se surprend lui-même par sa propre gentillesse, puis sent le danger de ce qui peut passer pour une faiblesse et doit donc compenser cela par une certaine rudesse ». Et quand il s'était montré une nouvelle fois déraisonnablement irascible, elle se disait : « Inutile de te sentir personnellement visée, c'est quelqu'un de foncièrement bon, mais il souffre d'un trauma encore mal élucidé qui le fait se mettre en colère contre les autres alors qu'en réalité c'est à lui-même qu'il en veut. »

Pendant longtemps elle classa ce manque de communication affective dans le tiroir mental étiqueté « timidité ». C'était ainsi qu'elle interprétait le plus souvent un comportement plutôt brusque après l'amour ou une façon désinvolte de mettre fin aux conversations téléphoniques. A quoi s'ajoutait la pensée « Il est très anglais » — un ensemble de vagues notions tirées de cette sagesse populaire nationale qui nous apprend que les Anglais cuisent trop leurs légumes et n'aiment pas manifester leurs émotions. Il y eut aussi cette nouvelle théorie qu'elle se forgea après un repas avec les parents d'Éric, leur attitude silencieuse et austère l'ayant amenée à se dire : « Il n'y peut rien, c'est son milieu familial. »

Alice attribuait donc implicitement ce manque de dialogue, un aspect du comportement d'Éric qui la préoccupait fort, à trois facteurs distincts :

1. la timidité
2. l'anglicité
3. l'influence parentale.

Mais elle ne s'était pas plus tôt habituée à l'idée d'un tel schéma psychologique que — à l'occasion par exemple d'un week-end chez un ami hors de Londres — tout un aspect différent de la personnalité d'Éric émergeait : il se révélait très communicatif avec ses amis, aimable, serviable, apparemment très peu « anglais » en société.

Alors le manque de communication devait être expliqué autrement et elle y voyait la conséquence :

1. du surmenage
2. de la vie citadine
3. *(plus inquiétant)* de sa propre incapacité à faire ressortir le côté chaleureux de sa nature.

On eût dit qu'il y avait en Éric quelque chose qui refusait d'être trop aimé ou trop détesté. Il avait des antennes pour les moments où Alice remettait leurs relations en question, mais jamais pour les sentiments qu'elle pouvait avoir avant. S'il s'agissait là d'un phénomène conscient, il y avait quelque chose de la stratégie de la corde raide dans cette façon qu'il avait de négliger ses sentiments pendant des jours d'affilée, puis de battre en retraite ou de s'excuser dès qu'elle paraissait vouloir se regimber.

Elle devait s'avouer qu'elle connaissait bien peu l'homme qu'elle aimait et que son comportement était encore pour elle un mystère. Éric n'avait jamais paru moins complexe que le soir où ils s'étaient rencontrés. Lors de cette première rencontre elle avait eu l'impression qu'elle le « connaissait » comme elle ne pouvait plus prétendre le connaître. Il était pareil à un objet qui semble fait d'un seul bloc vu de loin, mais qui se fragmente en un million de pièces quand on s'en rapproche. Elle se demandait comment tant d'éléments apparemment incompatibles pouvaient coexister, et se sentait lasse à cause des efforts qu'impliquait cette imprévisibilité — un tel manque de stabilité ne pouvant entraîner que des questions et des interprétations sans fin.

Prévisibilité

Avant même de chercher à savoir si des individus sont bons ou mauvais, nous voulons avoir l'assurance que quelle que soit la réponse, ils resteront l'un ou l'autre. Bien sûr, nous préférerions que ce soient des braves gens, des gens qui nous poseront des questions et se souviendront de notre anniversaire, mais s'ils se révèlent mauvais, visiblement méchants, peut-être un peu pervers, alors nous pouvons tout aussi facilement apprendre à les éviter, à les chasser de nos pensées en nous disant qu'il faut de tout pour faire un monde, heureux de ne pas avoir à partager une couchette avec eux.

Il n'est pas facile d'admettre que quelqu'un puisse être aimable avec sa secrétaire mais odieux avec son conjoint, très bon en maths mais stupide dès qu'il s'agit d'émotions, génial pour faire des soufflés mais décevant avec le gigot d'agneau. Si nous apaisons notre sentiment de culpabilité sociale en adhérant à un groupe de protection de la nature, nous n'aimons pas entendre dire qu'Hitler aimait les enfants et les animaux. Si nous nous considérons comme des gens sensibles parce que nous pleurons en voyant *Blanche-Neige,* nous apprécions peu qu'on nous dise que c'était le film préféré d'Idi Amin Dada. Si nous aimons la littérature allemande, nous sommes troublés d'apprendre que les soldats qui ont libéré Auschwitz ont trouvé des livres de Goethe dans le mess des officiers SS. N'est-il pas plus agréable de penser que nous pouvons être rayés de la liste des tyrans sanguinaires potentiels simplement parce que nous sommes émus par des passages de *Dichtung und Warheit* ?

En parcourant une biographie, une de plus, du pauvre Flaubert, on s'aperçoit que l'illustre auteur est décrit par son biographe, Henri Troyat, comme un « étrange animal », « hérissé de contradictions » :

> « Sa haine des bourgeois était d'autant plus forte qu'il se sentait lui-même profondément bourgeois, avec son amour de l'ordre, du confort et de la hiérarchie. Il condamnait tous les gouvernements, mais ne supportait pas les excès de la populace quand elle osait les défier… Ennemi juré des prêtres, il était attiré par les problèmes religieux. Obsédé de charmes féminins, il refusa de s'attacher à quelque femme que ce fût. Révolutionnaire en art, il était conservateur dans la vie quotidienne. Assoiffé d'amitié, il vécut le plus souvent à l'écart de ses semblables… »

Que M. Troyat ait choisi d'appeler ces choses des *contradictions*, voilà qui n'est pas sans évoquer la fausse innocence de religieuses tombant à l'improviste sur une orgie et feignant d'être choquées en voyant que la nature humaine n'est pas tout à fait ce qu'elles croyaient… Cela implique que l'on soit attaché à la possibilité d'une personnalité *non* contradictoire, d'un monde où les obsédés de charmes féminins entretiendraient automatiquement des rapports étroits avec l'objet de leur obsession, où quiconque serait attiré par les problèmes religieux voudrait naturellement prendre le thé avec des prêtres, où toute personne assoiffée d'amitié adhérerait illico à un club de bridge.

Il semble au contraire que Flaubert ait eu un esprit qui ressemblait (pour reprendre la formule de la philosophe Amelie Rorty) à un « système de comptabilité en partie double », un esprit dans lequel des éléments incompatibles couraient comme des rails parallèles les uns à côté des autres.

Rails flaubertiens

Haïssait les bourgeois	Tenait son bureau bien rangé
Vilipendait le gouvernement	Trouvait la populace idiote
Jugeait les prêtres frustes	Écrivait sur la religion
Attiré par les femmes	Restait rarement pour le petit déjeuner
Révolutionnaire en art	Payait ses factures à temps
Aimait avoir des amis	Dînait souvent seul

On pourrait reprocher aux biographes une certaine intolérance professionnelle à l'égard de tels rails, lorsqu'ils tentent de résorber habilement les contradictions de leurs sujets en les expliquant. Le révolutionnaire qui aimait la bonne chère se régalait au nom de la lutte des classes : « Le goût de Trotsky pour la venaison et l'aloyau saignant représentait en fait une subtile tentative pour offenser le lobby végétarien et par là même hâter la fin du système capitaliste… » Le philosophe idéaliste qui faisait grand cas des enfants dans ses écrits, mais négligeait ses propres rejetons, agissait d'une manière cohérente : « La cruauté apparente de Rousseau envers ses propres enfants n'était au fond qu'un louable effort pour les préparer aux rigueurs de la vie en société... »

Lorsque les contradictions menacent de saper gravement un édifice biographique, celui-ci peut être sauvé par l'emploi du mot « génie ». Flaubert était plein de contradictions — mais c'était le prix qu'il fallait payer pour être capable d'écrire *L'Éducation sentimentale.* Picasso était rosse avec ses femmes, mais peignait des œuvres importantes — complexes sans doute, mais pouvait-on réellement s'attendre à moins de la part du plus grand peintre du XXe siècle ? Le génie est pour les gens intelligents ce que la « folie » est pour les imbéciles, un état extrême dans lequel tout devient possible, dans lequel, miraculeusement, les règles normales ne s'appliquent plus.

Mais en dehors du monde des biographies, les contradictions semblent moins anormales. Loin de lui valoir le titre d'« étrange animal » (parce qu'il voulait deux choses différentes à la fois, disait une chose et en faisait une autre), son fatras de désirs confus nous prouve à l'évidence que, tout en étant l'auteur de plusieurs chefs-d'œuvre de la littérature occidentale, Flaubert était un animal on ne peut plus ordinaire, « hérissé » surtout de normalité.

Éric n'écrivait pas de romans, aucun biographe ne se frayait un chemin dans la jungle de ses complexités (seulement des amantes), mais il avait en lui assez d'incohérence pour rivaliser sur ce point avec Flaubert.

Mais ces contradictions prêtaient d'autant moins le flanc à la critique qu'Éric était toujours prêt à les recon-

Rails d'Éric

Admirait la sérénité zen	Se mettait régulièrement en colère
Féru d'organisation	Souvent en retard
Donnait de l'argent à des œuvres qui s'occupaient de malades mentaux	Supportait mal les crétins
Affectueux un jour	Indifférent le lendemain
Capable d'empathie	Égoïste à l'extrême
Lucide sur les relations hommes/femmes	Aveugle dans son propre cas

naître. Il pouvait dire à Alice, sur le ton le plus enjoué : « Je sais, je suis cinglé, je n'ai jamais prétendu le contraire. »

Il existe un certain type de comportement, qui se caractérise par une irritante franchise, et que l'on pourrait qualifier de « crétois », d'après le paradoxe bien connu : *Tous les Crétois sont menteurs, dit le Crétois.* La personnalité crétoise se place, de façon ambiguë, au cœur même de ses propres déclarations, de sorte qu'un interlocuteur ne peut démêler avec certitude le vrai du faux. Ce qu'Éric disait à tel moment contredisait ce qu'il disait ou faisait à un autre moment : son affirmation « les Crétois sont menteurs » était frappée de nullité dès lors qu'il ajoutait qu'il était lui aussi crétois. Loin d'être aveugle à ses contradictions, il en était plus conscient que la plupart des gens. Dans la mesure où il avait mauvais caractère, il était un colérique de type crétois qui reconnaissait qu'il était colérique (« Je sais que je suis coléreux, dit le coléreux ») — et rendait ainsi son attitude moins critiquable. Alice était amenée à se demander : « S'il était vraiment un salopard grincheux, est-ce qu'il parlerait comme ça ? » Elle inclinait à croire qu'être conscient d'un défaut revenait presque à ne pas l'avoir. « Sûrement ce qui fait le vrai salaud c'est qu'il ne comprend pas qu'il est un salaud. Si Éric se rend compte du danger, comment pourrait-il en être un ? »

Il y a des gens qui sont si naturellement et spontanément mauvais qu'on peut les comprendre sans peine — d'un point de vue non pas moral mais purement conceptuel. Et puis il y a ceux qu'on ne peut cataloguer aussi facilement, parce qu'ils sont eux-mêmes partiellement conscients des choses que les autres trouvent déplaisantes en eux, ils sont leurs propres critiques et échappent ainsi à la pleine force des attaques extérieures.

Éric était capable de se conduire d'une façon peu compréhensible pendant des jours d'affilée, puis de déclarer soudain à Alice : « Je suis impossible en ce moment, je sais. Crois-moi, je comprends ce que tu endures. Ne commence pas à voir en moi quelqu'un qui ne s'intéresse pas à toi ou je ne sais quoi. Ça va passer. »

Ses contradictions menaçaient d'ébranler les certitudes logiques d'Alice. Comment un homme pouvait-il à la fois l'aimer *et* faire preuve de froideur envers elle ? Elle essayait souvent de neutraliser la contradiction en escamotant un des facteurs de l'équation — peut-être ne l'aimait-il pas, ou peut-être n'était-il pas vraiment froid envers elle, simplement fatigué ou timide.

Mais il ne la laissait jamais croire longtemps en la stabilité de telles conclusions, car elle n'avait pas plus tôt commencé à accepter l'une ou l'autre qu'il rendait improbable, en l'avouant, le travers dont elle le jugeait coupable. Il niait la légitimité d'une ambivalence à son égard : il semblait comprendre l'ambivalence mieux ou avant qu'elle ne la comprenait elle-même, de sorte qu'elle avait des griefs, mais aucun vrai motif de se plaindre.

« Je ne peux pas te reprocher d'être agacée, lui disait-il franchement. Crois-moi, je ne vivrais pas avec un type comme moi si j'avais le moindre choix en la matière... »

Dans une de ses expériences un peu moins connues que les autres, le grand psychologue russe Pavlov a découvert que l'on pouvait provoquer chez un chien un état névrotique — il se met alors à trembler, uriner, déféquer — en brouillant suffisamment les signaux auxquels on lui avait appris à réagir. Si une sonnerie qui en était venue à être associée dans son esprit à de la nourriture se met soudain à annoncer une écuelle vide, le chien peut, après quelques expériences similaires, être reconditionné de telle sorte qu'il accepte ce nouvel état de choses. Mais si la sonnerie annonce tantôt de la nourriture et tantôt rien du tout, et ce sans la moindre régularité, l'animal ne sait plus que penser : troublé par le lien mystérieux qui existe entre la nourriture et sa non-apparition, entre des sonneries qui signifient tantôt une chose et tantôt une autre (et toujours le contraire de ce à quoi il s'attend), il sombre lentement dans une forme de démence canine.

Permanence de l'amour

Le psychanalyste Donald Winnicott a avancé l'idée qu'un laps de temps limité sépare le moment où un bébé est laissé par sa mère et celui où il cesse d'avoir le sentiment qu'elle continue d'exister et peut donc revenir :

« Le sentiment associé à l'existence de la mère dure *x* minutes. Si celle-ci s'éloigne plus de *x* minutes, son image s'estompe, et avec elle la capacité du bébé à utiliser ce symbole de leurs liens affectifs. Le bébé en ressent de la peine, mais cette peine est bientôt soulagée parce que la mère revient au bout de $x + y$ minutes. Pendant ce laps de temps le bébé n'a pas été sérieusement affecté. Mais au bout de $x + y + z$ minutes le bébé sera traumatisé et le retour de la mère ne suffira pas à remédier à une telle perturbation. Ce trauma suggère que le bébé a ressenti une rupture dans la continuité de son existence… »

Winnicott a compris que l'image de la mère dans l'esprit de l'enfant était fort précaire et pouvait subir des dommages irréparables avec le temps : un voyage de dix mois à l'étranger sera perçu comme une mort par le jeune enfant, quel que soit le nombre de cadeaux venus de pays lointains. Les adultes, eux, ont acquis une foi plus robuste en la survie des autres au-delà de leur environnement immédiat; leur mère peut partir un an en Australie sans que son image et son souvenir soient effacés par le temps et la distance, même si elle néglige de leur envoyer les cartes postales promises. Elle ne mourra pas dans l'esprit de son fils ou de sa fille simplement parce qu'elle sera absente — *loin des yeux* ne sera plus *loin du cœur*.

Winnicott soulignait le fait que cette *rétention d'image*, le facteur qui assure un sentiment de la continuité des objets au-delà de notre champ visuel, est une propriété acquise plutôt qu'innée, quelque chose que l'on apprend plutôt que quelque chose dont on hérite, et qui se construit graduellement sur un sentiment de foi — une croyance que parce que maman est toujours revenue jusqu'à présent, elle et ceux qui la remplaceront dans la vie (amants et amis) agiront toujours de même.

Le psychologue Jean Piaget a renforcé cette thèse en découvrant que les enfants au-dessous d'un certain âge ne se doutent pas que les objets retirés de leur champ visuel continuent d'exister ailleurs. Si on montre un ours en peluche à un bébé âgé de moins de huit ou dix mois et si on cache l'ours sous des coussins, l'enfant n'essaiera pas de le retrouver, mais acceptera simplement qu'il ait disparu à jamais. Le bébé pleurera la mort symbolique de l'ours plutôt que de sécher ses larmes et de partir à sa recherche. Mais au-delà de cet âge, dit Piaget, l'enfant aura acquis un sens suffisant de ce qu'il appelle la permanence des objets pour pouvoir aller dénicher l'ours sous le coussin, mû par une foi toute neuve en la continuité de son existence.

Il eût peut-être été abusif de chercher une analogie entre les théories de Winnicott et Piaget et les sentiments d'Alice et d'Éric, mais ce qui était en cause dans les deux cas, c'était une idée de permanence — non plus une *permanence des objets,* mais une *permanence de l'amour.* Qu'impliquait donc cette permanence de l'amour? Une certaine foi en l'amour de l'autre qui pouvait résister à l'absence de preuves ou de marques d'intérêt immédiates de la part de l'amant, qui permettait de croire que le partenaire, parti à Milan ou à Vienne pour le week-end, n'était pas en train de partager un cappuccino ou un Sachertorte avec un ou une rivale et qu'un silence était simplement un silence et non le signe annonciateur de la mort de l'amour.

La croyance d'Alice en l'amour d'Éric nécessitait souvent un élément de foi qui l'apparentait à la croyance du bébé en la mère absente, une chose à laquelle se raccrocher malgré un manque d'évidence visuelle ou tactile immédiate. Pendant des dîners entiers elle avait l'impression qu'il n'était pas tout à fait là, que la partie la plus importante de lui-même était au bureau ou, pis encore, retenue par une crise sur le marché des changes ou par les battements de cils d'une autre fille. Elle prenait alors sa main et demandait « Est-ce que tout va bien? » et il répondait « Bien sûr », comme si ce genre de question avait été tabou. Ses paroles se vidaient de tout affect, elle sentait son désintérêt pour la situation présente, il parlait sans se concentrer sur le statut personnel de son interlocutrice. Il disait « J'aimerais vraiment te voir pendant le week-end », mais il délivrait ce message de telle sorte que son sens réel était « Ce serait peut-être aussi bien de rester chacun chez soi » — la différence n'étant signalée que par la plus subtile inflexion sur le *vraiment* et une façon de baisser légèrement la voix sur le *te.*

Puis venaient de plus tendres moments. Dans un taxi, sur le chemin du retour, il l'entourait de son bras et posait un baiser sur le sommet de sa tête. Il était, dans un sens symbolique, revenu à la maison. Pourtant l'intervalle entre le moment *x*, celui où il avait quitté la conversation, où ses propos étaient devenus creux, et le moment *y*, celui où il avait posé un baiser sur sa tête, avait été chargé d'inquiétude. Alice avait su comment réagir à cette situation, elle n'avait pas oublié Éric comme aurait pu le faire le bébé de Winnicott, et pourtant elle avait ressenti un peu de cette souffrance primitive du nourrisson abandonné, et s'était pitoyablement demandé : « Est-ce que c'est à moi qu'il en veut ? »

L'amour a le pouvoir de transformer des individus ordinairement posés et sensés en paranoïaques obsédés par des pensées calamiteuses et millénaires — *Il/elle ne m'aime plus, il/elle s'ennuie, je suis sûr (e) qu'il/elle m'annoncera que tout est fini dès qu'il/elle pourra décemment le faire...* La paranoïa est peut-être la conséquence la plus naturelle du sentiment amoureux, puisqu'alors nous faisons le plus grand cas d'un autre être et prenons donc conscience d'une perte toujours possible. Mais pour ceux qui sont déjà attirés par les scénarios catastrophiques, l'amour ne peut qu'envenimer une blessure à vif.

Alice s'inquiétait de tout. N'y avait-il pas une fuite de gaz dans son immeuble ? Ce bruit bizarre après le décollage de l'avion ne signifiait-il pas qu'un moteur avait pris feu ? Ce petit grain de beauté sur son dos n'était-il pas cancéreux ? N'était-elle pas en train de perdre la mémoire ou ses amis ?

L'origine de ces inquiétudes n'était pas facile à déterminer. Elle n'avait manifestement rien à voir avec les sujets d'inquiétude eux-mêmes : l'inquiétude était, dans un sens freudien, seulement un *symptôme.* Peut-être (pour en revenir à Winnicott) avait-elle quelque chose à voir avec ses expériences enfantines. Peut-être sa mère était-elle revenue après qu'un temps $x + y + z$ se fut écoulé. Et de fait, c'était quelqu'un sur qui on ne pouvait jamais compter. Par exemple, elle appelait Alice de Miami où elle vivait avec son troisième mari pour lui dire combien elle l'adorait et comme elle était impatiente de la revoir lors de son prochain voyage en Europe, puis elle s'envolait pour Londres, prenait une suite dans un grand hôtel, donnait rendez-vous à Alice et arrivait avec une heure de retard, sous prétexte qu'elle avait finalement décidé de caser une pédicure dans son programme et que la chère fille avait mis plus de temps que prévu pour faire son travail.

A l'université, Alice avait vécu pendant plusieurs mois une liaison passionnée avec un biologiste barbu, qui s'était tourné vers elle, un matin ensoleillé de mai, pour lui dire : « Écoute, je pense que je n'ai plus pour toi ce sentiment de copain à copine… » La consternante structure grammaticale de la phrase mise à part, son message n'aurait pu constituer pour Alice un plus grand choc. La veille encore, ils s'étaient promenés en canot sur la rivière, il lui avait dit en souriant qu'ils avaient des types de peau compatibles, il avait joué avec son pied et caressé son genou. Comment dans ce cas pouvait-il avoir décidé, en l'espace d'un peu plus de vingt-quatre heures, que le « sentiment de copain à copine » en question l'avait abandonné ? Il avait dû y avoir un effrayant décalage entre ses sentiments à elle quand elle lui avait donné sa main et les siens quand il l'avait prise.

Cette expérience avait contribué à faire voler en éclats certaines des illusions de la fille de vingt ans qu'elle était alors. Elle avait pris conscience de la possible insincérité de certaines actions : alors même qu'un homme tenait sa main et l'embrassait, ses pensées pouvaient être à cent lieues de là, un gouffre presque immoral existant entre l'expression de surface et l'intention profonde.

Un problème de confiance s'était alors posé à elle, car il lui avait été de plus en plus difficile de croire en la sincérité des autres, chaque trahison subie renforçant la thèse selon laquelle les êtres humains sont essentiellement perfides et doivent être tenus à bonne distance. Si elle montrait maintenant des signes de paranoïa, si elle avait besoin d'être rassurée à des intervalles plus que normaux, c'était en partie pour réparer les dégâts causés par des expériences passées.

On aurait pu comparer le scénario de la permanence de l'amour à un pont suspendu, un pont dont les pylônes auraient représenté des témoignages d'affection — un baiser sur la tempe, un regard caressant — et les mètres de câbles tendus entre eux, les arides intervalles — un repas silencieux, un coup de fil sans réponse.

Il est étrange de songer à quel point la fréquence des gages d'affection et les longueurs de câble correspondantes peuvent différer selon les cas. Parfois, lorsque les partenaires sont chaleureux, ouverts ou simplement en état de manque affectif, les pylônes sont placés très près les uns des autres, de sorte que le pont ressemble à ceci :

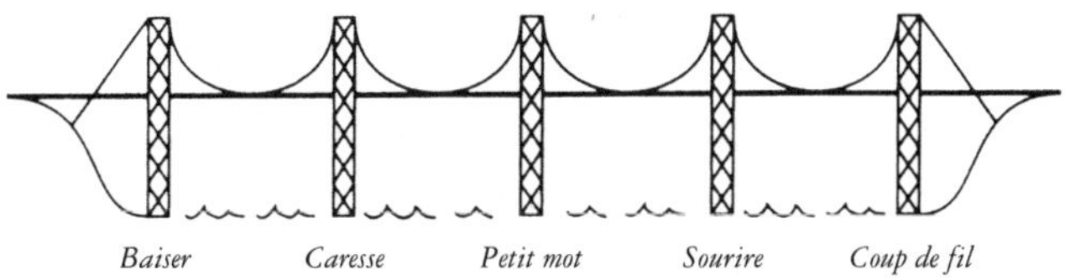

Alors que, dans d'autres cas, d'énormes distances peuvent être franchies sans support :

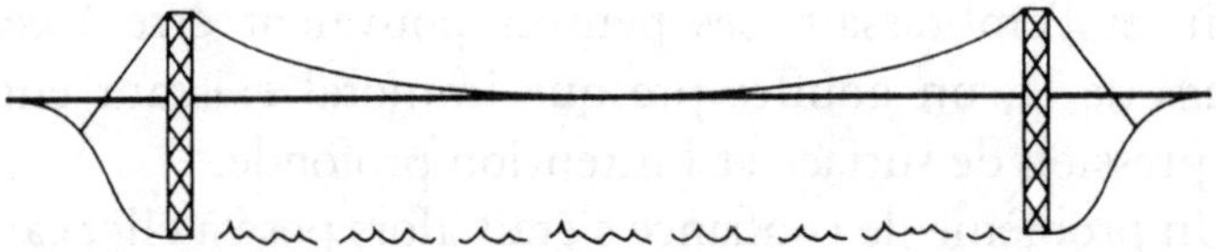

La longueur des câbles dépend du tempérament et de l'histoire personnelle de l'amant. Celui qui s'estime intrinsèquement aimable n'a guère besoin d'être rassuré, et peut donc porter un câble sur des centaines de mètres sans pylône. Le besoin d'un *Je t'aime* se fait bien moins souvent sentir, parce que le *Je m'aime* compense toute insuffisance affective. Le *Pourquoi ne m'aimerais-tu pas?* résume l'attitude fondamentale de l'amoureux-de-soi-même quand il est amoureux d'un autre, *Pourquoi n'éprouverais-tu pas pour moi ce que j'éprouve moi-même?*

Mais dans le cas d'Alice, les pylônes devaient être maintenus beaucoup plus près les uns des autres, parce que la question qui résumait sa disposition d'esprit habituelle était : *Comment peux-tu m'aimer?* Le problème n'était pas qu'Alice n'avait pas confiance en Éric, mais plutôt qu'elle ne se voyait pas elle-même comme quelqu'un qui pouvait s'assurer l'allégeance affective d'un autre pendant très longtemps. Sa confiance dans sa propre capacité à attirer n'était pas beaucoup plus forte que ses doutes quant à la capacité d'Éric à rester attiré.

On pourrait définir la confiance comme étant une façon d'interpréter raisonnablement l'absence. Mais avec Alice, un clin d'œil ou un petit rire pouvait déclencher une cascade de peurs : « Qu'est-ce que cela voulait dire? Est-ce qu'il se moquait de moi? » Il y avait bien sûr là-dedans quelque chose d'égoïste ou du moins d'égocentrique, les individus paranoïaques vivant dans un monde où les autres font toujours des signes mystérieux *à leur intention* (même l'homme de la poste leur adresse un clin d'œil à *eux*).

Il n'en est pas moins vrai qu'Éric entretenait volontiers dans leurs rapports une réelle ambiguïté. Attaché à sa liberté, il avait pour habitude de présenter Alice en public comme si ces rapports étaient tout à fait fortuits. Il se comportait en société comme s'ils s'étaient rencontrés dans le métro cet après-midi-là. « Suis-je vraiment un tel fardeau pour toi que tu ne puisses même pas reconnaître qu'on est ensemble ? » lui demandait-elle. A quoi Éric répondait invariablement qu'ils n'étaient pas mariés et avaient donc droit à leur autonomie.

Ils avaient dîné récemment dans un restaurant du West End avec quelques collègues d'Éric. Alice était assise à l'autre bout de la table, mais elle l'avait entendu discuter de soutiens-gorge avec une brune dont les nichons semblaient sur le point de faire craquer le sien.

« Est-ce que vous aimez ceux avec armature ? avait demandé Éric.

— Eh bien, je trouve qu'ils font très "années cinquante" et je les aime à cause de ça, mais vous savez, au-delà d'une certaine taille je ne pense pas qu'on en ait vraiment besoin. Je veux dire, si on a des petits seins, ils sont formidables, parce qu'ils tendent à les rapprocher et qu'on a l'air d'avoir de vrais ballons. Mais dans mon cas c'est un peu superflu.

— Si c'est vous qui le dites..., avait répliqué Éric d'un ton mutin.

— Ne vous moquez pas de moi, c'est la vérité, je veux dire, j'ai de gros seins, autant le reconnaître, ça m'est égal, c'est juste quelque chose dans mes gènes.

— Ce n'est pas un péché, c'est sûr.

— Absolument, je suis faite comme ça, c'est tout. »

Les autres dîneurs s'étaient arrêtés de parler ou écoutaient leur conversation d'une oreille — et Alice, dans son coin, poussait un morceau de salade autour de son assiette et se demandait pourquoi elle se tourmentait toujours de la sorte.

Pour excuser quelque peu Éric, on peut dire que chez Alice le développement et l'expansion de la paranoïa étaient alimentés par une certaine répugnance à communiquer ses craintes, car elle doutait qu'il fût légitime de les exprimer.

La banque d'Éric organisait en septembre un important colloque, qui devait se clore par un grand dîner. Alice était seule dans l'appartement d'Éric quand sa secrétaire appela et laissa un message sur son répondeur; elle donna des détails au sujet de cet événement et ajouta qu'il pourrait venir accompagné.

Alice était trop discrète pour parler de ce message à Éric, mais elle espérait confusément qu'il lui demanderait de venir avec lui — une demande qui ne se matérialisa jamais.

« Qu'est-ce que ça peut me faire? Ce n'est pas comme si je lui appartenais, et il y a *MASH* à la télé ce soir-là, alors c'est parfait, se dit-elle. Je peux passer une agréable soirée chez moi. Je n'ai pas envie d'aller à je ne sais quel ennuyeux dîner de toute façon. »

Mais au cours de la semaine qui précéda la soirée en question, elle ne put empêcher la gestation de certaines pensées. Est-ce qu'il pense que je vais l'embarrasser devant ses collègues et patrons? Est-ce qu'il emmène quelqu'un d'autre avec lui?

Pourtant d'autres doutes l'empêchaient de formuler ces craintes. « De quel droit me plaindrais-je de ne pas avoir été invitée ? Pourquoi suis-je si égoïste ? Qu'est-ce qui me fait croire que je mérite d'aller à ce dîner de toute façon ? »

Un conflit menaçait d'éclater entre une forte déception d'un côté et, d'un autre côté, le sentiment tout aussi fort qu'elle n'avait aucune raison de se plaindre.

Le soir du dîner, Éric l'appela avant de partir de chez lui et lui dit gaiement qu'il avait passé dix minutes à essayer de nouer correctement son nœud papillon. Alice parvint à rire faiblement et lui souhaita une bonne soirée.

Ensuite, comme Suzy était sortie, elle alla dans la cuisine, prit un grand paquet de biscuits dans le garde-manger et s'assit devant la télé, où *MASH* commençait. Regardant le générique défiler sur l'écran, elle pensa à nouveau « Ça ne me gêne pas de passer une soirée seule, au contraire, j'aime autant ça pour changer ».

Dix minutes plus tard, elle regarda autour d'elle et réalisa soudain qu'elle était seule, qu'Éric l'avait trahie et qu'elle avait envie de hurler. Au lieu de cela elle grommela :

« Le salaud, l'ignoble enfant de salaud avec son putain de nœud papillon ! »

Mais comme il n'était pas dans sa nature de croire très longtemps que sa colère contre quelqu'un d'autre était justifiée, elle retourna bien vite ces accusations contre elle-même : « Espèce de bébé geignard et narcissique, il a peut-être mieux à faire que d'emmener avec lui une assommante pouffiasse comme toi… »

Pendant quelques instants, elle se ressaisit, se redressa dans son fauteuil, mangea encore quelques biscuits et fixa l'écran des yeux avec une sombre détermination. Et puis, ne pouvant tout simplement pas supporter cela plus longtemps, elle éteignit la télé, jeta, dégoûtée, les biscuits dans la poubelle, et se précipita dans sa chambre, où elle s'effondra sur un tas de coussins et s'endormit en pleurant à chaudes larmes comme un enfant de cinq ans.

Le scénario de la paranoïa avait été celui d'une pathétique pièce tragi-comique en cinq actes :

1. Alice aimait Éric.
2. Il lui faisait douter qu'il l'aimait en ne l'invitant pas.
3. Mais il n'y avait pas assez de preuves tangibles dans le monde réel pour pouvoir formuler des griefs raisonnables. Ne pouvant exprimer son ressentiment et sa déception…
4. Elle commençait à haïr Éric en silence.
5. Ne pouvant supporter sa propre agression contre lui, elle commençait à se haïr elle-même et se réfugiait dans son lit.

Les ingrédients magiques de la paranoïa amoureuse avaient été une crainte étouffée — *Tu ne m'aimes pas assez* — mêlée de façon explosive à un impératif psychologique inné — *Je ne peux pas t'ennuyer avec mes soucis ridicules — qui sont pourtant, malgré tous mes efforts pour rester rationnelle et sensée, en train de me rendre silencieusement folle…*

Pouvoir et 007

D'une façon peut-être surprenante, Alice avait toujours dit qu'elle rêvait d'un couple dans lequel le pouvoir serait également réparti entre les deux partenaires. Tandis qu'autour d'elle évoluaient des couples dans lesquels un des partenaires manipulait ou dominait l'autre, elle comptait bien faire en sorte que dans le sien les plateaux de la balance seraient en équilibre.

Ses relations avec le biologiste barbu avaient été placées sous le signe de l'inégalité. Plus âgé et censément plus sage qu'elle, il s'était comporté d'une façon paternelle, la grondant et l'encourageant tour à tour, mais sans abandonner une position de supériorité très significative. Quand elle avait rencontré Éric, Alice avait donc été bien résolue à obtenir un traitement plus équitable. Elle n'accepterait plus, pour plaire à un partenaire égoïste, qu'il la traite sans ménagement ou que ses propres besoins ne soient jamais pris en compte. Quand Éric avait laissé une chemise chez elle et lui avait dit en plaisantant à demi qu'elle pourrait la repasser et la lui rapporter la prochaine fois qu'ils se verraient, Alice avait réagi à cette suggestion en l'accusant vertement, pendant cinq bonnes minutes, d'être à lui seul un catalogue de préjugés néanderthaliens. Éric, penaud, avait essayé de se racheter en l'invitant à dîner — dîner qu'il avait préparé lui-même, affublé d'un tablier de couleur vive orné de tournesols afin de protéger sa chemise de l'huile végétale dans laquelle grésillaient deux succulents filets de truite.

Mais, si délicieuse que puisse être une truite, le problème du pouvoir au sein du couple est beaucoup plus complexe que la simple question de savoir qui porte le tablier ou repasse les chemises. Ce sont là des signes évidents mais surannés d'un pouvoir mal équilibré. Chacun convient que les tâches ménagères doivent être mieux réparties ou qu'il n'est pas vraiment acceptable qu'un des partenaires batte l'autre. Ne prêter attention qu'aux cas les plus flagrants d'abus de pouvoir, ce serait comme de vouloir réduire le champ d'application de la médecine aux horribles blessures des accidentés, au lieu de l'étendre à des maladies plus insidieusement répandues mais moins spectaculaires.

Le mot pouvoir désigne ordinairement une certaine capacité d'action. L'*Oxford English Dictionary* définit le pouvoir comme étant une « aptitude à faire ou réaliser quelque chose ou à agir sur une personne ou sur une chose ». Celui qui détient un pouvoir est en mesure d'influer sur un environnement matériel ou social, parce qu'il se trouve posséder des armes ultramodernes, de l'argent, du pétrole, une intelligence supérieure ou de gros muscles. Dans une guerre, je suis puissant parce que je peux détruire les murs de votre ville ou bombarder vos terrains d'aviation. Dans le monde financier, je suis puissant parce que je peux racheter vos parts et envahir vos marchés. En boxe, je suis plus puissant que vous parce que mes coups de poing sont plus adroits et vigoureux que les vôtres. Mais en amour, il semble que l'on doive avoir recours à une définition beaucoup plus passive et négative; au lieu de considérer le pouvoir comme une capacité à faire quelque chose, on peut être amené à y voir une capacité à ne rien faire.

Au cours du week-end qui suivit le colloque d'Éric, Alice vint s'étendre près de lui sur le sofa et, tout en jouant avec sa main, lui dit : « Je me sens si bien ici avec toi... »

On aurait pu s'attendre qu'il réponde quelque chose d'analogue, mais au lieu de cela il lui demanda : « A quelle heure passe ce film de James Bond à la télé ? »

Personne n'avait été battu, il n'y avait eu ni ecchymoses ni hurlements, et pourtant l'équilibre du pouvoir s'était aussitôt modifié d'une façon décisive en faveur d'Éric. Il y avait sur un plateau de la balance le message d'Alice, plus léger et moins puissant, et sur l'autre la question d'Éric, plus lourde et plus puissante.

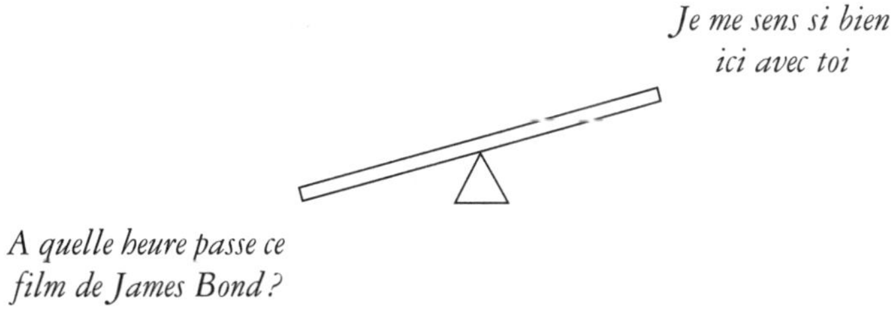

Éric aurait pu dire pour rétablir l'équilibre : « Et je me sens bien aussi avec toi », mais pour une raison quelconque (et peut-être le renseignement demandé avait-il réellement un caractère d'urgence), Alice se retrouvait sans aucune carte en main.

Le pouvoir en amour résulte d'une aptitude à « s'en tamponner ». Je suis puissant en amour quand tu me dis que tu te sens bien avec moi et que je peux me permettre de ne pas remarquer que je détourne la conversation vers les programmes télé de la soirée. Contrairement à ce qui se passe dans d'autres domaines, le plus fort en amour est celui qui n'a pas de visées sur l'autre, qui ne veut ou n'a besoin de rien. Parce que l'amoureux aspire à une meilleure communication et une meilleure compréhension, celui qui bloque le processus en changeant de sujet de conversation ou en répondant à un coup de téléphone avec deux heures de retard exerce aussitôt, et sans effort, un pouvoir intimidant sur un partenaire plus faible, plus fiable et plus dépendant sur le plan affectif.

Stendhal a avancé la thèse pessimiste selon laquelle il y aura toujours un amant qui aimera plus que l'autre et qu'ils seront donc toujours conscients d'un rapport de forces inégal. Celui-ci ne pourrait être oublié que si les deux partenaires plaçaient des poids équivalents sur les plateaux de la balance, que si, l'un d'eux ayant dit « Je t'aime », l'autre répondait très naturellement « Je t'aime aussi ». Sinon la moindre divergence suffira à le faire resurgir. Qui ne sentirait l'énorme déséquilibre que laisse entrevoir une conversation apparemment inoffensive au cours de laquelle un amant murmure tendrement « Juliette, tu sais combien je t'aime » et l'autre répond « Bien sûr mon chou, tu sais que je t'aime bien aussi mon petit Roméo… » ?

Quand Alice avait six ans, elle avait pour voisine une fille de son âge, très éveillée et malicieuse. Inspirées par cette sorte de logique que l'on oublie en devenant adulte, elles avaient mis au point un projet passionnant pour un de leurs samedis après-midi : elles se précipiteraient dans le jardin d'un couple très bourgeois de l'autre côté de la rue, baisseraient leur pantalon, tireraient la langue et reviendraient en courant. Ce plan avait été longuement mûri et préparé, et quand l'heure H était venue, elles avaient sauté par-dessus la clôture basse et s'était élancées sur le gazon soigneusement entretenu.

Alice avait déjà baissé son pantalon, quand elle s'était aperçue que son amie n'était plus à côté d'elle et l'avait lâchée pour courir vers le jardin voisin — où, son pantalon encore bien en place, elle avait succombé à une crise de fou rire en voyant cette pauvre Alice qui se tenait toute seule, pantalon baissé, au beau milieu d'une pelouse qui n'était pas la sienne, à la grande stupéfaction du couple bourgeois qui sirotait ses martinis sur le perron.

Pourquoi raconter cette anecdote? Simplement parce qu'Alice, assise sur le sofa à côté d'Éric (lequel regardait maintenant le fameux espion dans ses dernières aventures), éprouvait un peu ce qu'avait éprouvé la petite fille qu'elle avait été. Elle s'était élancée en terrain découvert, le jardin du voisin/les sables mouvants du désir, et baissé son pantalon/déclaré qu'elle se sentait bien avec Éric, pour s'apercevoir finalement que son amie de six ans/son amant ne s'impliquait pas dans un risque ou un investissement similaire.

Pour que des relations dépassent le stade de la politesse qui est de mise entre étrangers, il faut que quelqu'un s'aventure dans le jardin du voisin et en accepte le danger. Quelqu'un doit trouver le courage de demander « Voulez-vous monter prendre un café? » ou « Avez-vous déjà vu ce film? », quelqu'un doit s'éclaircir la voix et dire « J'aime être avec toi » ou « Et si on se mariait? ». Il faut que quelqu'un place son message sur un plateau de la balance et espère dans l'angoisse que l'autre aura quelque chose d'aussi lourd à déposer sur le plateau d'en face.

Mais la responsabilité dans ce domaine n'est pas facile à établir. Si un homme enfreint la loi en volant des voitures ou en vendant de la drogue, sa culpabilité est évidente. Mais s'il répond poliment « Non merci, je n'ai pas le temps de prendre un café » ou « C'est gentil de me le proposer, mais franchement je ne suis pas fait pour le mariage », tout ce qu'on peut lui reprocher, c'est un manque d'intérêt bien excusable.

Ce n'était pas parce qu'Éric ne s'était pas penché pour embrasser Alice et ne lui avait pas dit « Bien sûr que je me sens bien aussi avec toi » qu'il était un criminel. Il ne faisait que manifester un intérêt prédominant mais très ordinaire, très compréhensible et très pardonnable pour les mouvements de 007 sur l'écran de télévision — acquérant par là même un pouvoir équivalent à celui du super espion, sans avoir besoin d'utiliser des missiles guidés au laser ou des modules spatiaux à réaction.

Relations religieuses

Si perverse que paraisse une telle suggestion, il est possible que l'attitude réticente d'Éric vis-à-vis de remarques comme « Je me sens bien avec toi » ait eu en fin de compte un certain avantage (assez malsain il est vrai). Bien qu'Alice affirmât détester les abus de pouvoir, elle voulait avoir pour compagnon un homme qu'elle pût respecter, et bien que cela allât à l'encontre de toutes ses professions de foi dans ce domaine, l'homme qu'elle trouvait le plus digne d'admiration était celui qui ne trahissait aucune admiration excessive à son égard.

Ils prenaient leur petit déjeuner ensemble, le samedi après le colloque d'Éric, quand la conversation amena ce dernier à demander à Alice quel avait été l'événement le plus traumatisant de son enfance. Avant qu'elle pût avaler le morceau de toast qu'elle avait dans la bouche et répondre, le regard d'Éric tomba sur son costume qui gisait, tout froissé, en tas près de la porte, et il s'exclama : « Bon Dieu, il faut que je porte ça au pressing avant midi, sinon je ne l'aurai pas à temps pour la réunion de lundi ! »

D'autres auraient sans doute été révoltés par le peu de cas que l'on faisait d'une éventuelle réponse à une question aussi difficile, mais Alice n'était pas convaincue que l'événement le plus traumatisant de son enfance dût nécessairement intéresser quelqu'un d'autre (même si ce quelqu'un était son amant), et répondit donc : « Non, ne t'en fais pas, il y a un autre pressing sur Old Brompton Road et il reste ouvert jusqu'à cinq heures de l'après-midi. »

Quand le regard d'Éric partait à la dérive, Alice se demandait rarement avec indignation pourquoi il avait cessé d'écouter, acceptant en toute bonne foi l'idée que quelque chose de plus intéressant avait dû lui traverser l'esprit. D'ailleurs cette apparente goujaterie (il n'est guère agréable, quand quelqu'un vous a posé une question personnelle, de le voir attacher plus d'importance à un tas de linge sale qu'à votre réponse) ternissait étonnamment peu l'image qu'elle se faisait d'Éric. Après tout, il avait fait un effort pour s'intéresser à elle, il avait posé quelques questions pertinentes, mais pouvait-elle réellement s'attendre qu'il reste là à écouter une réponse confuse alors qu'il y avait un besoin urgent de faire nettoyer un costume pour la réunion du lundi ?

Le regard distrait d'Éric lui rappelait le privilège qu'elle avait d'être avec quelqu'un dont l'esprit était aussi noblement préoccupé. Il était distrait, distrait par d'autres choses, par des choses plus importantes, plus intéressantes qu'elle. Et si cet homme était concerné par de telles choses, alors sûrement il méritait d'être aimé (même si cela signifiait que son histoire ne serait pas écoutée). C'était un exemple classique d'angle droit amoureux :

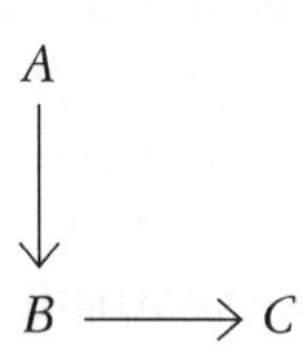

L'angle droit amoureux explique une dilection pour un être tourné vers quelque chose ou quelqu'un d'autre. A aime B, mais B s'intéresse plus à C. Ce qui est remarquable, c'est que loin de nuire à B, son intérêt pour C renforce son pouvoir de séduction; dans une certaine mesure, A aime B *parce que* B est distrait par cet objet C, parce que B a le bon goût d'estimer que A ne vaut pas la peine d'être écouté, parce que C est perçu comme étant doté de qualités que A, rarement porté à s'admirer lui-même, n'est pas sûr de posséder — mais dont, par l'entremise de B, il pourrait se sentir plus proche.

Qui ou quel était donc ce C qui supplantait Alice dans l'esprit d'Éric? Celui-ci avait-il en tête quelque chose d'infiniment plus important que son amie? Il n'y avait pas d'infidélité particulière à signaler, c'était une succession de préoccupations diverses qui lui donnait cet air de distraction — lors d'une soirée cela pouvait être la rousse dans un coin, dans un restaurant cela pouvait être sa nourriture, pendant l'amour un fax qui arrivait.

Ce qui était typique, c'était la façon dont cet absentéisme psychologique œuvrait en faveur d'Éric. Il semblait suggérer qu'il avait accès à des choses auxquelles Alice, pourtant plus disposée à écouter et bien plus réceptive, n'avait tout simplement pas accès.

C'était un cas grave d'angle droit amoureux, cela avait toutes les caractéristiques d'une Relation affective Religieuse.

✝ ✡ ☪

Dans la plupart des langues et des religions, le même mot est utilisé pour désigner l'acte d'adorer Dieu et un attachement à un être humain. Bien sûr, la nature de cet amour est loin d'être identique dans les deux cas, des différences maintes fois relevées existant entre les catégories religieuse et romantique. Il y a néanmoins certaines passions humaines qui ressemblent tellement à la sorte d'amour habituellement associée à l'adoration de type mystique que l'on peut être pardonné si, au lieu d'utiliser l'étiquette « romantique », on choisit d'appeler ces liens affectifs des Relations Religieuses.

Quand, nous disent les historiens, la dévotion religieuse a commencé à décliner à la fin du Moyen Âge, l'amour d'une personne pour une autre est devenu à son tour le thème dominant de l'art et de la littérature. L'humanisme de la Renaissance qui s'est imposé à toute l'Europe au cours des XIVe et XVe siècles mettait l'accent sur la vie intérieure de l'individu, réorientant ses valeurs vers ce qui aboutirait plus tard, indirectement mais logiquement, au romantisme du XIXe siècle. Dieu fut remplacé dans le cœur des hommes par un idéal terrestre, et le concept d'amour sexuel se teinta bizarrement de quelques-unes des espérances exaltées et autotranscendantes précédemment associées à l'amour de Dieu. Pendant les XVIIIe et XIXe siècles, la recherche du bon partenaire cessa d'être (du moins pour une minorité instruite et cultivée) une affaire prosaïque, une entreprise visant simplement à dénicher celui ou celle qui pourrait faire un pâté d'oie acceptable, dresser la table, labourer un champ ou gagner assez d'argent. Désormais ce qui dominait c'était l'idée d'aimer un être parfait sur terre, quelqu'un avec qui l'on pourrait s'engager dans une longue prière silencieuse, que l'on pourrait emmener faire des promenades lyriques dans la nature et aimer comme un ange.

Il est significatif que la plus grande héroïne du désir dans l'histoire du roman ait eu (à différentes époques de sa vie) trois passions principales : Dieu, le *shopping,* et l'amour. En cela Madame Bovary est un archétype de la modernité, dans la mesure où elle aspire à chaque fois à une forme d'autotranscendance. Flaubert prend soin de nous dire dans les premiers chapitres du livre qu'Emma est allée à l'école chez les bonnes sœurs, et que son amour de Dieu était si passionné qu'il contenait (ainsi qu'il est habilement suggéré) un élément érotique. Beaucoup de jeunes filles de ce temps étaient éduquées par des religieuses, mais de telles précisions de la part de l'auteur ne sont pas fortuites. Elles illustrent quelque chose d'essentiel dans l'attitude de Madame Bovary envers l'amour, car quelqu'un dont l'expérience affective est indirectement issue d'une dévotion de type mystique ne peut pas avoir les mêmes conceptions en matière de baisers ou de vie conjugale que quelqu'un qui a eu accès à une source plus terrestre. (Il est intéressant de noter que la mère d'Emma est morte en couches, circonstance qui a fait pencher la balance des affections de sa fille vers le parent mâle, un rapport bien connu existant entre le père et le Père.)

L'amour d'Emma, ayant une origine religieuse, devait engendrer une intolérance prévisible à l'égard du mâle terrestre (par opposition au Mâle céleste). Son mari Charles était tout naturellement de ce monde plutôt que du prochain — pas seulement parce qu'il gagnait sa vie comme médecin, un fruste médecin de campagne habitué à scier les membres des paysans de la région, mais aussi parce qu'il était ponctuel, regardait Emma dans les yeux et évitait d'entretenir le mystère d'un partenaire religieux capable de provoquer une foule de questions torturantes allant de « A-t-il reçu ma lettre ? » à « Sait-il seulement que j'existe ? » On savait toujours à quoi s'en tenir avec un homme comme Charles.

Merveilleux, non ? Ou peut-être — terriblement banal, affreusement ennuyeux…

Charles avait voulu rendre Emma heureuse en lui procurant tout ce qu'elle pouvait désirer, en écoutant ses histoires et en essuyant son front quand elle avait trop chaud, mais si son but était le bonheur de sa femme, il n'aurait pu choisir une façon plus sotte de l'atteindre, car ce dont elle avait besoin pour aimer, ce n'était pas sa présence mais son absence. Son amour religieux se nourrissait du plaisir doux-amer qu'engendre la distance entre l'amant(e) et l'aimé(e). Elle avait un mari qui l'aimait calmement et sérieusement, mais qui ne pouvait susciter en elle cette excitante tension dans laquelle la maintenaient ses compagnons volages et frivoles ; son amour religieux prenait le contre-pied de la phrase de Lysandre dans le *Songe d'une nuit d'été,* « l'amour vrai n'a jamais suivi un cours facile », car dans le cas d'Emma, ce qui nourrissait l'amour (et le grand tort de Charles fut de ne jamais le comprendre), c'était précisément ce cours difficile.

Ce qui caractérise l'amour religieux, c'est l'importance toute particulière accordée à l'adoration. Mais comment de simples mortels peuvent-ils se faire adorer ? En se comportant comme des dieux. Et comment les dieux se comportent-ils ? D'une façon notoirement irascible et capricieuse. Bien qu'il ne fût pas à proprement parler un dieu lui-même, Jésus-Christ peut être considéré comme un bon exemple. Après s'être fait attendre pendant de nombreux siècles, il arrive enfin en Terre Promise, mais déconcerte complètement ses hôtes en venant habillé plutôt pauvrement, en apportant peu de cadeaux en dehors d'un assortiment de tours de magie et en organisant une série d'épreuves de force avec les autorités. Puis, après le plus bref des séjours, il disparaît de nouveau, en promettant de revenir bientôt et en laissant derrière lui des dizaines de millions de disciples voués à attendre en vain des signes de son retour.

Rien n'aurait pu surpasser le *On se revoit dans deux ou trois mille ans* de Jésus-Christ, mais le fait est qu'Éric ne brillait pas par sa ponctualité dans ses rapports avec Alice.

« Écoute, je t'appellerai en sortant de ma réunion, et on ira dîner quelque part, lui dit-il quand elle lui téléphona à cinq heures et demie un jeudi après-midi. Tu as passé une bonne journée ?

— Oui, pas mauvaise, et toi ?

— Pas mal de boulot, beaucoup d'agitation sur le deutsche mark, mais je pense que je ne m'en suis pas trop mal tiré. Bon, écoute, il faut que j'y aille, mais je t'appelle plus tard, vers sept heures-sept heures et demie. Je viendrai te chercher et on ira manger quelque part, peut-être à Soho ou quelque chose comme ça. »

Pourquoi dans ce cas Alice attendait-elle encore près du téléphone à neuf heures ? Ce retard éveillait en elle des voix théologiquement différentes, qui formulaient des croyances conflictuelles en alternance rapide :

✟ Christianisme : « Il viendra, mais ça prendra du temps. »

✟ Agnosticisme : « J'y croirai quand je le verrai. »

✟ Évangélisme : « Il a essayé de me joindre plus tôt, et puis il a décidé de venir ici directement, mais il a été retardé par les embouteillages. Si je fixe des yeux la peinture décolorée au-dessus du judas, il va ouvrir la porte d'une minute à l'autre. Peut-être même qu'il s'est arrêté en route pour acheter des fleurs afin de se faire pardonner son retard. »

✟ Athéisme : « Continue à rêver, ma poule. »

Comme il n'avait toujours pas appelé à dix heures moins le quart, Alice lui téléphona chez lui. Elle s'était attendue à des explications assez compliquées, aussi fut-elle quelque peu surprise de l'entendre répondre :

« Oh ! c'est toi… Écoute, tu peux attendre une seconde ? On vient de sonner, c'est une pizza que j'ai commandée. (Il y eut un silence, un bruit de casque de moto que l'on retire, de l'argent fut donné et de la monnaie rendue.) Formidable, le jambon a l'air délicieux…

— Qu'est-ce qui t'est arrivé ? Je croyais que tu devais m'appeler et venir ici ?

— Écoute, je suis désolé, j'ai été retenu. Bill et Geoffrey avaient besoin d'aide pour un exposé qu'ils doivent faire à des Américains demain, et ensuite on est allés prendre un verre, et je viens juste d'arriver.

— Mais je croyais qu'on devait aller dîner quelque part…

— Ouais, je sais, mais tu sais comment ça se passe, il fallait que j'aide ces collègues. Après tout, ils le feraient pour moi… Je regrette, vraiment. Tu me pardonnes ? »

Confrontés à des dévotions apparemment irrationnelles et hystériques, les froids rationalistes ont souvent voulu voir dans la religion une façon primitive de justifier le mal en l'intégrant dans une théorie élargie du bien : le mal est simplement un test, un obstacle à franchir, comme dans le cas de l'enfant qui doit manger les affreux brocolis caoutchouteux pour mériter l'appétissant gâteau au chocolat qui attend dans la cuisine. C'est une structure psychologique construite sur la notion de plaisir retardé, sur la croyance que ce qui est bon doit toujours être mérité, les gâteaux au chocolat métaphoriques ayant tous un prix masochistement élevé.

Il avait toujours été dans la nature d'Alice de manger sagement ses brocolis plutôt que de se plaindre à grands cris si le gâteau au chocolat promis tardait un peu trop à venir. Elle n'était pas certaine que Jérusalem lui fût tout de suite due, un sentiment de culpabilité la portant à croire qu'elle méritait certaines des punitions que la vie lui infligeait. S'il lui semblait, dans un magasin, qu'on lui rendait trop peu de monnaie, elle faisait rarement le nécessaire pour que l'erreur fût corrigée. Si elle achetait un appareil et qu'il tombait bientôt en panne, elle n'était pas du genre à appeler furieusement le fabricant pour exiger qu'on la rembourse ; elle pensait plutôt qu'elle n'avait sans doute pas su s'en servir.

« J'ai du mal à me mettre en colère », reconnaissait-elle quand elle avait encore laissé un ami ou un collègue abuser de sa bonne volonté. Elle acceptait fréquemment des offres non sollicitées, prêtait de l'argent parce qu'elle n'aimait pas dire non, et sa courtoisie venait surtout de ce qu'elle détestait froisser les autres en montrant son irritation.

La mère d'Alice n'avait pas de tels problèmes. « Il va m'entendre ! » était son cri de ralliement favori, quand elle jurait de se venger d'un malheureux commerçant, mari ou coiffeur. Si, dans un restaurant, la sauce était dans le plat alors qu'elle avait demandé qu'on la serve à part, elle appelait le garçon et lui disait d'un ton impérieux : « Avez-vous une idée de ce dont je vais me plaindre ?

— Il y a un problème, Madame ?

— Est-ce qu'il y a un problème ? Mon brave homme, comment n'y aurait-il pas de problème alors que vous avez fait exactement le contraire de ce que je vous ai demandé de faire il y a seulement dix minutes ? »

Un énorme charivari s'ensuivait, les serveurs couraient en tous sens, Madame était apaisée par tous les moyens possibles — et Alice, rougissante, faisait de son mieux pour disparaître derrière une plante en pot ou une colonne corinthienne.

Job, l'infortuné antihéros biblique, qui avait sans doute un bien meilleur naturel qu'Alice, dut subir la plus incroyable succession d'épreuves. La Bible nous dit qu'il était « irréprochable et droit ; il craignait Dieu et fuyait le mal ». Et pourtant que de tourments s'abattirent sur lui ! Il perdit ses bœufs, ses moutons, ses serviteurs, ses chameaux, sa maison, ses fils et ses filles, son corps se couvrit de plaies douloureuses, il endura toutes les souffrances imaginables — mais la morale de l'histoire était qu'il continuait (malgré quelques moments de désespoir) à aimer Dieu envers et contre tout. Il ne se mettait pas en colère, ne tapait pas du poing sur la table en disant d'un air maussade : « Crénom, j'ai demandé mon escalope avec la sauce à part ! » ou ne s'exclamait pas méchamment : « Je n'ai pas contribué financièrement à l'agrandissement de la synagogue pour être récompensé de cette façon ! »

Ce qui permettait à Job de surmonter ses épreuves sans se plaindre, c'était sa conviction inébranlable que Dieu avait raison, et que lui-même avait tort — ou plutôt que quels que fussent les malheurs que Dieu lui envoyait, Il savait ce qu'Il faisait, et que par conséquent un insignifiant vieillard comme lui n'avait aucune raison de lever la main pour contester Ses décisions. (On peut comparer Job à son homologue athée dans la littérature moderne, Joseph K., pour qui la souffrance ressentie est tout aussi incontestable, mais simplement absurde.)

Dans la vie quotidienne, nous avons rarement la patience de Job, parce que nous n'avons pas son respect pour ceux qui nous causent du tort : la personne qui nous vole notre place de parking ou le collègue qui raconte des ragots malveillants dans notre dos ne méritent pas d'être pardonnés et justifient au contraire pleinement notre ire, parce qu'ils n'ont pas accès à une moralité ou une sagesse supérieures.

Mais Alice ne rendait pas coup pour coup parce que, comme Job avec Dieu, elle respectait généralement plus les autres qu'elle-même et avait plus confiance en eux. Quand Éric lui dit plus tard « Écoute, je ne veux pas que tu sois fâchée parce que je ne t'ai pas appelée, j'ai seulement dit qu'on irait *peut-être* dîner quelque part si j'avais le temps, et bon, il se trouve que je ne l'ai pas eu et voilà tout », elle oublia elle-même son grief. Elle interpréta sa souffrance d'une manière théologique, plutôt comme quelque test obscur que comme la conséquence d'une insulte misérable et hautement contestable.

Bien qu'elle n'eût pas elle-même de sentiment religieux, son comportement révélait la structure de l'impulsion religieuse, dépouillée des livres saints, des orgues et des anges — à savoir, une prédisposition à penser que l'Autre (un amant, Dieu) a la situation bien en main, sait mieux que nous ce qu'il/Il fait, et qu'il faut donc lui épargner l'indignité de nos questions.

Une caractéristique essentielle des dieux est qu'ils sont souvent absents, ou sinon absents, du moins inaccessibles : ce sont des êtres avec lesquels on communique par la prière ou le rêve plutôt qu'en ayant avec eux une petite conversation détendue et franche dans la cuisine au moment du petit déjeuner.

Cette distance religieuse, Éric l'obtenait par le silence. Il n'avait jamais été quelqu'un de très loquace, et il lui arrivait souvent de ne pas ouvrir la bouche pendant des réunions ou des repas entiers. Ses amis le taquinaient à ce sujet, lui demandaient s'il avait dépassé son quota quotidien de mots, mais pour ceux qui ne le connaissaient pas bien ou qui étaient plus impressionnables, son comportement pouvait être intimidant. Cela poussait certains d'entre eux à s'accuser pour ce manque de communication verbale, c'était un chenal où s'engouffraient les paranoïas des interlocuteurs : « Pourquoi suis-je aussi ennuyeux ? » « Qu'est-ce qu'il pense de moi ? » Une personne silencieuse reflète comme un miroir les insécurités des autres — confronté à un silence, le coupable supposera que son crime est connu, l'imbécile se figurera que son idiotie est devenue patente, celui qui doute de son physique pensera que sa laideur est affreusement visible.

Introduisez une personne silencieuse dans une conversation au cours d'un dîner, et lentement, imperceptiblement, son silence (s'il est adroitement et sévèrement exprimé) pourra troubler quiconque prendra la parole. La femme qui se lancera dans un topo sur la politique étrangère américaine — directement inspiré par un éditorial lu le matin même — remarquera peut-être soudain le regard impassible de la personne silencieuse et se sentira impitoyablement jugée et démasquée. « Ce silence signifie-t-il qu'il se rend compte que je ne connais strictement rien à la question ? » Et les autres pourront penser en voyant la scène : « S'il parle si peu, c'est peut-être parce qu'il nous est supérieur à tous » — confortant ainsi l'idée hélas fort répandue selon laquelle le meilleur moyen d'être jugé intelligent est encore d'ouvrir rarement la bouche.

Les silences d'Éric poussaient Alice à se creuser la cervelle pour trouver des sujets de conversation, dans l'espoir de tomber sur quelque chose qui retienne son attention.

« ...Et j'ai appelé Suzy cet après-midi.

— Hmmm.

— Tu sais, elle va peut-être aller à Nottingham avec ses amis à Noël — c'est-à-dire, si elle peut avoir quelques jours de congé.

— Hmmm.

— Je crois que je devrais aussi appeler John pour lui demander s'il a obtenu ce poste à Bruxelles.

— Oui.

— Je me demande si ce type qui a donné une estimation pour la télé va me rappeler un jour. Je lui ai dit que je voulais être fixée avant mardi, mais il n'a toujours pas rappelé. Tu crois que je devrais lui passer un coup de fil ?

— Peut-être.

— Tu es fatigué ?

— Un peu. »

Cela pouvait continuer ainsi pendant toute une soirée, mais au lieu de jeter un verre de vin à la tête de l'interlocuteur récalcitrant, de lui enfoncer son poing dans l'estomac et de lui dire d'aller retrouver sa langue, Alice rentrait chez elle avec le sentiment qu'elle avait rarement rencontré quelqu'un d'aussi ennuyeux qu'elle-même.

Bien que la clarté des propos et la facilité de communication soient généralement assez prisées, il ne faudrait pas oublier cette attraction assez curieuse qu'exercent les gens ou les choses qui ne peuvent être aisément compris.

Dans certaines sphères intellectuelles, il existe un préjugé ancien et tenace contre la limpidité et un respect correspondant pour les textes obscurs. Les érudits qui se penchent sur la prose dense d'un Kant ou d'un Hegel, d'un Husserl ou d'un Heidegger ne sont peut-être pas attirés seulement par les idées brillantes que, nous assurent-ils, elle contient, mais aussi par la difficulté qu'il y a à extraire ces idées d'un enchevêtrement verbal qu'un lecteur non averti ne saurait démêler.

Hegel nous invite à méditer le passage suivant dans sa *Phénoménologie de l'Esprit* :

> « L'objet est pour partie un être *immédiat* ou, d'une façon générale, une Chose — correspondant à la conscience immédiate; pour partie une altérisation de lui-même, un *être-pour-un-autre* ou son rapport à l'être-pour-lui-même, c'est-à-dire le déterminé — correspondant à la perception; et pour partie une *essence,* sous la forme d'un universel — correspondant à la Compréhension. C'est, dans sa totalité, un syllogisme ou le mouvement de l'universel, à travers la détermination, vers l'individualité, et aussi le mouvement inverse de l'individualité, à travers une individualité de substitution, ou à travers la détermination, vers l'universel. »

Il est peut-être injuste de prendre un passage au hasard dans un ouvrage philosophique extrêmement dense, mais il ne fait guère de doute que même avec la meilleure volonté du monde et un intellect aussi souple qu'avide de comprendre, l'argumentation de Hegel s'élève rarement au-dessus de l'énigmatique.

Pourtant un texte qui fait souffrir peut être perçu comme étant d'une certaine façon plus valable, plus profond et vrai qu'un texte clair et fluide. Le lecteur impressionnable qui se plonge dans Heidegger ou Husserl peut penser : « Comme ce texte est profond... Puisque je ne peux pas le comprendre, il est sûrement plus intelligent que moi. Puisqu'il est si difficile à comprendre, il vaut certainement qu'on fasse l'effort de le comprendre » — cela plutôt que de balancer le livre dans un coin en prononçant un verdict d'insupportable absurdité.

Ce masochisme intellectuel reflète un certain préjugé métaphysique, à savoir : la vérité *doit* être un trésor durement gagné, et par conséquent, ce qui se lit ou s'apprend facilement ne peut qu'être futile et sans importance. La vérité doit être une montagne à escalader, elle est dangereuse, obscure et exigeante. Sous la dure lumière de la salle de lecture, l'écriteau qui porte la devise de ces savants dit : *Plus un texte me fait souffrir, plus il doit être vrai.*

Le corollaire de cela, dans le domaine des relations interpersonnelles, c'est l'idée que l'amant « difficile » peut avoir d'une certaine façon plus de valeur que celui qui est ouvert, clair, prévisible et ponctuel. Pour des esprits romantico-religieux, ce genre d'individu ne mérite que d'être condamné ou évité, ils réagissent comme des érudits qui tournent en dérision les idées d'un fin prosateur simplement parce qu'elles pourraient être comprises par un enfant de douze ans un peu éveillé.

De la même façon, loin de voir dans les silences d'Éric une preuve qu'il était quelqu'un d'ennuyeux, Alice y voyait la marque d'une personnalité profonde et intéressante. Elle était comme un érudit qui consacre sa vie à l'étude des œuvres de Hegel, convaincu de son génie — alors qu'un critique peu aimable pourrait insinuer que le pesant philosophe allemand n'était en fin de compte qu'un penseur très moyen qui avait deux ou trois bonnes idées et une atroce inaptitude à s'exprimer.

Le fardeau d'Éric

Avant de condamner Éric (implicitement ou non) pour ses silences cruels et ses petites trahisons quotidiennes, il peut être intéressant de considérer un instant d'un œil compréhensif la situation où il se trouvait. Sans doute en retirait-il l'avantage d'être aimé tendrement par une femme, mais en même temps un fardeau avait été posé sur ses épaules, celui de devoir incarner les ardentes idéalisations d'une autre personne. On lui demandait (gentiment et délicatement, bien sûr) de donner un sens à l'existence d'un autre être humain. Il ne fallait pas s'étonner s'il ratait parfois ses répliques.

« Qu'est-ce que tu as pensé de moi la première fois que tu m'as vue ? demanda Alice alors qu'ils étaient étendus côte à côte, au cœur d'une nuit d'été.

— J'ai pensé que tu étais super, c'est pourquoi je suis venu te parler. »

Alice, comme un chat que l'on caresse, émit une sorte de ronronnement.

« C'est drôle, reprit-elle, tu me plaisais, mais je ne pensais pas que je te plaisais. Tu te souviens de la façon dont tu parlais à cette autre fille ? Je me disais que tu l'aurais sûrement préférée de beaucoup à moi. »

En elle se succédaient des moments de majestueuse réserve et la naïve franchise d'une gamine de douze ans. « Ç'a été formidable quand je t'ai vu venir vers moi ! » On a besoin d'un solide estomac non sentimental pour digérer sans problème une nourriture aussi sucrée. On a besoin d'expérience pour traiter comme il convient un compliment — d'une alarmante spontanéité — tel que : « Je suis sûre que des tas de femmes t'ont couru après. Un bel homme comme toi... »

Éric était aussi vain que n'importe qui ; on aurait pu s'attendre qu'il se mette aussi à ronronner comme un chat en entendant de telles paroles, mais la flatterie le mettait visiblement mal à l'aise. Il y avait un côté paradoxal chez cet homme qui prenait plaisir aux coups d'œil furtifs que lui adressaient les femmes dans les rues animées de la City, mais qui était embarrassé par des déclarations plus franches et directes faites dans son propre lit.

S'il était souvent désinvolte ou distrait, s'il négligeait parfois de rappeler Alice au téléphone, c'était (mauvaises manières mises à part) parce qu'il sentait en lui-même une insuffisance en tant qu'objet d'amour : il était effrayé par des sentiments auxquels il était incapable de répondre et qu'il percevait donc comme étant inacceptablement (et d'une manière quelque peu accusatrice) excessifs et mièvres.

Pour en revenir au nettoyage de son costume, son peu d'empressement à écouter la réponse d'Alice nous rappelle l'existence de deux formes de distraction :

– celle qui vient de ce qu'on s'ennuie tout simplement, quand le sujet évoqué ne parvient pas à retenir notre attention.

– celle qu'on utilise pour ne pas arrêter sa pensée sur ce qu'on a déjà remarqué — une façon efficace d'échapper à une situation jugée trop dangereuse, une réaction socialement acceptable mais psychologiquement équivalente à une fuite bien réelle.

Quand le risque qu'Alice se mette à parler de son enfance s'était précisé, Éric était devenu distrait pour la seconde raison plutôt que pour la première. Bien qu'il l'eût posée lui-même, sa question concernant l'expérience la plus traumatisante de son enfance menaçait de l'entraîner vers des sujets désagréablement sensibles et des épanchements qui auraient nécessité, pour être contenus, un mouchoir ou plus encore.

Éric aurait voulu qu'Alice fût plus dure avec lui, ce qui lui aurait permis d'éviter les responsabilités générées par sa capacité d'autodénigrement et d'abnégation. Un matin qu'ils se rendaient en voiture à Whitechapel, comme il gardait un silence maussade, elle se tourna vers lui et dit : « Excuse-moi de te demander ça, mais est-ce que tu es fâché contre moi ? »

Il ne pouvait avoir aucune raison d'être fâché contre elle : ils s'étaient retrouvés dans son appartement à lui dix minutes plus tôt, et n'avaient pas échangé plus de quelques mots dans la voiture. En réalité son silence avait pour cause un article inquiétant qu'il avait lu dans le journal pendant le petit déjeuner, et qui donnait à entendre qu'une affaire dans laquelle il avait lourdement investi la semaine précédente pourrait mal tourner.

« Non, je ne suis pas fâché contre toi, répondit-il d'un ton bourru.

— Alors est-ce qu'il y a quelque chose qui ne va pas ?

— Je suis fatigué, c'est tout.

— Très bien, du moment que je ne suis pas en cause.

— Non, bien sûr que non, ça va passer. »

Et pourtant, dans un sens, c'était la faute d'Alice. Ou plutôt, son comportement contribuait à aggraver une prédisposition grincheuse. Il n'était pas habitué à la générosité (ou, selon le point de vue qu'on adopte, la docilité) qu'implique la question : « Es-tu fâché contre moi ? » — ceci venant d'une femme qui avait été irréprochable, accommodante et douce. Il se montrait injustement difficile, et bien qu'il ne fût pas assez mûr pour s'infliger cette vérité lui-même, il sentait qu'il était nécessaire qu'un autre le réprimande pour cela.

Il était habitué à des femmes qui maîtrisaient plus qu'Alice leur générosité affective. Il avait eu avec elles des relations chaleureuses, mais une certaine distance avait toujours été maintenue entre eux; si les circonstances avaient voulu qu'il fût de mauvaise humeur, dans une voiture roulant vers Whitechapel, à cause d'un article de journal, il lui aurait fallu soit expliquer sa maussaderie, soit se montrer assez enjoué pour éviter une prise de bec. Il avait toujours recherché des partenaires sceptiques, de celles qui renâclent à accepter les reproches au lieu d'aller toujours au-devant d'eux — tandis qu'Alice souffrait d'une fâcheuse propension à l'encourager dans ses caprices.

Il redoutait ce que l'amour qu'elle lui portait avait de vulnérable et de désarmé. Toujours réservé dans sa façon de répondre à l'affection d'autrui, il attendait d'être dans son bureau pour penser à la force de ses sentiments pour elle, c'est-à-dire à une chose qu'il avait été incapable de comprendre en sa présence, et encore moins d'exprimer. Il lui fallait du temps pour répondre à sa tendresse, comme quelqu'un que la timidité rend muet au téléphone et qui a besoin d'être seul devant une feuille de papier pour formuler une réponse.

Quand ils s'étaient rencontrés, Alice lui avait dit qu'elle avait envie d'être plus « créative » et qu'elle aimerait se remettre au dessin, une activité qu'elle avait pratiquée avec quelque succès à l'école mais abandonnée ensuite. Éric, d'humeur enthousiaste et flatteuse, avait jeté un coup d'œil sur quelques-uns des dessins au fusain qu'elle gardait dans une boîte dans sa chambre et l'avait patiemment regardée esquisser un vase de fleurs séchées posé sur l'appui de la fenêtre, après quoi il avait déclaré qu'elle possédait un talent naturel, qui lui rappelait un peu certains croquis de Degas qu'il avait vus exposés à Paris l'année précédente.

« Non, sans blague. Dis-moi ce que tu penses vraiment, avait répondu Alice.

— Je te le dis, je pense que c'est très bien. Tu as un vrai talent, et je ne le dirais pas si je ne le pensais pas.

— Vraiment ? avait-elle demandé en se mordant la lèvre inférieure.

— Bien sûr. Si tu voulais, tu pourrais faire des progrès fantastiques. Tu as un don naturel pour ça. »

La confusion d'Éric entre quelques ternes croquis peu inspirés et le plaisir de la regarder passer délicatement un crayon sur une feuille de papier lui coûta cher — car elle le considéra dès lors comme une sorte de critique d'art. Elle lui montra des dessins qu'elle avait faits et lui demanda s'il remarquait des améliorations ou pouvait lui donner certains conseils. Éric avait le sentiment qu'on lui demandait de remplir un rôle traditionnellement tenu par un père, c'est-à-dire quelqu'un dont il ne voulait pas avoir, et n'était d'ailleurs pas sûr d'avoir, l'autorité.

Après avoir passé un week-end à exécuter une peinture murale dans la salle de bains d'une amie, Alice le fit venir pour qu'il la voie, et debout près de la porte, dans une salopette barbouillée de peinture, lui demanda en souriant d'un air d'expectative : « Alors ? Qu'en penses-tu ? Tu es content de moi ? »

Cette façon de s'exprimer était révélatrice : non pas « Est-ce que ça te plaît ? » ou même « Tu es content de ce que j'ai fait ? » mais « Tu es content de *moi* ? », une note personnelle qui suggérait une recherche de légitimité, un cri enfantin : « Dis, je suis bien gentille ? »

Un tel besoin plaçait Éric dans une position d'exténuante responsabilité : la sensibilité d'Alice lui donnait envie de la blesser, de lui dire qu'il se fichait pas mal d'une ridicule peinture murale, dans l'espoir qu'elle cesse d'attribuer une telle importance à tout ce qu'il disait ou faisait.

Pendant les pauses-déjeuner, ses collègues et lui allaient dans un snack situé près de la banque, et leur conversation portait souvent sur le sexe opposé. Un lundi, tandis qu'ils mangeaient des sandwichs au *pastrami,* elle s'orienta vers les glandes mammaires féminines.

« Les gros sont chouettes, mais vous savez, ils sont moins sensibles que les petits, remarqua pensivement Roger.

— Foutaises, il y a des nichons maousses qui sont très sensibles. Tu te souviens de Carmen, l'Espagnole avec qui j'étais ? Eh bien, elle infirmait complètement ta théorie, répliqua Bill.

— Je ne sais pas, ceux de Jodie sont gros mais on ne peut en obtenir aucune réaction. Qu'est-ce que tu en penses, Éric ? demanda Roger.

— Eh bien, c'est évident ce que j'en pense. Alice a des petits nichons, je suis avec Alice, donc je dois penser qu'ils sont bien. Je veux dire, à quoi bon être avec une femme si on n'aime pas ses nichons ? »

Infantiles et archaïques sous leurs costumes d'hommes d'affaires, Éric et ses collègues se conformaient au rituel immémorial qui consiste à faire passer des besoins affectifs pour des besoins sexuels de façon à alléger le poids d'une dépendance mutuelle.

Être aimé pour quel motif?

Éric faisait souvent référence à l'aspect physique des femmes. Celle-ci avait un beau nez, celle-là des jambes superbes, une autre des chevilles délicates. Il relevait aussi ce qu'il trouvait laid : des seins qui pendouillent, des cuisses comme des troncs d'arbre, une démarche bancale.

Alice et lui sortaient d'un supermarché, lorsqu'ils croisèrent une femme qui provoqua le commentaire suivant :

« Bon Dieu, est-ce que ce n'est pas stupéfiant ? Toutes ces femmes qui ont des visages vraiment agréables, et puis on baisse les yeux et on s'aperçoit qu'elles ont des corps dégoûtants. Tu as vu comme elle était grosse ? C'est incroyable. Et elle n'avait pas la figure d'une personne trop grosse, c'était seulement le reste. »

Bien que de telles remarques fussent toujours flatteuses pour Alice, elles la mettaient mal à l'aise.

« Pourquoi faut-il que tu fasses tout le temps ce genre de réflexions ?

— Quelles réflexions ?

— Eh bien… à propos des gens qui sont trop gros ou trop maigres, trop ceci ou trop cela…

— Je ne fais que constater. Tu n'as pas vu comme les...

— Ouais, eh bien j'aimerais autant que tu ne le fasses pas. C'est affreux de toujours penser de cette façon au physique des gens...

— Tu n'aimes pas ça quand je pense à ton physique? demanda Éric avec un accent californien exagéré. Allons, ne sois pas trop sévère avec moi, ajouta-t-il en lui entourant la taille de son bras.

— Je ne veux pas être sévère. C'est simplement que... Je ne sais pas, oublions ça. Est-ce qu'on s'arrête au magasin de vins? » demanda-t-elle, puis elle toussa pour s'éclaircir la gorge.

Mais elle continua à réfléchir à la question sur le chemin du retour. Éric s'était toujours montré très généreux envers son physique. Quand ils étaient nus dans la chambre, il lui demandait parfois par jeu de prendre une pose de statue ou de femme peinte et il l'appelait sa Vénus ou son Aphrodite, son Ève ou son Hélène de Troie. Après quelques verres de vin, il prenait un ton faussement théâtral pour affirmer que sa poitrine était la plus belle du pays, ses yeux pareils à deux joyaux de l'Orient, son triangle une inspiration pour l'humanité.

« Arrête d'exagérer, espèce de poète à la noix! disait-elle alors en tirant sur le drap pour s'en couvrir.

— Ah! Manifestement Vénus est timide ce soir, elle n'est pas d'humeur à coïter avec Cupidon...

— Si le beau Cupidon n'était pas aussi maladroit avec ses flèches, elle le serait peut-être... »

Le malaise d'Alice venait de ce qu'elle se demandait quel rôle son physique jouait au juste dans les sentiments d'Éric à son égard. Elle voulait qu'il la trouve séduisante, mais paradoxalement, ne voulait pas qu'une attirance physique fût ce qui, en dernière analyse, expliquait sa présence.

Elle sentait qu'il existait une hiérarchie implicite des raisons — plus ou moins valables — qu'elle avait d'être aimée. Bien que dans chaque cas elle pût en effet être aimée, elle ne pouvait accepter de croire que quelqu'un qui prétendait l'aimer l'aimait réellement, *elle,* qu'en se référant à certains critères.

1. Être aimé pour son corps

Le corps est le lieu géométrique d'une considérable perte de contrôle sur la perception qu'ont les autres de soi. C'est la chose qu'ils identifient le plus naturellement et le plus immédiatement au *moi* sans qu'il y ait la moindre chance pour qu'il reflète réellement un sentiment intime de soi. Bien que ce ne soit qu'un ensemble de cellules arrangées selon les caprices de notre structure A.D.N., ceux qui nous voient ne peuvent s'empêcher d'y chercher du sens et de la personnalité. Victimes de cette pathétique illusion, ils qualifient notre visage de beau, cynique, franc ou charmant, à peu près comme les poètes qui désignent les éléments inanimés du paysage selon des critères affectifs, qualifiant telle cime de « hardie » ou tel ruisseau de « joyeux ».

Mais nous avons beau nous douter en notre for intérieur que notre corps ne correspond guère à ce que nous sommes, nous trouvons difficile d'appliquer cette leçon à notre « lecture » des autres, qu'inévitablement nous associons étroitement à leur forme physique. Nous avons du mal à comprendre leurs crises d'identité, parce que leur identité nous est d'une certaine façon beaucoup plus évidente, à nous qui sommes à l'extérieur, qu'elle ne l'est à eux-mêmes, dans la mesure où elle se fonde alors sur quelque chose de matériel et donc de visuellement patent.

Ce n'est qu'en termes d'introspection que nous pouvons avoir le sentiment que notre forme physique échappe autant à notre contrôle que celle d'une planète située dans une lointaine galaxie. Il n'est guère étonnant que Descartes se soit penché sur le problème de l'âme et du corps et ait déclaré, d'un air qu'on imagine dégoûté, dans le *Discours de la Méthode,* que l'âme était « entièrement distincte du corps » (bien que ses biographes mentionnent une prédilection pour les mouchoirs en soie et les hauts-de-chausses flamands qui va peut-être à l'encontre d'une lecture orthodoxe de son œuvre).

Il y a bien sûr ceux qui ne doutent pas que leur corps reflète ce qu'ils sont, qu'il existe une heureuse concordance entre l'idée qu'ils se font d'eux-mêmes et la photo de leur passeport. Il peuvent passer devant une glace, se faire un petit clin d'œil et penser : « Bon vieux moi ! » L'aisance physique d'Éric venait peut-être plus de cet heureux sentiment de concordance que d'une vanité particulière. Il estimait au fond de lui-même que son visage constituait une image adéquate de la personne qu'il était, il était satisfait que les gens l'associent en esprit à — et l'aiment pour — ses yeux vifs, ses cheveux courts, son menton volontaire et son sourire gamin.

Et puis il y a ceux dont les motifs d'insatisfaction vont de « Je n'aime pas mes yeux » à « Mais qu'est-ce que je fous là ? ». Mais non, « Je n'aime pas mes yeux » n'est peut-être pas un bon exemple, parce que la non-concordance entre le corps et l'idée qu'on se fait de soi-même ne saurait se réduire au simple fait de ne pas *aimer* ses yeux. Il s'agit plutôt d'un sentiment psychologico-existentiel que l'on pourrait formuler ainsi : « Ces yeux ne sont *pas moi.* » Alice n'aimait pas son pouce par exemple, mais elle reconnaissait volontiers qu'il reflétait assez fidèlement ce qu'elle était ; il avait une personnalité qui s'accordait à la façon dont elle se percevait elle-même, un mélange d'idéalisme dans la forme de l'ongle, de gaucherie dans l'articulation, d'ironie sur les côtés ; il était souvent tenu plié et nerveusement mordillé. Mais elle n'aurait pu voir dans son visage la même fortuite concordance. Il faisait toujours preuve de la plus grande autonomie, il avait l'air gai quand il aurait dû avoir l'air triste, frivole quand il aurait dû être pensif, vulnérable quand c'était de la force de caractère qu'il lui aurait fallu montrer. Elle apercevait son visage dans une vitre de métro et était consternée de voir une expression digne d'une môme de douze ans, et puis elle distinguait son reflet dans une fenêtre de bureau et était surprise de voir une figure qui aurait pu appartenir à une personne de soixante ans.

Pendant son adolescence, confrontée à la vérité analytique du miroir, elle avait douloureusement pris conscience de l'éternel problème philosophique que constitue cette dualité intérieur/extérieur. Pour lui échapper, elle s'était réfugiée dans les livres et la réclusion — une période de sa vie dont elle pouvait maintenant parler sur un ton léger à Éric comme ayant été « incroyablement crispée » :

« J'étais tellement coincée au sujet du sexe et de tout le reste... Je me détestais et je détestais encore plus les garçons. J'en avais si peur que si l'un d'eux venait me parler, je rougissais de la tête aux pieds et commençais à avoir toutes sortes de tics nerveux. Je restais toute la journée dans ma chambre, rideaux tirés, miroirs voilés, à lire des romans de pacotille sur mon lit, hurlant si quelqu'un demandait à entrer... »

La mère d'Alice était victime du vieux préjugé selon lequel les filles d'un certain âge doivent consacrer toute leur énergie à l'activité qui consiste à taper dans l'œil des garçons dans le but de se trouver un mari. Consternée par l'insistance que mettait Alice à vouloir porter un vieux jean et un pull, elle traînait sa fille, avec le dynamisme qui la caractérisait, dans de nombreux magasins de vêtements, entrait comme un ouragan dans les boutiques et demandait aux vendeuses d'un air mélodramatique et désespérant : « Est-ce que vous pensez pouvoir faire *quelque* chose pour cette jeune demoiselle ? » Et comme ces boutiques avaient tendance à être en retard sur la mode d'un bon demi-siècle, Alice, quand elle en ressortait, avait à peu près l'air d'un gâteau de mariage avec ses rubans, ses nœuds et ses volants, toutes choses plus susceptibles de repousser un mâle en rut que de l'inciter à débarrasser la mère de sa gauche Lolita.

Ce qui agaçait le plus Alice, c'était que les autres supposaient tout naturellement qu'il existait une concordance entre son corps et ce qu'elle était réellement, alors qu'elle-même n'en ressentait aucune. Tandis qu'elle voyait dans sa forme physique un phénomène purement fortuit, les hommes ne pouvaient s'empêcher de la considérer comme une projection de son *moi.* Quand Éric faisait en souriant l'éloge de sa poitrine, elle ne pouvait se sentir concernée par ces louanges, et les acceptait comme on accepte une récompense destinée à quelqu'un qui n'a pas pu venir à une cérémonie de remise des prix.

« Ton nez est tellement *toi,* lui dit un jour Éric dans la chambre, en en suivant le contour du bout de son index.

— Qu'est-ce qui te fait dire ça ?

— Eh bien, sa petite taille et cette façon qu'il a de se retrousser imperceptiblement et de finir en pointe…

— Tu as suivi un cours de phrénologie nasale ?

— Bien sûr... Qu'est-ce que c'est que ce truc-là ? »

Avec la meilleure volonté du monde, les autres auraient eu du mal à comprendre Alice si elle leur avait dit : « Je ne suis pas vraiment ce que je parais être. » Plongés dans une perplexité bien pardonnable, ils se seraient récriés comme il convient en disant qu'évidemment ils ne portaient pas sur elle un regard superficiel et puis quelle importance l'apparence extérieure avait-elle de toute façon, et pourtant qu'auraient-ils pu faire d'autre que de les associer, elle et ses plaintes, à la forme physique sous laquelle elles se manifestaient ?

Alice avait lu récemment dans un magazine une interview d'un mannequin vedette dont le visage était si beau que certains auraient vendu leur propre grand-mère aux enchères pour pouvoir se l'offrir, mais qui affirmait que son corps n'était qu'une gêne dans ses rapports avec les autres. Elle avait épousé un homme carrément laid, qu'elle ne pouvait aimer que pour autre chose que son physique, projetant ainsi dans son choix l'attitude qu'elle désirait peut-être que les hommes adoptent à son égard.

Alice en concluait que le fait d'être beau ou laid n'avait sans doute pas grande importance — le corps était toujours une malédiction parce qu'il engendrait un abîme entre la façon dont on se percevait et la façon dont on était perçu. *Elephant Man* et le *top model* avaient beau se situer aux extrémités opposées d'une échelle de valeurs esthétique, ils n'en partageaient pas moins un sort psychologique structurellement identique.

Il y avait néanmoins un certain degré d'hypocrisie dans l'attitude d'Alice — surtout si l'on considère l'ampleur de ses achats annuels en matière de lingerie fine et de crèmes faciales.

L'hypocrisie pourrait être définie ici comme une forme d'ambivalence qui consiste à la fois à condamner quelque chose par peur, parce que cette chose est puissante et désirée et qu'on ne la contrôle pas complètement, et à ne pas dédaigner d'en retirer certains avantages. L'artiste à succès est hypocrite quand il ou elle attaque avec vigueur le système capitaliste, mais encaisse joyeusement tout ce que lui rapporte la vente de ses œuvres. « On n'a pas besoin d'être jolie pour être heureuse », avait dit hypocritement le mannequin milliardaire, peu après avoir raconté toutes les choses qui la rendaient heureuse (un tournage au Kenya, sa propre gamme de parfums) et dont nul n'aurait pu prétendre qu'elles n'avaient rien à voir avec son apparence physique. Et Alice était hypocrite quand elle s'achetait des dessous chic mais déclarait : « Je ne jugerais jamais quelqu'un sur son apparence et j'espère que les gens qui m'entourent ne le feraient pas non plus. »

Elle connaissait les regrettables règles du jeu — c'est pourquoi elle allait dans les boutiques de mode et chez le coiffeur — et pourtant, quand un homme la remarquait, elle aurait voulu retirer en quelque sorte cette connaissance de l'équation de son désir. Si son corps attirait les regards, elle ne voulait pas que le regard d'un amant s'arrête là. Dans son monde imaginaire, et cela n'avait rien à voir avec de la pruderie, le corps aurait été tout à fait secondaire dans un sens cartésien — non pas dédaigné, car le sexe était merveilleux, mais secondaire. Elle aurait été aimée pour ce mystérieux quelque chose qui reste une fois qu'on en a fait abstraction, ce magma d'histoire personnelle, d'impressions, d'habitudes et de tempérament qu'elle appelait son *moi*.

2. Être aimé pour son argent

Avant de perdre tout le sien dans un mauvais investissement, le père d'Alice l'avait souvent mise en garde contre les hommes qui seraient moins attirés par elle que par son argent. « Il y aura toutes sortes d'individus qui essaieront de se servir de toi pour l'obtenir, et crois-moi, c'est pire que d'être utilisé pour le sexe », avait-il dit, enrichi par son expérience d'une épouse dont l'amour s'était révélé aussi inconstant que ses propres revenus.

Initialement c'était la conscience du lien qui existe entre l'amour et l'argent qui avait incité son père à devenir riche, mais le paradoxe, comme dans le cas d'un beau corps, c'était qu'il ne pouvait plus faire confiance à la femme qu'il avait attirée grâce à cet avantage extérieur. Projetant sur sa fille sa conception cynique des relations humaines, il était allé jusqu'à accuser son petit ami, quand elle avait dix-sept ans, d'être un aventurier, parce qu'il la laissait payer à l'occasion les places de cinéma ou de concert. Le problème avait perdu de son acuité, un krach financier ayant coûté à son père son argent et sa femme, et rendu Alice dépendante d'un salaire mensuel certes peu enviable, mais moins problématique sur le plan amoureux.

Éric jouissait d'un style de vie plus confortable, ce qui avait amené Alice à remarquer en plusieurs occasions : « J'aime sortir avec toi parce que je découvre des aspects de Londres que je ne connaissais pas — des restaurants et des théâtres et ce genre de chose. »

Éric souriait avec bienveillance en entendant de tels commentaires, alors qu'il aurait très bien pu se demander, si son tempérament avait été différent, combien de temps Alice prendrait plaisir à le fréquenter si les aspects de Londres qui nécessitaient, pour pouvoir être découverts, des revenus substantiels, étaient subitement rendus inaccessibles en raison d'une insolvabilité imprévue.

Au lieu de cela, comme il ne se tourmentait pas trop au sujet des causes profondes de l'amour, il disait sportivement : « Du moment que quelqu'un m'aime, pourquoi est-ce que je chercherais à savoir pourquoi ? »

3. Être aimé pour sa réussite

Pendant cette période où elle rencontra et commença à sortir avec Éric, Alice fut promue dans son travail et se vit confier la responsabilité de contrats plus importants ; elle s'occupait d'affaires avoisinant le demi-million de livres, on l'envoyait à Dublin et à Paris, elle parlait avec des clients basés à Boston ou à Madrid, et on lui donna un bureau et une secrétaire personnels.

Consciente de l'envie des autres, elle avait tendance à déprécier sa propre réussite. Si une amie lui disait « J'adorerais avoir un travail comme le tien », elle répondait « Non, ça t'embêterait, tu es bien mieux là où tu es ».

Éric était fier d'Alice plutôt qu'il ne l'enviait (même si c'était dans un sens assez paternaliste, l'idée sous-jacente étant « Bienvenue dans le vrai monde des affaires, dont je fais partie depuis toujours »). Le jour où elle décrocha un nouveau contrat pour son agence de publicité, il l'invita au restaurant et la couvrit d'éloges et plus tard de baisers. Il se targuait volontiers auprès de ses amis de sortir avec une fille qui était destinée à devenir une des plus brillantes femmes d'affaires britanniques, et elle apprit par des intermédiaires qu'il avait parlé d'une manière très flatteuse en son absence.

Si agréable que fût cette attention, Alice regrettait un peu qu'Éric fût toujours bien plus gentil avec elle quand elle se sentait forte et que tout marchait bien pour elle que quand elle se sentait faible et que toute confiance en elle-même l'avait quittée. Elle n'avait pas besoin qu'on l'emmène dîner au restaurant quand elle pouvait se le permettre, ou qu'on lui dise qu'elle était belle quand elle pouvait presque le croire.

Ses parents avaient eu vis-à-vis de la réussite une attitude similaire à celle d'Éric, en ce sens qu'elle déclenchait en eux un notable regain d'affection. Jusqu'à l'âge de treize ans, elle avait été plutôt lente en classe, et apparemment vouée à un échec scolaire. A cause de ses médiocres résultats, elle n'était pas très bien vue à la maison, où elle faisait figure de canard boiteux à côté de sa sœur cadette, plus brillante qu'elle dans ses études. Mais au début de l'adolescence, elle avait décidé de surprendre tout le monde en se mettant à produire un excellent travail et en passant tous ses examens avec de très bonnes notes. Brusquement elle était devenue la nouvelle héroïne de la famille et avait été comblée de cadeaux et d'attentions. « Tu es sûre que tu ne veux pas d'autres vacances, une autre robe, une plus belle bicyclette ? » demandaient ses parents. Mais l'adolescente maussade qu'elle était refusait tout, s'habillait avec les vêtements les plus miteux et traitait les offres parentales comme des insultes. Ce qu'elles étaient en effet, car elles représentaient l'autre face (la bonne face, mais l'autre face tout de même) du même disque, à savoir l'attitude qui l'avait condamnée au rôle de canard boiteux en se fondant simplement sur un mauvais carnet de notes.

Plus tard ses parents avaient parfois tenté d'expliquer la médiocrité de leur propre rôle parental en disant :

« On était maladroits avec les enfants, on voulait avoir quelqu'un à qui on puisse parler intelligemment, comme on peut le faire maintenant avec toi. Dans un sens, on était trop impatients que tu sois devenue adulte. »

Maintenant qu'elle pouvait parler avec éloquence sur toutes sortes de sujets, ils étaient fiers d'exhiber leur fille, si jolie et diserte, devant leurs amis, et étaient quelque peu surpris par la grande réticence avec laquelle elle acceptait de telles invitations. Elle avait à l'égard de sa propre réussite l'attitude de certaines stars hollywoodiennes qui fréquentent exclusivement des amis rencontrés à l'époque où elles n'étaient pas encore célèbres, attitude dont le sens implicite est : « Si tu m'aimais quand je n'étais rien, tu m'aimeras toujours; si tu commences à m'aimer seulement maintenant que je suis respectable, comment puis-je savoir si c'est vraiment *moi* et non ma respectabilité que tu aimes ? »

4. Être aimé pour sa faiblesse

Si quelqu'un a suffisamment de succès professionnel, de maisons et de yachts, suffisamment d'éloquence, de beauté ou d'intelligence, tôt ou tard quelqu'un d'autre tombera amoureux de lui. Mais l'amour a pour modèle idéalisé ce que devrait être l'amour inconditionnel d'une mère ou d'un père pour son bébé. Notre première expérience d'amour reçu remonte à l'époque où nous étions faibles et sans défense. Si mignons que soient certains bébés, ils ne peuvent, par définition, exiger quoi que ce soit du monde en raison de caractéristiques extrinsèques. S'ils sont aimés et choyés, ils le sont donc simplement pour ce qu'ils sont — c'est-à-dire, dans l'ensemble, quelque chose de peu ragoûtant. Ils sont aimés pour (ou en dépit de) leur propension à baver, à souiller leurs langes, à vomir, à hurler, à être des concentrés d'égoïsme.

Ce n'est que lorsque l'enfant grandit que l'affection reçue commence à dépendre d'un certain nombre d'efforts — dire merci à table, aller chercher les lunettes de maman, récurer les plats et, plus tard, acheter des stations de télévision, des maisons à Bora Bora et des chalets à Saint-Moritz. Mais bien que ces choses lui valent à coup sûr l'intérêt des autres, son vrai désir n'est pas tant de s'attirer les flatteries des starlettes ou des animateurs de débats télévisés que de recréer le contrat moral qui lie le parent à l'enfant en bas âge — un contrat qui impose au parent de rester loyal et fidèle, quoi qu'il advienne.

Alice était consciente de la contradiction qui existait dans ses rapports avec Éric, à savoir qu'une partie d'elle-même voulait être le bébé baveur, complexe, irrationnel, exigeant, tandis qu'une autre savait que pour continuer à bénéficier de son affection elle devait jouer le rôle de la femme responsable et mûre, séduisante, spirituelle et sans besoin.

Elle discutait parfois de politique avec Éric et finissait généralement par pencher plutôt à gauche, lui plutôt à droite. Après l'effondrement d'une entreprise géante et naguère orgueilleuse de construction automobile, ils eurent à ce sujet une discussion assez vive :

« Écoute, la seule justification d'une affaire est qu'elle marche bien, déclara Éric. Tant qu'ils ont pu fabriquer des voitures que les gens voulaient, ç'a été une affaire qui valait la peine d'être gardée. Mais le fait est qu'ils ne le peuvent plus. Leurs modèles sont démodés, il y a un excédent de personnel, un mauvais rendement, du gaspillage, une mauvaise gestion, et ils n'ont pas assez investi dans l'ingénierie et les nouveaux équipements — alors bien sûr ils courent à la faillite et c'est tout à fait normal.

— Comment peux-tu dire ça? Vingt mille personnes vont perdre leur emploi, une ville tout entière va être décimée — et tu penses que c'est normal?

— C'est parfaitement logique en termes d'économie : si les pays d'Asie peuvent fabriquer des voitures à la fois meilleures et moins chères, il n'y a aucune raison pour qu'ils n'en retirent pas les bénéfices qu'ils méritent. Une ville tout entière en Corée ou en Malaisie va prospérer aux dépens de celle-ci — mais c'est la règle du jeu. Les entreprises coréennes dépensent des sommes énormes pour acquérir des machines-outils qui sont beaucoup plus perfectionnées que tout ce qu'on peut trouver dans ce pays. Les gouvernements ne peuvent tout simplement pas dépenser l'argent des contribuables pour renflouer des compagnies en difficulté — là aussi c'est le mieux adapté qui survit. Il faut qu'une économie fonctionne sur une vraie demande, on stimule les choses artificiellement quand on soutient des affaires que le marché condamne.

— Mais c'est ridicule, inhumain, cruel! Ça ne léserait pas les contribuables si le gouvernement prêtait seulement à la compagnie de quoi tenir pendant quelques années, en attendant qu'elle se remette sur pied et redevienne rentable... »

En filigrane de cette discussion sur le sort d'un constructeur automobile mal-en-point se dessinait un conflit qui n'avait rien à voir avec des prêts-relais ou des investissements coréens en machines-outils. La défense de ce constructeur par Alice était une défense du droit d'être aimé pour sa faiblesse : l'attaque d'Éric était une forme de darwinisme capitaliste dont elle craignait qu'il ne l'approuvât implicitement autant dans le domaine de l'amour que dans celui des affaires.

Elle redoutait la cruauté qu'elle décelait dans sa logique économique, redoutait qu'un jour, pour cause de cuisses trop flasques ou de seins fatigués, elle aussi serait déclarée « peu rentable » et « sans justification ». Quels que fussent les mérites réels du constructeur automobile, il y avait, dans la défense qu'elle en prenait, un vestige du besoin enfantin d'être aimé inconditionnellement (même si elle faisait faillite), l'État jouant ici le rôle du parent plein d'indulgence tant désiré. Peut-être y avait-il en effet une gestion négligente dans l'entreprise en question, mais celle-ci n'appartenait-elle pas à la nation, ses ouvriers n'étaient-ils pas des citoyens, et par conséquent le gouvernement n'avait-il pas le devoir de l'aider à redevenir économiquement viable ?

Quand, récemment, un collègue de bureau avait essayé de rejeter sur Alice la responsabilité d'un contrat perdu, Éric avait aidé son amie en suggérant des façons de signaler l'incident à un supérieur sans s'aliéner en même temps les personnes avec qui elle travaillait. Quand il estimait qu'elle était victime d'une injustice, il prenait sa voix protectrice et se montrait à la hauteur des circonstances ; mais il était moins bien disposé quand il s'agissait de comprendre des sentiments de confusion qui n'avaient aucun rapport avec des querelles entre collègues, avec des parents ou des amis malades. Il avait du mal à accepter une tristesse mal définie, une tristesse qu'elle n'aurait pu expliquer autrement qu'en disant qu'elle se sentait mélancolique et avait besoin d'être réconfortée au niveau le plus primitif et le plus déraisonnable. Du reste elle ne tenait pas à lui imposer le fardeau de cette forme de faiblesse, elle savait combien il pouvait être fier d'elle quand elle était forte — et pourtant son désir le plus profond était de pouvoir exprimer ce qu'elle ne pouvait encore exprimer, à savoir : *Aime-moi pour mes peurs, mes complexes, mes névroses, aime-moi pour ce que je suis quand je n'arrive tout simplement pas à faire face...*

5. Être aimé pour des détails

Pendant des vacances à Florence, quelques années plus tôt, Alice avait été accostée dans le Palazzo Medici par un homme qui lui avait murmuré à l'oreille, tandis qu'elle contemplait un tableau de Gozzoli, qu'elle avait « une peau d'ange ». Comme il avait lui-même une peau très acceptable, et qu'une paire de lunettes à monture d'écaille laissait supposer qu'il ne visitait pas les musées dans le seul but de séduire les jeunes filles, elle avait accepté sa proposition d'aller boire un café, qui s'était transformée en invitation à déjeuner, puis ils s'étaient promenés dans le musée des Offices, et avaient fini par passer la nuit ensemble.

Au matin Giovanni était allé lui chercher du café et un peignoir de bain et ils s'étaient installés sur la véranda de sa maison, qui se trouvait dans un faubourg de Florence. Puis, dans un anglais malmené mais savoureux, il s'était lancé dans une ambitieuse déclaration d'amour. S'inspirant de cette habitude qu'ont les Américains de répéter le prénom de leur interlocuteur à la fin de chaque phrase, Giovanni avait agrémenté sa déclaration apparemment sincère de cette façon, malheureusement sa nuit avec la demoiselle anglaise (à moins que ce ne fût simplement le café) avait brouillé sa mémoire littéraire, de sorte qu'il en était venu à confondre, en s'adressant à elle, l'Alice de Lewis Carroll avec la Béatrice de Dante.

Comme rien ne justifiait une telle déclaration de toute façon, les conventions tacites de la « brève rencontre » ayant été très claires, Alice n'avait rien fait pour corriger l'erreur, et n'avait pas été choquée outre mesure par ce qu'elle impliquait quant à la nature impersonnelle de ce qu'ils avaient partagé. Pourtant, dans le train qui la ramenait en Angleterre, elle avait souri en pensant au contraste qui existait entre l'intensité d'une déclaration d'amour apparemment très sérieuse et le désinvolte remplacement de son prénom par celui de la grande héroïne florentine.

Un amour était d'autant plus authentique aux yeux d'Alice que le partenaire semblait avoir appris plus de choses sur l'autre et qu'il devenait plus évident que l'amour est quelque chose d'étroitement lié à une connaissance des détails. Il ne s'agit pas nécessairement des caractéristiques principales de l'existence de l'autre à un moment donné (âge, profession, nationalité, etc.), mais de ces petites choses qui distinguent une personne d'une autre — une préférence en matière de confiture, des anecdotes remontant à l'enfance, des fleurs ou une marque de dentifrice favorites.

Sa confiance allait à ceux qui avaient fait un effort pour apprendre des choses sur elle et qui, de ce fait, lui avaient conféré un sentiment d'identité. Leurs conversations étaient émaillées de remarques telles que « Tu te souviens de ce que je t'ai dit la semaine dernière au sujet de... » plutôt que d'hésitants « Est-ce que c'est à toi que j'ai raconté cette histoire ou à mon copain ? ». Ils se rappelaient les détails de son existence (« Tu as dit que tu étais allée à Strasbourg avec ta grand-mère quand tu étais petite... » ou même un insignifiant « Tu prends deux sucres avec ton thé, n'est-ce pas ? ») et suggéraient ainsi la dimension qu'elle avait acquise dans leur conscience.

Si un homme se souvenait de la façon particulière qu'elle avait de prononcer un certain mot ou de manier sa fourchette, de ses goûts littéraires ou de ses restaurants préférés, cela tendait à prouver, mieux que de coûteuses roses ou de longues déclarations d'amour, que c'était quelqu'un sur l'affection de qui elle pouvait compter. Ce n'était pas seulement par modestie qu'elle préférait entendre un homme lui dire « Ces boucles d'oreilles te vont à ravir, tu les portais mardi dernier, n'est-ce pas ? » plutôt que « Tu sais, tu es la plus belle fille que j'aie jamais connue ».

C'est pourquoi, le jour où Éric lui dit « J'aime regarder la façon dont tu pèles une orange », elle sourit et se sentit étrangement réconfortée par cette remarque. Dans la hiérarchie des choses ayant trait au *moi,* le simple fait de remarquer la façon dont elle pelait une orange lui paraissait beaucoup plus intime, beaucoup plus en rapport avec ce qu'elle était vraiment qu'un compliment peut-être plus spectaculaire, mais moins spécifique.

6. *Être aimé pour ses anxiétés*

Si deux inconnus se rencontrent au cours d'une soirée et s'avouent la difficulté qu'ils éprouvent à parler à des inconnus au cours d'une soirée, cet aveu d'un problème commun lié à une gêne sociale peut lever mystérieusement tout obstacle à une conversation naturelle — la révélation d'un risque de dialogue guindé permettant ainsi d'éviter qu'il ne devienne une réalité.

Les anxiétés font écho aux peurs individuelles suscitées par des pressions et des attentes sociales. Serai-je aussi intéressant qu'il ou elle s'y attend ? Dirai-je ce qu'il ou elle veut entendre ? Répondrai-je à l'attente de ceux que j'aime ?

Parce que ces anxiétés se cristallisent sur la membrane sensible qui sépare l'individu de la société, on imagine le sentiment de solitude du premier quand il ne peut pas les confesser, quand il n'y a personne dans le groupe qui soit capable de comprendre des peurs engendrées par les autres. C'est la solitude que l'on ressent quand on dit à quelqu'un « J'ai une crise d'anxiété » et qu'il répond avec une expression aussi perplexe que cordiale : « Comment ça une crise d'anxiété? Quelle raison peut-il bien y avoir d'être anxieux? » Et parce que nous rions de ce qui nous rend anxieux, une inaptitude à comprendre les anxiétés des autres nous prive d'un sens de l'humour partagé, avec la tournure d'esprit et l'attitude générale que cela implique.

Alice se rappelait que son attirance pour Éric s'était renforcée au cours d'une conversation qui avait porté sur l'adolescence, les boîtes de nuit et les équipes de football.

« Mon Dieu, je me souviens, je faisais partie de ces gens qui détestent danser, avait-elle dit. Pourtant l'idée me plaisait, mais j'étais tellement gênée, la pensée d'aller pour de bon sur la piste de danse me terrifiait. Je me rappelle, il y avait ce garçon dans une colonie de vacances où je suis allée une fois, et il m'a invitée à danser — mais j'étais si nerveuse, j'ai dit non. Je ne sais pas ce que j'ai manqué ce jour-là, ç'aurait peut-être été l'homme de ma vie…

— Je suis bien content que tu aies laissé passer cette chance, avait répondu Éric. Mais je vois ce que tu veux dire avec la danse, on se sent si bête quand on ne sait pas s'y prendre comme il faut… Il y a toutes ces choses qu'on doit faire à cet âge, et on a l'impression d'être un extraterrestre si on n'en a pas envie. C'était pareil pour moi avec les clubs de football. Dans mon lycée, tous les garçons étaient des supporters d'équipes de foot et moi je n'arrivais pas m'y intéresser alors je m'en fichais complètement, mais pendant un moment j'ai été considéré comme une sorte de phénomène. Je me souviens même d'avoir demandé à ma mère si c'était normal de ne pas avoir envie d'encourager le moindre club, s'il n'y avait pas quelque chose qui clochait en moi. »

L'importance de cette discussion sur les boîtes de nuit et les équipes de football tenait au fait que les deux activités en question étaient soumises à une pression sociale de type clanique. Être capable d'avouer son indifférence ou son anxiété, cela revenait à s'affranchir des conventions, à admettre qu'on était mal à l'aise avec un certain nombre de choses avec lesquelles la société estimait qu'on aurait dû être à l'aise, cimentant par là même une alliance fondée sur une identité commune.

7. *Être aimé pour son intelligence*

Le code chevaleresque moderne suggère que la forme la plus noble d'amour est l'amour de l'intelligence. La femme qui présente à ses amies un soupirant dont le physique laisse à désirer peut susciter plus tard une réaction de respectueuse admiration en disant : « Tu sais, Maximilien est un homme *très brillant.* C'est son intelligence que je trouve si fascinante. » Ceux que font plutôt saliver ordinairement un beau corps, une maison richement meublée ou simplement un partenaire serviable et facile à vivre sentiront leur insuffisance à côté de ce parangon d'amour vertueux — l'amour de l'intelligence.

Puisque Alice ne voulait pas être aimée pour son physique, on aurait pu croire qu'elle voudrait être aimée pour son intelligence. C'était le cas dans un sens, mais les choses n'étaient pas aussi tranchées. Beaucoup de gens lui disaient qu'elle était intelligente, parce qu'elle avait été une bonne élève, était allée à l'université et occupait maintenant un poste à responsabilité. Elle reconnaissait elle-même que son esprit avait certaines qualités : elle était bonne en maths, capable d'établir des tables et des graphiques pour les réunions hebdomadaires et de calculer des recettes et des pourcentages par extrapolation. Elle avait aussi une bonne mémoire, et une maîtrise convenable du langage. Mais ce n'était pas pour cela non plus qu'elle voulait être aimée : elle savait qu'une migraine ou une mauvaise humeur pouvait annihiler rapidement ses facultés mentales, et que ce que les autres appelaient son intelligence n'était en réalité qu'une forme d'acrobatie mentale qui avait peu de rapports avec son vrai moi.

De sorte qu'il était peut-être nécessaire de diviser l'esprit lui-même — entre l'intellect d'une part et cette autre substance, plus insaisissable et évanescente, qui vous reste une fois l'opération effectuée.

8. Être aimé pour le simple fait d'exister

Au fond Alice ne voulait être aimée que pour des choses que, logiquement, elle n'aurait pu perdre sans du même coup cesser d'être elle-même. Elle voulait être aimée pour les éléments irréductibles de sa personnalité.

Le temps ou la malchance pourraient lui faire perdre :

a. son physique agréable
b. son travail
c. son argent
d. sa puissance de raisonnement

— et pourtant elle resterait essentiellement elle-même.

Elle voulait donc exclure de tels critères des raisons qu'on pouvait avoir de l'aimer, parce qu'ils étaient extrinsèques à son existence. Ils échappaient dangereusement à son contrôle : séduisants pour l'instant peut-être, mais susceptibles de disparaître un jour — et avec eux, l'amant qui la soutenait de son affection.

On aurait pu établir une analogie entre cette recherche anxieuse des raisons qu'on a d'être aimé et la difficile quête de vérité d'un Descartes. Sa légendaire réponse — le *cogito* — était un outil forgé pour transcender le scepticisme introduit dans la philosophie par Montaigne, Galilée et Gassendi, et qui posait malicieusement la question : « Comment savoir avec certitude si telle ou telle chose existe réellement, si elle est réellement comme nos sens nous la représentent ? » (Laquelle a pour corollaire cette question déprimante qui surgit à trois heures du matin : « Comment savoir si cet amour est authentique, s'il a réellement quelque chose à voir avec *moi* ? »)

Descartes poussa le scepticisme dans ses derniers retranchements et arriva à la conclusion que s'il pouvait en effet douter de beaucoup de choses, il y en avait une dont il ne pouvait absolument pas douter, à savoir, qu'il était en train de penser. Les êtres pensants peuvent douter de tout, de la couleur des arbres à la forme de la Terre, mais ils peuvent avoir la certitude d'exister en percevant leurs propres idées. Ainsi que l'exprime Descartes dans son *Discours de la Méthode,* « même si je résous de feindre que toutes les choses qui me sont jamais entrées en l'esprit ne sont pas plus vraies que les illusions de mes songes… il faut nécessairement que moi, qui les pense, soit quelque chose ».

Le « je pense, donc je suis » ne doit pas être confondu avec son interprétation subséquente, associée à la rationalité (le prétendu « esprit cartésien »). Descartes était loin de suggérer que les gens ne peuvent prétendre exister que s'ils pensent d'une façon rigoureuse et font de hautes études philosophiques. Le *cogito* n'implique aucun jugement de valeur, comme cela pourrait être le cas si on l'appliquait à différentes activités : « J'éprouve quelque chose, donc je suis », « Je joue au badminton, donc je suis », etc. Il exprime seulement le minimum dont on puisse être absolument certain qu'il soit vrai quand tout le reste est considéré comme douteux. C'est une façon d'éliminer les incertitudes jusqu'à ce qu'il ne reste qu'une vérité inattaquable, à partir de laquelle d'autres vérités pourront éventuellement être ressuscitées.

La recherche du vrai critère amoureux suit un processus assez semblable. Le sceptique est alors celui qui juge superficielles et fausses les raisons communément admises qu'on a d'aimer quelqu'un — la beauté, la richesse, l'intelligence ou la force. De tels motifs ne sauraient constituer l'élément irréductible sur lequel on voudrait que se fonde le désir de l'autre, puisqu'ils renvoient à des choses que le temps ou l'infortune peuvent emporter.

Le problème — un problème auquel Descartes s'est heurté aussi, mais qui ne l'a pas tracassé outre mesure —, c'est que lorsqu'on s'embarque dans une opération de ce genre, que ce soit pour trouver LA certitude ou LE vrai critère de l'amour, on s'aperçoit que la réponse finale est tellement spécifique qu'elle en redevient à nouveau très vague. Descartes a douté de tout et s'est rendu compte qu'il ne pouvait douter du fait qu'il était en train de penser — cette unique certitude était merveilleuse en effet, mais que lui apprenait-elle *réellement* sur la nature de la vérité ? Que pouvait-il en faire ? Comment pouvait-il l'appliquer ? Elle était incontestable, mais en même temps elle semblait peu susceptible de favoriser un réel approfondissement du savoir.

Et que restait-il à Alice quand elle excluait tous les critères éphémères de l'amour ? Que lui restait-il comme raison d'être aimée quand elle avait éliminé le corps, l'intelligence et les biens personnels ?

Comme à Descartes, pas grand-chose.

Il lui restait une pure conscience, une pure quintessence d'être, un désir d'être aimée pour le simple fait d'exister.

Il ne fallait donc pas s'étonner si elle continuait à s'acheter du maquillage.

Voyage

Vers la fin du mois d'octobre, Alice et Éric décidèrent de prendre quelques semaines de vacances aux alentours de Noël. L'opiniâtre pluie d'automne, les jours de plus en plus courts et les vents mordants suggéraient tout naturellement un voyage vers des climats plus doux, aussi feuilletèrent-ils des brochures sur l'Extrême-Orient, les côtes de la Thaïlande et de l'Inde, les îles polynésiennes, l'île Maurice et les Seychelles, mais ils finirent par choisir la mer des Caraïbes et un hôtel dans l'île de la Barbade dont le style était décrit comme « décontracté », mais qui avait « tout le confort moderne » et des prix pour le prouver.

Ce projet prit dans leur esprit une dimension mythique. C'était un moment de l'avenir auquel ils pouvaient se reporter quand le présent semblait problématique : s'ils éprouvaient de l'ennui, de l'irritation ou de l'anxiété, mais n'avaient pas le temps d'en rechercher les vraies causes, ces vacances leur apparaissaient comme un remède à leurs maux. Chaque fois qu'Alice pensait au peu de livres qu'elle avait réussi à lire depuis quelque temps, elle en achetait un et l'ajoutait à sa « pile de vacances », qui devint vite si haute qu'il aurait fallu une année de vacances pour en venir à bout. Quand Éric pensait au peu d'exercice qu'il avait réussi à prendre, l'idée de plonger bientôt dans ce que la brochure décrivait comme étant des « eaux turquoise idylliques » apaisait son sentiment de culpabilité. Et parce que leurs horaires de travail respectifs les empêchaient de passer beaucoup de temps ensemble, ils voyaient dans ce voyage impatiemment attendu une occasion de procéder à ce que la brochure appelait éloquemment une « redécouverte mutuelle » (on avait ajouté une photo d'un couple vieillissant levant des verres de champagne sur une véranda d'hôtel pour souligner ce point).

Ils préparèrent leur voyage avec le plus grand soin : ils achetèrent des crèmes solaires et des tee-shirts, des lunettes de soleil et des sandales, des sacs de plage et des romans. Ils se comportaient comme s'ils allaient être partis pendant des mois : le volume de leurs bagages était révélateur d'un désir de répit illimité.

Le Temps — dont l'écoulement se mesure à l'aune du plaisir éprouvé — passa avec une pénible lenteur, mais finalement, en décembre, la date du départ si longtemps attendue arriva. Ils s'éveillèrent de joyeuse humeur, échangèrent des plaisanteries qu'ils trouvèrent drôles uniquement parce qu'ils avaient envie de rire et, à l'aéroport, achetèrent encore d'autres superfluités avant d'embarquer. Ils se sentaient proches l'un de l'autre, les doutes et les questions qui avaient pu s'insinuer entre eux s'étaient envolés. A nouveau ils étaient plus que disposés à trouver l'autre agréable, à faire l'effort de minimiser les frictions. Éric proposa à Alice de porter ses sacs, elle lui demanda s'il voulait lire un de ses livres ou magazines. Quand l'avion roula sur la piste d'envol, leurs doigts s'entremêlèrent et chacun toucha la peau de l'autre avec toute la joie d'un Christophe Colomb découvrant une terre nouvelle.

« Est-ce que ce n'est pas étonnant de penser que dans quelques heures on sera de l'autre côté de la Terre ? dit Éric.

— Je peux à peine l'imaginer, ça semble si irréel…

— Les avions ne sont-ils pas quelque chose de fantastique ?

— Hmmm.

— Pense un peu, cet avion est aussi grand qu'une dizaine de maisons, et pourtant il va traverser le ciel à plus de huit cents kilomètres-heure… »

La voix du commandant de bord leur indiqua la route qu'ils allaient suivre : ils emprunteraient d'abord le couloir aérien M 4 vers Bristol, puis entameraient leur traversée de l'Atlantique et atteindraient la Barbade neuf heures (et des milliers de kilomètres) plus tard. Alice était assise à côté du hublot et elle regarda les ternes banlieues de Londres qu'ils survolaient.

« Mon Dieu, comme je suis contente de quitter tout ça — toutes ces rues horribles et ces nuages et cette pluie.

— Tu es si belle, j'ai envie de te croquer, dit Éric.

— Ne peux-tu pas attendre le déjeuner ?

— Non. Tu es merveilleuse, vraiment. Je ne te le dis pas assez, je sais, mais c'est vrai. Tu es une pastèque succulente, délicieuse, savoureuse et exquise.

— Tu as perdu la boule — tu es fou… » dit Alice en riant tandis qu'il l'attirait à lui et l'embrassait avec assez de fougue pour qu'un steward pourtant blasé le remarquât.

Ils dormirent pendant la plus grande partie du vol et s'éveillèrent alors que l'avion virait à basse altitude au-dessus de l'île, ce qui leur permit d'admirer le contraste entre le vert soutenu de sa végétation et le bleu clair de ses eaux. L'ère des avions à réaction rend l'arrivée abrupte et impressionnante. Quand la porte s'ouvrit, la température s'éleva brusquement ; l'air était humide et sentait la mer. Ils avaient été transportés comme par magie dans une contrée différente. Leur module spatial, l'énorme Boeing 747, écrasait de sa masse les bâtiments de l'aéroport ; les aubes de ses turbines, qui tournaient lentement, ne laissaient rien paraître du formidable effort qu'elles venaient de fournir. Une brise agitait du même côté les feuilles des palmiers, quelques nuages flottaient çà et là dans l'azur du ciel.

« Il fait si chaud, c'est incroyable ! » s'exclama Alice en ôtant prestement autant de vêtements qu'elle le pouvait, tandis qu'ils traversaient le tarmac.

Dans l'aéroport se côtoyaient spectaculairement deux cultures : des Occidentaux impatients et inquiets — des gens assez fous pour songer à construire des tubes géants afin de se propulser à travers le ciel —, et des Antillais moins soumis à la tyrannie du temps, dont les membres se mouvaient avec aisance et langueur. Après avoir voyagé à huit cents kilomètres-heure, les passagers étaient pressés de récupérer leurs bagages et de commencer à profiter de ces vacances qu'ils avaient payées si cher et attendues si longtemps ; le personnel de l'aéroport, quant à lui, avait une conception du temps complètement différente et estimait à l'évidence que « si ça n'arrive pas aujourd'hui, ça pourra toujours arriver demain ».

« Bon sang, quand est-ce qu'ils vont mettre en marche ce tapis roulant ? soupira Éric.

— Relax », répondit Alice en imitant l'accent local et en s'éventant avec le magazine de la compagnie aérienne.

Un minibus les attendait à la sortie de l'aéroport. Le chauffeur — « J'm'appelle David » — les conduisit à l'hôtel, qui se trouvait au nord-ouest de l'île. A la radio, un animateur annonçait des versions rap de chants de Noël et souhaitait à ses auditeurs de joyeuses fêtes. Ils traversèrent la capitale, Bridgetown, dont l'architecture portait encore des traces de l'influence coloniale britannique.

« Est-ce que ce n'est pas étonnant de penser qu'il y a seulement neuf heures on était à Londres ? » dit Alice, qui regardait les rues et les places et s'émerveillait d'un tel dépaysement. Tous les repères familiers étaient absents : les panneaux publicitaires vantaient les mérites de marchandises inconnues, la végétation était luxuriante et d'un vert profond, de vieilles voitures bringuebalaient bruyamment dans les rues défoncées. Il y avait une profusion de couleurs vives : les jardins étaient pleins de bougainvillées, d'hibiscus et de poinsettias orange, roses ou pourpres.

Ils s'arrêtèrent devant l'hôtel et entrèrent dans le hall.

Le réceptionniste les accueillit d'un « Bienvenue à l'hôtel Crusoé » et, après les formalités d'usage, les conduisit à leur bungalow, juste derrière le bâtiment principal ; de là on avait vue sur la mer et on pouvait entendre les vagues déferler doucement sur la large plage de sable fin.

Le climat avait fortement marqué l'architecture : en raison du temps perpétuellement clément, le bungalow n'avait pas de vraies fenêtres, il y avait seulement deux grandes ouvertures dans le mur, dues à des panneaux manquants, qui permettaient à l'air frais de circuler librement. Il n'y avait pas de rigide division nordique entre l'intérieur et l'extérieur, nul besoin de volets, de verrous ou de double vitrage. C'était une architecture ouverte et sans méfiance — et Alice l'aimait instinctivement, elle qui détestait tout ce qui rendait les maisons nordiques pareilles à des tombes.

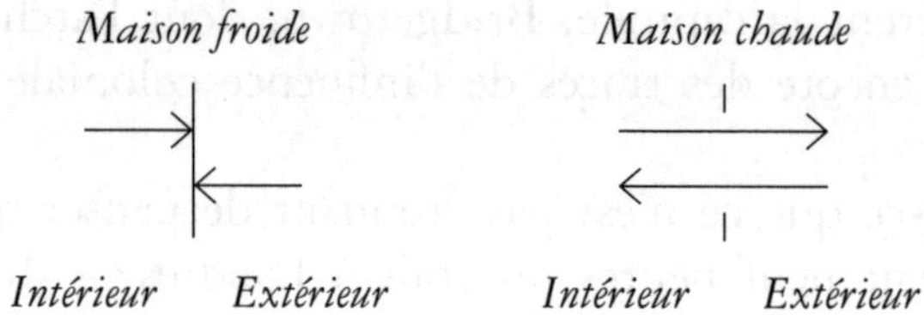

Éric, plus attaché à des limites solides, se mit à chercher un climatiseur, puis il appela la réception, mais on lui répondit que, par décision de la direction, il n'y avait pas un seul de ces appareils dans tout l'hôtel.

Alice se déshabilla, s'enveloppa dans un peignoir qu'elle trouva dans la salle de bains et sortit sur la véranda. Elle sentit l'air sur sa peau et redevint consciente d'un corps si longtemps emmitouflé dans de nombreux vêtements, nécessaire protection contre le cruel hiver anglais.

« Tu viens nager ? demanda-t-elle.

— Non, écoute, j'ai quelques trucs à ranger, répondit Éric dans la chambre.

— Bon, alors j'y vais, je reviens dans un petit moment. »

Sans déballer ses affaires, elle tira d'un sac un maillot de bain et une serviette et se dirigea vers la plage en suivant sur quelques mètres un sentier sablonneux. Elle courut dans l'eau avec force éclaboussures, plongea dès qu'il y eut assez de fond et effectua de vigoureux mouvements de brasse. Après avoir nagé d'un bout à l'autre de la crique, elle revint vers sa serviette et l'étendit sur le sable de façon à capter les derniers rayons du soleil. Fatiguée à présent (à Londres elle aurait été couchée depuis longtemps), elle somnola quelques instants avant de retourner au bungalow.

Elle trouva Éric passablement agité.

« Qu'est-ce qu'il y a ? demanda-t-elle en voyant son air chagrin et renfrogné.

— Putain d'hôtel, ils n'ont pas le bon modem pour mon ordinateur.

— Quel modem ? Pour quoi faire ?

— C'est pour ça que j'ai apporté l'ordinateur.

— Je croyais que tu allais t'en servir pour ta correspondance.

— Ça aussi, mais je l'ai surtout apporté pour le brancher sur le téléphone et recevoir les cours des matières premières — et maintenant ils me disent que ça ne va pas marcher.

— Bah, ne t'en fais pas, ça peut sûrement s'arranger...

— J'en doute. C'est une catastrophe. Et la douche ne marche pas bien non plus. »

Alice soupira et s'assit sur le bord du lit. Le voyage, et le bouleversement dans les habitudes qu'il entraîne, n'étaient manifestement pas des choses pour lesquelles Éric était fait. Si l'agent de voyages qui leur avait vendu ces vacances à Londres avait promis que la prise de téléphone serait compatible avec le modem de l'ordinateur, il était essentiel que cela se vérifiât dans les faits, et dans le cas contraire cela méritait un gros accès de mauvaise humeur.

Éric était habitué aux hôtels pour hommes d'affaires, où il était sûr de trouver une chambre équipée d'un grand poste de télévision et d'un ou deux téléphones à touches, un service de blanchissage efficace, une réception obligeante et une salle de bains sans cheveux qui traînent et sans eau trouble. La chaîne d'hôtels qu'il préférait était la Transcontinentale, qui était représentée dans toutes les grandes villes : il y avait un hôtel Transcontinental à New York et à Hong Kong, à Bombay et au Cap — et un client déposé dans le hall d'un de ces établissements n'aurait sans doute jamais pu deviner (toute question de langage mise à part) dans quel pays il se trouvait. Tout y était conçu pour minimiser les différences et pour rassurer les clients : malgré les rickshaws et les temples à l'extérieur, ils pouvaient encore faire le 9 et demander qu'on leur monte du café au lait et des croissants au petit déjeuner. C'était une philosophie qu'exprimait clairement le slogan publicitaire du groupe : *Transcontinental - pour se sentir partout chez soi.*

On pourrait diviser ceux qui vont à l'étranger en deux catégories :

✈ Les *touristes* ont une tournure d'esprit réfractaire aux surprises — ils peuvent aimer la nouveauté, une belle pyramide ou une plage agréable, mais seulement si elle correspond à ce à quoi ils s'attendaient. Ils détestent le doute, l'incertitude, l'ambiguïté, ils veulent que le menu du jour soit clair et compréhensible, ils supportent mal les incertitudes que peuvent susciter un plat au curry, une émotion ou un fruit exotiques, préférant s'en tenir aux idées et aux images formées dans un fauteuil avant d'arriver à l'aéroport. Le narrateur de Proust est peut-être le plus célèbre touriste de la littérature moderne : il rêve, pendant de nombreuses pages de la *Recherche,* d'aller à Venise, une ville qu'il a entièrement construite dans sa tête à partir des matériaux fournis par l'art pictural et la littérature. Cette ville imaginaire lui est tellement familière qu'il repousse sans cesse le moment d'y aller, redoutant de mettre le rêve à l'épreuve de la réalité, comme le touriste qui visite un pays sans jamais quitter des yeux les pages de ses guides *Fodor* et *Michelin.*

✈ Les *voyageurs,* quant à eux, se déplacent avec moins d'idées préconçues et sont moins affectés si ces idées sont contredites par les conditions qu'ils trouvent sur le terrain. La différence réside dans l'attitude que l'on a envers l'inconnu. Tandis qu'Éric détestait l'élément de surprise que représentait une prise de téléphone inadéquate, cela ne gênait pas Alice si l'hôtel où elle logeait se révélait différent de celui de la brochure — elle était heureuse au contraire d'abandonner ses habitudes, elle pouvait renoncer aux corn flakes et manger du poisson séché au petit déjeuner si les coutumes locales l'exigeaient.

Et pourtant, si nous cherchons à dégager une analogie avec l'amour, nous devons reconnaître qu'Alice éprouva ce jour-là vis-à-vis d'Éric un peu le même mécontentement que celui qu'il éprouva vis-à-vis de l'hôtel — elle pressentit que, sur le continent de l'amour, elle était peut-être elle-même une touriste. Elle aussi souffrait d'un manque de curiosité quand il s'agissait de confronter le rêve à la réalité, de s'aventurer hors de son enclos et de chercher à savoir ce qui se passait au juste dans le territoire de son amant, car elle n'osait pas penser qu'il manquait peut-être à l'homme qui, croyait-elle, avait tout, des éléments de confort aussi essentiels qu'un modem destiné à faciliter la communication.

Lectures

Alice, assise au bord de la plage, se demandait « Est-ce que j'ai mis du numéro 6 sur mes épaules ou du numéro 4 ? » C'était la première journée de bronzage au paradis (bien que l'Éden eût été perdu), et elle la salua d'un soupir légèrement mélancolique, qui se ressentait encore un peu de la fatigue du décalage horaire. Ce n'était pas une vie facile, si l'on songe au perpétuel équilibrage de crèmes solaires plus ou moins protectrices, à la rotation des chaises longues pour rester dans l'axe du soleil, à la nécessité d'exposer tour à tour le ventre et le dos, à la tension qui accompagnait les inévitables espoirs — « Est-ce que mes cheveux sont vraiment en train de blondir ? » —, le besoin compulsif de jeter un coup d'œil sur ses mèches chaque fois que le soleil était caché par un nuage… Une brise légère soufflait de la mer, et près du portail de l'hôtel un grand Noir taillait une haie. Mais le travail devait être fait. Alice tendit le bras pour prendre son baladeur et y inséra une cassette. Une voix chanta :

Loving you ain't always right
But baby, lovin' is the only light

Éric et elle s'étaient éveillés de bonne heure, car ils n'avaient pas l'habitude de dormir dans une pièce où l'on pouvait entendre aussi distinctement les oiseaux s'agiter dans les branches dehors, sans parler des averses tropicales nocturnes qui s'abattaient bruyamment sur le toit couvert de feuilles de palmier.

L'humeur d'Éric était revenue au beau fixe, et ils avaient passé un moment agréable sur la terrasse principale de l'hôtel où était servi le petit déjeuner. Avant que le soleil ne fût très haut dans le ciel, ils avaient déjà traversé plusieurs fois la crique à la nage et étaient revenus à leurs chaises longues pour se sécher.

« Tu veux bien me passer mon livre ? demanda Éric en appliquant de l'Ambre solaire sur ses jambes.

— Oui, où est-il ?

— Dans mon sac. Le Denis O'Donoghue. Sous la serviette. »

Éric lisait beaucoup de livres écrits par des auteurs qui avaient des noms comme Denis O'Donoghue, d'épais volumes pleins de héros qui combattaient dans des guerres mercenaires, manœuvraient des sous-marins nucléaires, faisaient l'amour dans des hôtels exotiques et descendaient en hélicoptère dans des canyons granitiques.

Alice le taquinait souvent au sujet de ses lectures. « Pourquoi passes-tu ton temps à lire des bouquins qui feraient paraître *Superman* intellectuel en comparaison ? »

Éric, peu réputé pour l'humour de ses réactions, avait tendance à répondre quelque chose dans le genre « Je les lis parce qu'ils sont distrayants, légers et pourquoi tout le monde devrait-il passer son temps à lire des conneries introspectives et narcissiques ? »

Les « conneries » en question faisaient directement allusion à la sorte d'ouvrages qu'Alice avait commencé à lire depuis quelque temps — ouvrages qui avaient bien failli lui coûter un supplément pour excédent de poids lors de l'embarquement pour la Barbade. Leurs couvertures étaient vivement colorées et portaient des titres comme *Apprendre l'intimité, Le bonheur dans le couple* ou *Mieux on aime, mieux on vit.* De tels livres pourraient paraître incongrus au lecteur qui se souvient de la méfiance d'Alice à l'égard du langage-à-l'intérieur-de-l'amour, mais sa foi en une compréhension intuitive s'était suffisamment affaiblie depuis quelque temps pour que leur présence fût justifiée — elle se comportait en l'occurrence comme le cuisinier « intuitif » qui décide de jeter malgré tout un coup d'œil dans un livre de recettes pour vérifier les quantités de farine et de sucre nécessaires.

A les regarder ainsi, allongés côte à côte sur leurs chaises longues, elle lisant *Se comprendre et comprendre l'Autre,* lui plongé dans sa lecture d'*Opération Commando,* une distinction venait tout naturellement à l'esprit entre deux approches littéraires.

Lire pour échapper à soi-même

A moins que les lecteurs d'*Opération Commando* n'eussent eux-mêmes passé plusieurs décennies dans la division balkanique des services secrets, voyagé à Moscou en qualité d'espion pendant les années Khrouchtchev, possédé une connaissance approfondie de l'intérieur d'une centrale nucléaire, su comment désamorcer une charge de plastic et été fascinés par les rouages du trafic des armes en Afrique, il n'y avait pas grand-chose, dans ce livre, qui risquât de leur rappeler la texture et le sens de leur propre vie. Il était fort bien documenté pour tout ce qui concernait de telles activités, mais extrêmement hâtif et superficiel lorsqu'il s'agissait de décrire le genre d'expérience humaine que les lecteurs avaient vraisemblablement eu l'occasion de vivre. On leur expliquait comment utiliser une mitraillette Uzi ou abaisser le train d'atterrissage d'un F-16, mais quand le moment venait d'évoquer l'abaissement de cet autre train d'atterrissage, l'auteur balayait d'une phrase d'éventuelles complexités émotionnelles ou physiques en vous informant abruptement que le héros (avec sa « barbe de plusieurs jours montrant qu'il ne s'était pas rasé depuis qu'il avait fait le point de sa mission avec Mac à bord du destroyer ») « pressa ses lèvres contre les lèvres frémissantes de Bernice et serra vivement ses fesses soyeuses entre ses doigts ».

Dans le monde d'*Opération Commando*, personne n'était jamais préoccupé par la mort, miné par l'ennui ou déprimé sans raison précise. On n'a guère le temps de se ronger les ongles en se demandant si le téléphone va sonner quand on a perpétuellement une opération à mener contre des trafiquants de drogue colombiens, quand on a encore une tentative de détournement d'avion à déjouer et qu'il ne reste que vingt minutes avant que la bombe placée sous le Parlement n'explose. Curieusement, personne dans ce monde-là ne semblait jamais envahi par un sentiment de vague insatisfaction en parcourant des yeux un wagon de train de banlieue (les « vies de tranquille désespoir » de T.S. Eliot), personne ne se demandait jamais « Pourquoi est-ce qu'il ne m'arrive jamais rien d'intéressant ? » ou « Est-ce que cela va continuer ainsi jusqu'à mon dernier jour ? » ou simplement « A quoi diable tout cela rime-t-il ? ».

Et par conséquent les lecteurs qui auraient pu être troublés par de telles questions, comme peut-être devrait l'être tout individu (chacun doit mourir un jour, et comme l'a fait remarquer Montaigne, la mort force chacun de nous à devenir un peu philosophe), ces lecteurs se voyaient épargner les tourments — autant qu'ils étaient privés des joies — de l'introspection.

Bien qu'Éric lût beaucoup de livres, on aurait pu dire sans se montrer injuste que cette activité était dénuée de toute curiosité, car il ne lisait pas pour découvrir des choses, mais essentiellement pour éviter de tomber dessus. Il ne cherchait pas à se retrouver dans ce qu'il lisait ; s'il éprouvait une certaine peur, il ne voulait surtout rien lire qui eût un rapport avec cette peur. En revanche, la peur d'un trafiquant d'armes africain poursuivi par une unité d'élite des Marines pouvait lui apporter un certain soulagement — c'était certes une peur, mais pas *sa* peur.

Sans doute y avait-il une tension dans des livres comme *Opération Commando,* mais c'était une tension sans danger parce que dépourvue de toute portée psychologique et donc personnelle. Éric pouvait soulager son anxiété en suivant les péripéties d'une guérilla dans le Sud-Est asiatique — ce qui lui évitait d'avoir à résoudre des conflits tout aussi complexes mais moins lointains. Il avait toujours estimé que le processus introspectif « narcissique » ne servait à rien et n'avait survécu dans la structure génétique de l'espèce que par une anomalie de l'évolution comparable en superfluité à la rate ou à l'appendice.

On aurait pu s'attendre qu'Alice le suive sur ce terrain. Pourtant, si portée à la rêverie qu'elle fût, elle cherchait. Ses problèmes n'avaient pas tué sa curiosité.

Elle était assez perturbée pour avoir des problèmes auxquels penser, mais pas assez perturbée pour être complètement incapable d'y penser.

Lire pour se trouver soi-même

Les livres s'adressent rarement aux lecteurs aussi directement que peut le faire un interlocuteur de chair et de sang, néanmoins nous connaissons tous des œuvres qui semblent nous « parler ». Plutôt que de nous entraîner dans des expéditions spatiales vers des trous noirs, ils renoncent aux plaisirs des voyages intergalactiques pour tenter de décrire des états d'âme et des situations d'une dimension plus humaine et plus personnelle. Un premier baiser, la faim, la lumière par une froide journée d'automne, des sentiments d'isolement social, de jalousie, d'ennui — tout cela, sous la plume d'un auteur habile et honnête, peut susciter en nous quelque chose d'analogue à la surprise qu'on éprouve en se reconnaissant soi-même. L'auteur a trouvé les mots qu'il fallait pour décrire des impressions que nous croyions être les seuls à ressentir, et — comme lorsque deux amants sont tout émus de découvrir des ressemblances entre eux — le lecteur peut lever un instant les yeux de son livre et s'exclamer : « Mon Dieu, quelqu'un d'autre ressent cela aussi ! Et moi qui pensais être le seul à... »

Et fugitivement, assis dans un train qui traverse une campagne crépusculaire ou dans un avion pendant un vol de nuit, le lecteur peut avoir le sentiment que sa solitude est allégée, il se rend compte qu'il est relié à quelque chose de plus vaste que lui-même, à l'humanité, il éprouve soudain un élan de solidarité et de compréhension envers ses compagnons de voyage et tous ceux qu'il a jusque-là traités en étrangers — un instant enivré à la pensée que les ressemblances entre les autres et lui l'emportent sur les différences.

Alice ne lisait certes pas de la grande littérature, allongée sur sa chaise longue antillaise. *Se comprendre et comprendre l'Autre* n'avait aucun des critères qu'on nous apprend à associer avec les œuvres classiques. Ses phrases étaient directes jusqu'à la brusquerie, et maladroitement construites. L'auteur n'avait aucune prétention à l'objectivité, mais cherchait à établir avec le lecteur une sourcilleuse familiarité, en lui demandant sans façon : *Est-ce que vous vous souvenez d'avoir pensé, sur les genoux de votre mère, que… ?* ou bien *Avez-vous jamais pensé que tous les gens auxquels vous vous intéressez ne s'intéressent pas à vous ?* Mais *Se comprendre et comprendre l'Autre* avait aussi une mission morale à accomplir, celle qui consistait à dire au lecteur quelque chose qui changerait sa vie, et à le faire sans la respectable incompréhensibilité des grandes œuvres morales de la philosophie classique. Au pinacle de la vulgarité, avec tout le franc-parler d'un manuel d'entretien automobile, l'auteur conseillait au lecteur : *Essayez de vous rappeler de demander à votre partenaire ce qu'il ou elle a en tête la prochaine fois que…*

Un préjugé bien pardonnable s'attache à la sorte de littérature qui nous « dit » quelque chose trop directement. Stendhal a comparé le fait d'introduire des idées dans un roman à un coup de feu tiré dans une salle de concerts, et même en dehors du monde très convenable du roman-salle de concerts, il est jugé préférable de voiler les idées comme le reste — de les rendre assez abstraites pour qu'elles deviennent de la philosophie sartrienne, de la poésie symboliste ou un film scandinave.

Pour reprendre la métaphore stendhalienne, l'auteur du livre d'Alice tirait à la mitraillette dans une salle de concerts (bien que ce ne fût pas un roman), car dans le chapitre qu'elle était en train de lire et qui était intitulé « Réaliser son potentiel », on trouvait des phrases comme :

Nous menons presque tous des vies qui ne nous permettent pas de nous exprimer pleinement. Il y a en nous plein de choses que nous voudrions dire et faire, mais que pour une raison ou pour une autre nous ne parvenons jamais à exprimer ou réaliser...

Alice pensait qu'un livre ne valait la peine d'être lu que s'il pouvait, d'une façon ou d'une autre, l'aider à vivre. Elle se rendait donc coupable de ce qui était peut-être le plus grand péché qu'un lecteur puisse commettre avec un livre aux yeux du critique littéraire cultivé — elle voulait en retirer quelque chose. Après tout, un lecteur ne devrait rien *vouloir,* les livres ne *servent* à rien — les aspirateurs et les pompes à huile servent à quelque chose, mais n'y a-t-il pas un consensus en faveur de l'art pour l'art? On se souvient de Nabokov tournant en dérision ceux qui lisent des romans dans l'espoir d'en apprendre quelque chose. En apprendre quelque chose! N'est-ce pas aussi ridicule que d'essayer de calmer sa faim en mangeant du caviar?

Mais Alice n'avait que quelques heures à consacrer à la lecture chaque semaine, et elle voulait lire des livres qui eussent un rapport avec ses préoccupations, des livres dont elle pouvait appliquer sans effort excessif les situations et les descriptions à son environnement matériel et social — ceux qui « feraient mouche », qui exprimeraient ce qu'elle avait ressenti mais n'avait pas pu formuler elle-même. Elle cherchait, dans les expériences des autres, une formulation plus habile de ses propres expériences. Ce n'était pas nécessairement une concordance physique qu'elle recherchait (elle n'allait pas laisser de côté un livre simplement parce que l'histoire se déroulait à Barcelone alors qu'elle vivait à Londres, ou parce qu'il y était question d'un homme alors qu'elle était une femme), mais plutôt une concordance psychologique. Sans doute était-ce l'histoire de quelqu'un d'autre qui la captivait, mais c'était sa propre histoire qui (si indirectement que ce fût) en serait éclairée.

Elle était, en ce sens, beaucoup plus égocentrique qu'Éric. Justement parce que le *moi* de ce dernier (celui auquel renvoie l'injonction « Connais-toi toi-même ») ne pouvait l'intéresser très longtemps, il ne ressentait pas de perte ou de dispersion quand il s'abandonnait à son penchant pour les rudes safaris dans la brousse kenyane, les descentes de l'Amazone en pirogue ou les survols de banquises polaires en ballon. Mais Alice ne pouvait pas se projeter dans des situations si éloignées de ce qu'elle connaissait. Cela ne l'intéressait pas de lire le énième récit « fort » et « poignant » d'une enfance et d'une adolescence difficiles à Liverpool, ni le énième portrait « élégant » et « impressionnant » de dix générations d'une riche famille du sud des États-Unis ou encore le récit « âpre et véridique » d'un jeune homme refoulé découvrant son homosexualité dans un bar de New York.

Elle voulait se « trouver elle-même ». C'était sa formule, et malgré sa syntaxe confuse et peut-être incorrecte, elle reflétait quelque chose de ce qu'elle recherchait dans ses lectures. Elle voulait mieux comprendre pourquoi elle ressentait certaines choses, pourquoi elle aimait et pourquoi elle haïssait, pourquoi elle était déprimée et pourquoi elle était heureuse, ce que cela signifiait d'être une femme ou d'être un homme, comment deux personnes pouvaient communiquer et pourquoi, si souvent, elles n'y parvenaient pas. Elle voulait lire des histoires dont les personnages éclaireraient ses propres expériences, des personnages en quête d'amour et de sens au sein du chaos quotidien, et dont le sort se révélerait être, dans la mesure du possible, raisonnablement heureux.

« Avant que tu réussisses à te trouver pleinement toi-même et peut-être même à me trouver aussi, que dirais-tu d'une piña colada? demanda Éric en se redressant sur sa chaise longue et en levant ses lunettes de soleil et ses sourcils.

— Oh! c'est très gentil, ça me plairait beaucoup, répondit Alice en posant son exemplaire de *Se comprendre et comprendre l'Autre.*

— Parfait, alors je vais en chercher au bar de l'hôtel. Je reviens dans une minute. »

Elle le regarda traverser la plage en direction de l'hôtel; les premiers signes de bronzage apparaissaient sur son corps musculeux.

Il est vraiment adorable, se dit-elle — ce qui était particulièrement ironique si l'on songeait qu'à peine une minute plus tôt elle avait pensé à l'énorme différence qui semblait exister entre ses relations avec Éric et les relations idéales décrites dans son livre de conseils psychologiques.

Jovialisme

Éric revint avec deux verres en forme de poire emplis d'un liquide blanc crémeux surmonté d'une petite ombrelle orange.

« Le barman est un type du tonnerre, vraiment sympa, ici on l'appelle R.J. Il va souvent à la pêche apparemment, il me parlait d'un barracuda qu'il a attrapé hier.

— Ah oui ?

— Et il dit qu'ils vont organiser une grande fête de Noël sur la plage, il y aura de la danse et des costumes et ce genre de chose.

— Ah.

— Est-ce que ce n'est pas formidable ?

— Oui, sûrement.

— Mmmm, cette boisson est fantastique, c'est certainement la meilleure piña colada que j'aie jamais bue. Comment tu la trouves ?

— Ouais, elle est bonne. Un peu trop sucrée peut-être.

— Trop sucrée ? Mais non…

— Un peu trop pour mon goût.

— Je ne pense pas du tout qu'elle soit trop sucrée, elle est parfaite.

— Peu importe… »

Des lignes soucieuses apparurent sur le front d'Alice et attirèrent l'attention d'Éric.

« Qu'est-ce qu'il y a ?

— Rien. Je pensais seulement à quelque chose.

— Est-ce que tout ça n'est pas fabuleux. La plage et tout le reste.

— Oui.

— Il faudrait être fou pour ne pas être heureux dans un endroit pareil, tu ne crois pas ?

— Ça dépend…

— Je pense que ces vacances vont être merveilleuses du début à la fin.

— Elles ne sont pas encore finies.

— Je sais, mais je suis sûr qu'elles vont être super. »

Depuis son accès de mauvaise humeur au sujet du modem le premier soir, Éric n'avait cessé de manifester un enthousiasme quasi obsessif. Tout était « merveilleux » et « fabuleux », « fantastique » et « formidable ». Alice était belle, le temps n'aurait pu être meilleur, la nourriture était délicieuse, l'hôtel était excellent, c'était le paradis.

Alice redoutait toujours un peu les occasions où l'on est en quelque sorte tenu d'être heureux, anniversaires, fêtes, réunions de famille ou mariages. Elle avait du mal à apprécier les choses quand elle y était plus ou moins contrainte : avant de pouvoir commencer à penser qu'une chose était merveilleuse, il fallait avoir la possibilité de déclarer qu'elle était affreuse. Rien ne la déprimait plus que l'insistance avec laquelle on lui rappelait qu'elle devait nager dans le bonheur.

Cependant, le point de vue d'Éric était à l'évidence qu'il était un homme heureux passant des vacances enchanteresses et qu'il n'avait donc aucune raison d'éprouver autre chose qu'une satisfaction permanente. Sans doute avait-il eu un ou deux sujets de mécontentement, mais il n'allait pas s'appesantir sur de tels détails s'ils ne cadraient pas avec l'image satisfaite qu'il avait de lui-même.

Le problème d'Alice était très difficile à appréhender, car il tournait justement autour de son impuissance à dire à Éric que, si bien disposée qu'elle fût à son égard, elle avait besoin qu'on la laissât au moins envisager la possibilité que les choses ne fussent pas parfaites. Pour qu'elle pût effectivement voir dans cette île un paradis, il fallait qu'elle eût d'abord une petite chance d'y voir autre chose.

Mais elle n'avait guère le choix en la matière.

« Qu'est-ce qui ne va pas? demanda Éric, détectant un certain manque d'enthousiasme devant un bac plein d'anguilles lors de la visite d'un aquarium cet après-midi-là.

— Rien, je suis juste un peu fatiguée.

— Mais on a dormi douze heures...

— Tu as raison, ça va aller mieux dans une minute. »

Alice avait souvent admiré la façon dont son amie Suzy et son copain Matt traitaient les difficultés qui surgissaient entre eux. Leur liaison était orageuse, émaillée de violentes ruptures et de réconciliations passionnées. A la moindre provocation, ils s'accusaient mutuellement de tous les crimes : « Espèce de salaud, s'écriait-elle, je t'ai vu flirter avec elle toute la soirée! — Dis plutôt que c'est *toi* qui flirtais avec lui, espèce de garce sournoise et hypocrite! » rétorquait-il avant de sortir en claquant la porte.

Les premières fois qu'elle avait assisté à de telles scènes, Alice s'était bien sûr inquiétée pour eux, supposant que deux personnes qui se hurlaient ainsi des insultes au visage couraient à la catastrophe. Mais quelques instants seulement plus tard ils étaient rabibochés et Suzy lui disait « Tu sais, il est adorable, c'est vraiment un ange » — comme si ce n'était pas elle qui l'avait accusé des crimes les plus impardonnables dix minutes plus tôt. Cela ne semblait pas les gêner de se mettre en colère l'un contre l'autre pour s'aimer à nouveau tout de suite après, ils acceptaient tout naturellement cette brusque alternance.

« A côté de nous, Roméo et Juliette ont l'air flegmatiques, remarquait Suzy. Toujours à nous crier dessus et puis à nous bécoter de nouveau comme des pigeons... Mais on forme une bonne équipe, vraiment. »

Ce scénario de ruptures et de réconciliations passionnées constituait peut-être pour eux une façon de surmonter une peur latente, celle de perdre l'amour ; ils jouaient la comédie afin de contenir le danger d'un vrai drame. C'était comme de mentionner un mot tabou, et d'atténuer par là même son pouvoir magique. En rompant tant de fois, Suzy pouvait rendre cette expérience familière et donc moins menaçante : cela intégrait la fin de l'amour dans la relation amoureuse — comme dans le cas de celui qui cherche à repousser la peur de la mort en mimant joyeusement les contorsions des victimes de crises cardiaques.

Cette reconnaissance des problèmes, Alice en était frustrée avec Éric. Ils s'étaient un peu disputés le premier soir à l'hôtel, mais cet événement aurait eu du mal à trouver naturellement sa place dans un contexte de moments plus joyeux et de piña coladas tout simplement délicieuses... Éric avait une conception idéalisée de lui-même et de leurs relations qui faisait que les inévitables difficultés ne pouvaient être honnêtement reconnues en tant que telles.

Il évoquait de ce fait un certain phénomène psychologique que l'on pourrait appeler le *jovialisme* — et dont il n'était nullement la seule victime en ce lieu de villégiature. Le personnel américain qui s'occupait du restaurant de l'hôtel en fournissait d'autres remarquables exemples.

« Hello, comment ça va aujourd'hui les amis ? » leur demanda la serveuse lorsqu'ils prirent place sur la véranda de l'hôtel ce soir-là pour dîner. « Je m'appelle Jackie et c'est moi qui vais vous apporter tout ce dont vous aurez besoin ce soir.

— Merci, répondit Alice, incertaine quant au fait de savoir si elle devait se présenter à son tour.

— Pas d' quoi, fit la serveuse. Parmi les spécialités du jour il y a du calamar, du bar, et du homard absolument dé-li-cieux. »

Le visage de Jackie était figé en un sourire qui faisait paraître essentiel de proclamer que chaque plat était un véritable triomphe culinaire, de façon à ne pas laisser ce miracle d'énergie musculaire faciale s'effondrer et révéler ce qui aurait peut-être été une horrible souffrance.

Bien qu'évidemment les sentiments heureux soient toujours désirables, on aurait quelque peine à assimiler le jovialisme au bonheur. Tandis que l'être heureux sourit parce qu'il ou elle a un *choix* en la matière, parce que le coucher de soleil est beau ou que son amant(e) vient de l'appeler au téléphone, les jovialistes sont heureux simplement *parce qu'ils ne peuvent pas être malheureux,* parce qu'ils souffrent d'une rigide inaptitude à intégrer le bon et le mauvais.

Il y avait quelque chose de cela dans la farouche détermination avec laquelle Jackie maintenait l'athlétique énergie de son sourire, et dans les remarques dont Éric fut prodigue pendant le dîner — « Ce homard est fantastique ! » « Est-ce que ce ne sont pas des vacances de rêve ? » —, bien que l'expression de son amie, s'il l'avait un tant soit peu examinée, aurait peut-être suggéré quelque chose de différent.

Pendant leur séjour, Alice et Éric nouèrent des relations d'amitié avec un couple originaire de Miami. Éric avait rencontré le mari, Bob, dans la salle des fax, où ils avaient tous les deux retiré des documents envoyés par leurs bureaux respectifs, et il s'était lié d'amitié avec lui et sa femme, Daisy. Bob et Daisy étaient des avocats qui fêtaient leur troisième anniversaire de mariage sur l'île (un exploit digne d'être célébré comme il convient dans certains milieux). Ils avaient visité l'Angleterre l'année précédente, se déclaraient résolument anglophiles et étaient charmés par tout ce qu'Alice et Éric voulaient bien dire.

Bob avait une énergie irrépressible : il organisait des matchs de basket-ball sur la plage, des parties de ping-pong et des tournois d'échecs le soir, des excursions dans les îles voisines et des expéditions vers des récifs isolés pour faire de la plongée sous-marine. Ni lui ni sa femme ne prenaient jamais un seul jour de repos, et Éric affirmait que c'étaient les clients les plus amusants de l'hôtel, des gens avec qui il reprendrait volontiers contact lors de futures visites aux États-Unis.

Quand Alice tenta de plaisanter en disant que le sourire de Bob était presque aussi permanent que celui de la serveuse Jackie, Éric s'emporta :

« Pourquoi faut-il que tu sois toujours aussi cynique envers les gens ? Pourquoi ne peux-tu pas simplement les apprécier et les traiter comme ils te traitent ?

— Je ne leur ai rien fait de mal, je remarque simplement que… eh bien, qu'ils ont perpétuellement l'air si enjoué… J'ai demandé à Daisy comme elle allait aujourd'hui, et elle a répondu "Oh ! si *merveilleusement* bien…"

— Je ne te comprends pas, je ne sais pas ce qui t'a rendue si amère. »

Le commérage suppose une confiance réciproque : une personne se sent libre de s'y livrer quand elle sent qu'elle a en face d'elle quelqu'un qui peut comprendre ses réserves ou ses objections. C'est une activité qui exige une certaine complicité ; deux individus quittent le groupe principal et ouvrent leur petit sac de commérages : « Est-ce qu'elle n'est pas un peu bizarre ? Tu ne le trouves pas très froid ? Tu as vu ses faux cils ? Est-ce que c'est une perruque ? Est-ce qu'elle a hérité de cet argent ? » Le refus, de la part d'Éric, de s'associer aux remarques d'Alice constituait donc un report symbolique de loyauté ; il suggérait quelque chose comme : « J'ai plus confiance en mes nouveaux amis Bob et Daisy qu'en toi. Je ne vais pas jouer à ce petit jeu des médisances avec toi, car ma loyauté est maintenant ailleurs. »

Le soir de Noël, un barbecue géant fut organisé sur la plage et on fit venir un orchestre de reggae pour divertir les clients de l'hôtel. La direction avait décidé que ce serait une soirée costumée et les clients qui évoluaient à présent autour d'un feu de joie arboraient des déguisements plus pittoresques les uns que les autres. Bob et Daisy avaient revêtu des costumes indiens dans lesquels se mêlaient les religions et les sexes — ils portaient tous les deux des turbans sikhs, des saris et des points rouges sur le front —, tandis qu'Éric s'était affublé d'un pagne végétal et d'une chemise hawaiienne. Alice les regardait danser autour du feu, bras dessus, bras dessous, en levant la jambe comme des danseuses de french cancan.

Si Alice ne mêlait pas sa voix à celle des fêtards qui chantaient autour du feu, c'était parce qu'elle avait tendance à souffrir d'une variante du complexe de Nuremberg en de telles occasions. En regardant tous ces gens chanter joyeusement, elle songeait avec quelle facilité les foules qui chantent peuvent passer de *Vive le vent* au *Deutschland über alles.*

Bob s'approcha d'elle.

« Allons, mon chou, dansons, dit-il d'une voix empâtée par un excès de punch.

— C'est gentil, Bob, mais pas maintenant.

— Allons, mon ange, pourquoi pas ?

— Eh bien, mon contrat avec le London Ballet me l'interdit. Je ne peux pas danser en public sans leur permission.

— Vous dansez pour le London Ballet ?

— Mais oui, vous ne le saviez pas ?

— Allons donc !

— Bien sûr.

— Ah ! Je pense que vous me faites marcher.

— Je pense que vous avez peut-être raison, Bob.

— Ha ! vous autres Anglais, vous êtes si drôles ! »

Il ne faudrait pas croire que les jovialistes constituent un groupe humain terne et ennuyeux : grâce à leur enthousiasme et à leur énergie, d'innombrables fêtes — de Noël ou autres — ont pu être organisées, et la vie de la communauté enrichie. Pourtant il y a quelque chose de singulier dans l'humour jovialiste, un certain sérieux lié à la mentalité du groupe, qui fait penser aux « saines distractions » d'une troupe de scouts ou d'une équipe de hockey scolaire.

Si faiblarde que fût la plaisanterie d'Alice au sujet du London Ballet, le fait que Bob avait mis un peu plus longtemps à en saisir l'ironie qu'il n'aurait pu le faire était significatif. Bien que les jovialistes trouvent beaucoup de choses drôles, il en est une qu'ils ont tendance à ne jamais trouver drôle : eux-mêmes. Attachés qu'ils sont au succès et au sérieux des activités dans lesquelles ils sont engagés, leur capacité d'ironie est nécessairement réduite. Ils peuvent rire des gens qui glissent sur des peaux de banane, mais sont nettement plus réticents quand il s'agit de s'autodénigrer, de reconnaître que leur propre personne et le projet humain dans lequel ils sont impliqués sont profondément imparfaits et parfois absurdes.

L'idée qu'Éric et Bob, en dépit de leur jovialisme, étaient peut-être foncièrement dépourvus d'humour, était venue subitement à Alice cet après-midi-là au cours d'une conversation sur les ordinateurs. Après le déjeuner, Éric avait mentionné le fait qu'il était venu avec son ordinateur portable, et Bob avait dit qu'il avait aussi apporté le sien. Ils étaient alors retournés les chercher dans leurs bungalows pour se les montrer. Celui de Bob était plus petit, mais celui d'Éric avait l'écran couleur le plus plat qu'on eût jamais fabriqué et une alarme antivol.

« Ceci a révolutionné ma vie, avait dit Bob de sa petite boîte grise. Il y a dix ans, quand j'ai commencé à me servir de ces engins, il fallait un énorme appareil de bureau pour faire ce qu'on peut faire avec ce petit truc-là. C'est incroyable la puissance qu'ils arrivent à mettre dans ces puces maintenant. Et bientôt ces machines auront l'air de dinosaures. On est à la veille d'une formidable révolution informatique.

— Je pense que vous avez raison, avait répondu Éric, ce n'est qu'un début. Toutes les sphères d'activité humaine vont être transformées par la technologie. Dans quelques années, tout le monde pourra communiquer à l'aide d'ordinateurs qui enverront des informations au moyen de fibres optiques. Tout sera électronique, le papier et l'encre disparaîtront, et les gains de productivité seront énormes. »

Il fallait s'attendre qu'un silence respectueux suivît de telles prédictions sur l'avenir de la technologie. Les imperfections de l'existence s'estomperaient sous l'influence des lasers, des puces et des fibres optiques. Le monde entrerait dans une ère qui rendrait tout ce qui l'avait précédée archaïque — une pâle imitation des possibilités humaines. Quant à ceux qui inclinaient à croire que leur vie ne changerait pas, même s'ils possédaient un ordinateur de la taille d'une miette de pain, on pouvait s'attendre que la promesse de cette bienheureuse Jérusalem technologique les réduise au silence.

Mais le scepticisme d'Alice était plus tenace, et c'est peut-être pourquoi elle avait demandé à Bob et à Éric si les gens s'écriraient encore des lettres d'amour après cette grande révolution informatique.

« Ne dis pas de bêtises, avait répondu Éric — lequel avait perçu, mais n'acceptait pas son ironie (certes peu inspirée, elle le reconnaissait elle-même).

— Bien sûr, Alice, avait dit Bob — qui, lui, n'avait rien perçu du tout —, ils le feront au moyen des ordinateurs. Si par exemple vous voulez écrire à Éric, il vous suffira de taper son numéro, et peut-être même que sans composer le texte, rien qu'en pensant une lettre d'amour, un message pourra lui être envoyé — c'est-à-dire, quand ils auront réussi à connecter les neurones aux machines de traitement de données. »

Éric avait été très impressionné par la technologie du Boeing 747 dans lequel ils avaient pris place pour venir à la Barbade. Il avait parlé de vitesse de croisière et de résistance à l'air, d'ailerons et de radars, de moteurs Rolls-Royce et de poussée inversée, il avait montré du doigt l'aile de l'appareil et remarqué : « C'est une merveille de précision technologique. » Alice reconnaissait qu'il était en effet remarquable de pouvoir aller de Londres à la Barbade dans une machine volante géante en une demi-journée, mais son enthousiasme avait des limites. La précision technologique n'allait pas changer les choses essentielles. Elle ne pouvait pas oublier que cette aile de Boeing avait été assemblée à Seattle par des gens qui n'étaient au fond que des singes évolués, qui trompaient leurs femmes ou leurs maris, se mettaient stupidement en colère, éprouvaient des sentiments de jalousie, de rivalité ou d'insécurité, déféquaient quotidiennement et mourraient un jour.

L'ironie était chez elle une réaction instinctive pour combattre les dangers des diverses catégories — technologique et autres — d'*importance* dénuée d'humour (et donc, d'une certaine façon, cruelle). C'était l'épingle qu'elle sortait pour dégonfler les baudruches du sérieux — lequel constituait une tendance toujours présente.

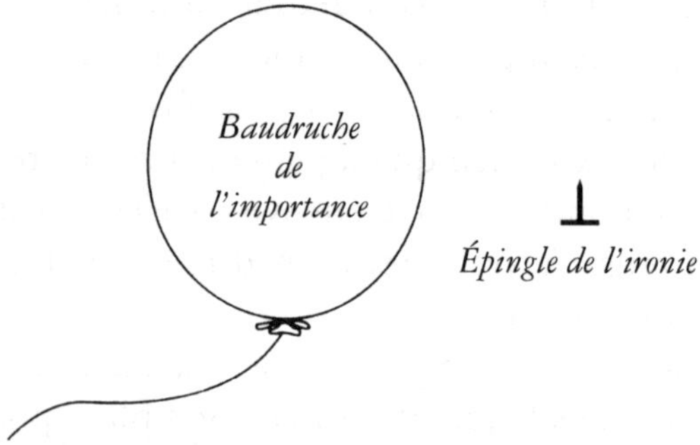

La veille il y avait eu un tournoi de ping-pong en double à l'hôtel et ils s'y étaient inscrits, Éric et elle, en tant que partenaires. Quelques coups adroits de la part d'Alice n'avaient pu faire longtemps illusion, et après un bon début, il était devenu évident qu'ils n'iraient pas très loin dans le tournoi. Parce qu'il avait espéré faire une bonne impression et peut-être atteindre les quarts de finale (dont les participants avaient droit à une boisson gratuite au bar), Éric s'était montré de plus en plus irrité par la maladresse d'Alice, au point qu'elle avait dû lui dire à un moment donné : « Ne t'en fais pas, la plupart des gens qui ont remporté le tournoi de Wimbledon avaient raté leur coup ici, alors je ne pense pas que ta carrière soit déjà finie.

— Concentre-toi, tu loupes tous tes coups en biais.

— Ce n'est qu'un jeu.

— C'est ce que disent tous les perdants », avait répliqué sèchement Éric, manifestement peu disposé à crever la baudruche du sérieux.

En regardant Bob, Éric, Daisy et les autres danser autour du feu de joie le soir de Noël, Alice constatait à nouveau que l'absence de sens de l'humour n'empêche nullement les gens qui se prennent trop au sérieux de rire. De fait, ils peuvent rire bien plus fort que d'autres, mais c'est un rire qui reste coupé de la plus riche source d'humour — à savoir, la reconnaissance de leur propre absurdité.

Il était seulement regrettable qu'il y eût une seule chose sur laquelle Alice avait le plus grand mal à exercer son humour ou son auto-ironie, et que cette chose se trouvât être l'amour.

Plongée, Rousseau et « tu penses trop »

De retour au bungalow cette nuit-là, après qu'ils eurent fait l'amour, Alice posa doucement sa tête sur l'épaule d'Éric et lui demanda : « A quoi penses-tu ?

— Hmmm ?

— A quoi penses-tu ?

— A rien.

— Rien du tout ?

— Non, pas vraiment. »

On pouvait entendre le vent agiter les feuilles des arbres, l'air était humide avant la lourde averse nocturne. Le regard d'Alice se tourna vers la véranda et se posa sur la lune qui éclairait de ses rayons la petite baie.

« Où penses-tu que tout ceci va nous mener ?

— Alice, il est une heure et demie du matin.

— Et alors ?

— Alors on ne va pas s'embarquer dans ce genre de discussion maintenant. Pourquoi faut-il que tu compliques toujours tout ? Qu'est-ce que tu veux savoir ? Pourquoi je ne t'ai pas demandée en mariage ? »

Il se tourna de l'autre côté du lit et recala sa tête sur l'oreiller.

« Tu ne me regardes jamais quand on fait l'amour.

— Alice, est-ce qu'on ne peut pas laisser ça jusqu'à demain s'il te plaît ? Je suis crevé. »

Le lendemain matin, Alice dit à Éric d'aller prendre son petit déjeuner sans elle, car pour sa part cela ne lui disait rien. Quand il revint de la salle à manger de l'hôtel, il la trouva encore au lit, absorbée dans la lecture des dernières pages de *Se comprendre et comprendre l'Autre.*

« Alice, il faut te préparer, sinon on va être en retard. Bob et Daisy vont nous attendre à l'embarcadère dans dix minutes.

— Je ne suis pas sûre d'avoir envie de faire de la plongée sous-marine aujourd'hui.

— Tu as dit hier que tu voulais y aller.

— Ce n'est pas vrai : tu as seulement supposé que je voulais y aller parce que tu ne m'as pas entendue dire le contraire.

— Qu'est-ce que je suis censé faire ? Lire tes pensées ?

— Non, mais tu pourrais peut-être quelquefois me demander ce que je pense ?

— Pourquoi es-tu si agressive ce matin ? Détends-toi, veux-tu ? »

(Éric disait souvent à Alice de se détendre, surtout quand il était lui-même la cause de ce qui l'empêchait de le faire. Le choix de ce verbe n'était pas fortuit. Éric aurait pu dire « Calme-toi, veux-tu… », mais se calmer implique un élément de responsabilité auquel permet d'échapper une simple suggestion de se détendre. L'irritation de la personne qui se *calme* est légitime, tandis que la personne à qui on dit de se *détendre* apparaît comme ayant réagi de manière excessive à une situation objectivement anodine — particulièrement lorsque le conseil en question est donné sur un ton condescendant.

On pourrait établir un parallèle entre l'antique injonction grecque « connais-toi toi-même » et cette autre, plus contemporaine, « détends-toi ». De même que la personne rationnelle et lucide était le modèle envié des anciens Grecs, la relaxation est le nouvel idéal psychologique occidental. La différence étant que la maîtrise de la raison des Grecs impliquait un effort pour surmonter quelque chose — les passions — au nom d'une vie rationnelle, tandis que l'injonction de se relaxer implique seulement la nécessité de relâcher ses muscles pour pouvoir passer une soirée plus confortable devant la télévision. On peut se détendre de la même façon qu'on dort, c'est un état passif, moins un répit qu'une pause.)

« Putain non, je ne vais *pas* me détendre !

— Et pourquoi pas ? Bon sang, Alice, qu'est-ce que tu veux ?

— Je veux savoir pourquoi je dois toujours créer une crise avant que tu commences à poser ce genre de question.

— Quel genre de question ?

— Ce que je peux vouloir. Ce que tout ça signifie. Où ça nous mène. »

Éric regarda la mer par la fenêtre. C'était une journée superbe, presque sans vent mais encore assez fraîche pour être agréable. La végétation luisait après la pluie de la nuit et des oiseaux plongeaient leur bec effilé dans des fleurs à longue tige dont il ignorait le nom.

Il ressentit une bouffée de ressentiment à l'égard d'Alice et de son offensive psychologique. Il n'aimait pas les questions et se sentait oppressé par l'insistance avec laquelle elle les posait. Il avait envie d'aller nager.

« Pourquoi est-ce que tu ne veux jamais parler? demanda Alice.

— Parce que ça ne vaut rien de trop parler de certaines choses.

— Pourquoi ?

— Parce que. D'ailleurs on va être sérieusement en retard si tu ne commences pas à te préparer tout de suite.

— Non, vas-y, dis-moi pourquoi.

— Tu veux aller faire de la plongée ou non ?

— Je ne sais pas.

— Il faut te décider maintenant.

— Dans ce cas, je n'irai pas. Vas-y tout seul.

— Nom d'un chien, tu es vraiment barbante quand tu t'y mets ! » lança Éric d'un ton brusque en allant chercher une serviette et un tube de crème solaire dans la salle de bains. « Tu sais quel est ton problème, Alice ? Tu compliques tout — tu penses trop. Très bien, d'accord, reste ici toute la journée si tu veux, je suis sûr que tu vas t'amuser comme une folle. Après tout zut, ce n'est pas mon problème si tu rates quelques-uns des plus beaux paysages sous-marins de toutes les Caraïbes ! »

Et sur cette ultime tentative pour susciter une envie aquatique, Éric sortit en trombe du bungalow. Ses tongs aux pieds, il traversa la véranda en bois et descendit le sentier sablonneux qui menait, à travers les arbres, à l'embarcadère. En chemin il salua le jardinier de la main.

« Comment ça va l'ami ? fit ce dernier. Belle jou'née pou' la plage...

— Pour sûr », répondit Éric à la manière américano-antillaise, sur un ton de bonhomie presque agressive.

L'irritation d'Éric à l'égard d'Alice était peut-être compréhensible. Il voulait aller nager et faire de la plongée sous-marine, il voulait des vacances insouciantes, vraiment insouciantes, et (comme ce pauvre vieux Charles Bovary) il se retrouvait avec une femme boudeuse et maussade sur les bras. Il ne fallait donc pas s'étonner s'il lui disait qu'elle pensait trop.

On a souvent dit que les souffrances et les problèmes provoquaient la pensée. Par exemple, je ne sens pas mon petit orteil jusqu'au moment où je heurte un pied de table et redeviens aussitôt vivement conscient de son existence. Je ne pense à mon orteil ou à des choses plus importantes que lorsqu'ils deviennent en quelque façon problématiques ou douloureux pour moi. Cet argument psychologique correspond au modèle :

$$\textit{Problème/Douleur} \xrightarrow{\textit{mène à}} \textit{Pensée}$$

Si peu contestable que cela paraisse, il existe un contre-argument très répandu qui voit dans la pensée non une *réaction* à une souffrance ou un problème, mais bien plutôt sa *cause* et son origine. L'équation est alors inversée :

$$\textit{Pensée} \xrightarrow{\textit{mène à}} \textit{Problème/Douleur}$$

Pour faciliter les choses, on peut qualifier le premier argument d'*intellectuel,* et le second de *naturaliste.*

Hamlet pensait-il tellement parce qu'il avait des problèmes, ou avait-il des problèmes parce qu'il pensait tellement ?

L'intellectuel répondrait que les cogitations de Hamlet étaient provoquées par ses problèmes plutôt qu'elles ne les provoquaient, un argument qui trahit une conviction implicite selon laquelle c'est encore en appliquant sa pensée à un problème qu'un être humain a le plus de chances de le résoudre — la conviction d'un Chamfort quand il dit *la pensée console de tout**.

Le naturaliste, en revanche, verrait dans ces cogitations une sorte de maladie qui précède et engendre les problèmes qu'ensuite elles sont censées résoudre. Penser est alors une forme d'hypocondrie psychologique — ce n'est que lorsque Hamlet *pense* qu'il souffre qu'il souffre réellement. Le naturaliste conseillerait donc au prince de se livrer à une activité mentale minimale, afin que les choses puissent retourner à la simplicité et à l'aisance spontanées que la raison a détruites.

Le naturalisme a soutenu, tout au long de sa glorieuse histoire, que les choses qui arrivent sans que l'homme et sa raison n'interviennent sont bien supérieures à celles que pollue une civilisation envahissante. Une cascade naturelle au cœur des Alpes suisses est supérieure au rigide classicisme du jardin du Luxembourg; le simple bon sens d'un fermier au teint rougeaud a plus de choses à nous apprendre que les grandes œuvres philosophiques, une carotte qui a poussé sans engrais dans la nature a meilleur goût que celle qu'on trouve dans le commerce, une émotion non entravée par la réflexion est plus riche et plus profonde que sa cousine soumise à l'analyse.

Rousseau fut peut-être le premier et le plus vénéré défenseur de cette position naturaliste et ne ménagea pas ses attaques contre ces produits de la civilisation que sont le luxe, l'art, la science, le gouvernement moderne et la pensée. Paradoxalement pour quelqu'un dont les œuvres complètes comptent plus de douze volumes, il était d'avis que les livres donnent aux gens des maux qu'ils ignoraient avoir, disant en substance : « Avec l'instinct seul, l'homme avait tout ce qu'il lui fallait pour vivre en l'état de nature ; et avec un entendement développé, il a tout juste assez pour supporter la vie en société. » Nos premières impulsions sont toujours les bonnes, déclarait-il, seuls la vie sociale et l'intellect nous ont privés de nos vertus naturelles. Il prenait l'exemple d'un meurtre commis sous les fenêtres d'un philosophe, qui n'a qu'à argumenter un peu avec lui-même pour prévenir une identification naturelle avec l'infortunée victime. Par contraste avec ce douteux intellectuel, Rousseau affirmait sportivement que « l'honnête homme est un athlète qui aime lutter nu ».

Bien qu'il ne luttât pas nu (et ne goûtât que de temps en temps aux joies du ping-pong), Éric, par tempérament, inclinait fortement vers le second de ces deux modèles, c'est-à-dire le naturalisme. Cela ne veut pas dire qu'il aimait la nature — il allait rarement à la campagne, et quand il le faisait, ce qu'il voyait ne le touchait pas vraiment. Bien loin d'adorer la « vie simple », il voulait bénéficier des télécommunications modernes et des installations sanitaires dernier cri, et il n'était pas du genre à s'attendrir à la pensée des légumes cultivés sans engrais ou des jardins laissés à l'état sauvage. Il s'agissait plutôt dans son cas de naturalisme émotionnel — l'idée qu'il vaut mieux que les sentiments restent libres de toute entrave analytique. Mais encore une fois, il faudrait se garder d'y voir une sorte de mysticisme assoiffé de communion spirituelle, contrastant avec l'intérêt plutôt terre à terre que manifestait Alice pour la philosophie la plus pratique. Il ne se recueillait pas pour percevoir ses frémissements intimes avec la contenance silencieuse et respectueuse de certains publics écoutant du Chopin ou du Schubert. Son attachement au naturalisme émotionnel se limitait à la manière qu'il avait d'expliquer — plutôt que d'affronter — la sorte d'émotions désagréables qui lui faisaient l'effet de grincements d'ongles sur un tableau noir.

Quand il devinait qu'Alice éprouvait l'équivalent émotionnel de grincements d'ongles sur un tableau noir (comme justement ce matin-là), sa réaction prenait la forme d'un diagnostic et non d'une aide, et son diagnostic la forme d'une accusation naturaliste d'activité cérébrale excessive. Il suggérait ainsi que les tourments d'Alice n'étaient pas chez elle une fatalité, mais simplement le résultat temporaire et extrinsèque d'un excès de cogitation. Ils ne pouvaient pas plus être considérés comme son problème (et donc celui d'Éric) que le comportement fantasque d'une personne agissant sous l'influence d'une drogue — une manœuvre explicative analogue à la très commode suggestion de Rousseau selon laquelle les maux de l'humanité n'ont rien de naturel et ne sont que le produit de la civilisation et de l'argent, du commerce et de l'histoire.

On pourrait, moins généreusement, voir dans le naturalisme émotionnel d'Éric une variété de *bon-sensisme,* un attachement à un ensemble d'idées réductrices tendant à suggérer que la simplicité est l'essence de la sagesse, la vérité « évidente » et donc en deçà de l'analyse. Sous le prétexte d'appeler un chat un chat, les bon-sensistes appelleraient volontiers tous les petits animaux à quatre pattes des chats, parce que la différenciation implique un effort trop grand — le réductionnisme passant alors pour une clarification.

Si on demande à un bon-sensiste pourquoi il y a des guerres ou pourquoi les gens tombent amoureux ou cessent d'aimer ou font une foule de choses banales mais infiniment complexes, on apprend que tout cela est parfaitement simple et normal. Le bon-sensisme considère que telle ou telle situation échappe à l'analyse non en raison de sa *complexité,* mais de son excessive *simplicité,* de sa pure *évidence.* Si Éric n'avait pas envie de discuter avec Alice, ce n'était pas, se disait-il, parce que les choses entre eux étaient trop compliquées, mais au contraire parce qu'elles étaient trop élémentaires pour qu'ils perdent leur temps et leur salive à en parler.

Sa conception de la psychologie humaine impliquait que tant que les gens ne mouraient pas de faim, n'étaient pas à la rue ou n'avaient pas été amputés d'une jambe, leurs problèmes étaient plus ou moins fictifs et ne valaient donc pas d'être longuement analysés. Cela pouvait aider à comprendre pourquoi, le lendemain de leur arrivée à la Barbade, il avait qualifié ce que lisait Alice de « conneries introspectives narcissiques ». Utilisant un argument assez curieux, étant donné qu'ils étaient en vacances, Éric condamnait ses livres non parce qu'ils étaient simplistes et écrits avec condescendance, mais parce qu'ils pouvaient procurer un plaisir excessif, une variété impardonnable de plaisir, la variété narcissique.

Mais en quoi l'introspection était-elle plus « narcissique » que, par exemple, la plongée sous-marine ou la consommation de piña colada? En ce qu'elle suggérait précisément un plaisir nombriliste avec soi-même, une forme de masturbation (toujours la cousine louche du coït), et se ressentait encore de l'ancienne condamnation religieuse du moi (quand saint Augustin divisa le monde, il déclara que deux amours avaient créé deux cités, « l'amour du moi, au mépris de Dieu, la Cité terrestre, l'amour de Dieu, au mépris du moi, la Cité céleste » —

un thème repris par Pascal dans son très peu narcissique *le moi est haïssable**).

Aux yeux d'Éric, penser à soi-même était bien pire que savourer une glace, parce que cela évoquait une séance de vaniteuse contemplation devant le miroir. Cela supposait bien sûr que l'on admirait l'image reflétée dans le miroir : ce n'est que lorsqu'on se juge soi-même merveilleux que l'introspection devient une affaire extatique, une activité véritablement narcissique, un passe-temps qui vous amène à dire en soupirant d'aise : « Comme je suis intelligent ! Et est-ce que je ne suis pas gentil et aimable aussi ? Et spirituel ? Sapristi, je suis tout simplement génial ! » Éric n'avait pas réfléchi que, pour Alice, l'introspection était peut-être un exercice très différent et beaucoup moins agréable.

Alice aussi pouvait se montrer enthousiaste à l'égard d'une conception naturaliste des choses. Elle adorait la campagne, aimait faire de la plongée, prenait toujours soin d'acheter des ingrédients sans additifs, donnait de l'argent pour la sauvegarde des baleines, et était furieuse quand elle lisait qu'on envisageait de bétonner un autre bout de paysage. Nous pouvons aussi nous souvenir de sa prédilection pour une compréhension intuitive et de son agacement devant la pauvreté du langage amoureux (« C'est si agréable d'être ici avec toi... »). Ce n'était pas non plus quelqu'un qui aimait compliquer les choses à plaisir — mais elle savait qu'une simplification pouvait constituer autant une réduction qu'une clarification.

La veille, pendant le déjeuner, Éric et elle avaient parlé de Josh, un ami avec qui il avait eu récemment une discussion assez vive. Éric avait expliqué : « Ce n'est pas qu'il ne m'ait pas contrarié. Je ne voudrais pas être contrarié à cause de lui, parce qu'il n'a rien fait consciemment pour me contrarier. Pourtant, son comportement a contribué à me contrarier, bien que je ne sois pas certain de pouvoir le rendre responsable de ce que je ressens, étant donné que ce n'est pas forcément ce qu'il voulait que je ressente, puisqu'il ne sait pas que je suis contrarié…

— Tu veux dire que tu es furax.

— C'est vrai », avait répondu Éric, surpris de constater qu'un autre savait mieux que lui ce qu'il éprouvait en l'occurrence.

Et puis il y avait une autre sorte de simplification, la réduction qu'effectuait Éric quand Alice lui demandait pourquoi ça ne valait rien de trop penser et qu'il répondait simplement « parce que ».

Si elle n'avait eu aucun problème dans ses rapports avec Éric, elle aurait été la dernière à demander « où cela les menait », ou à le critiquer parce qu'il ne voulait pas en parler, ou à rater une occasion exceptionnelle de faire de la plongée sous-marine. Mais puisque ces difficultés s'étaient présentées, son seul recours avait été de contrarier Éric et de renoncer à la plongée de la matinée pour pouvoir suivre quelques-uns des poissons multicolores et étrangement menaçants qu'elle sentait évoluer dans sa conscience.

Adolescence

Daisy et Bob attendaient Éric près de l'embarcadère, auquel était attaché un petit canot pneumatique qui appartenait au barman R.J. Celui-ci devait les emmener vers un récif voisin, où ils plongeraient et admireraient les coraux et les poissons exotiques. Ils avaient apporté des serviettes, des appareils photo, un panier à provisions et une caisse de bière et de boissons gazeuses.

« Salut Éric ! Alice ne vient pas ? lança Bob d'un ton enjoué quand il le vit arriver.

— Euh, non, vous savez comment elles peuvent être..., répondit Éric.

— Et comment ! » fit Bob avec un clin d'œil — une façon d'en appeler au mythe immémorial d'une difficulté naturelle inhérente aux femmes, un mythe qui absout commodément les hommes de tout rôle causal dans leurs problèmes.

Tandis que le canot prenait de la vitesse et mettait le cap à l'est, les trois passagers, assis sur un petit banc en bois à l'arrière, regardèrent le moteur labourer l'eau de son hélice.

« C'est une chic fille, remarqua Daisy en retenant son grand chapeau de paille qu'un vent jaloux menaçait d'emporter.

— Ouais, vraiment super », fit Bob en écho.

Il y eut un silence — une hésitation avant les propos plus ou moins médisants qu'ils s'apprêtaient à tenir. En restant à terre, Alice leur avait signifié un rejet pour lequel elle pouvait s'attendre à être punie d'une façon ou d'une autre.

« Depuis combien de temps avez-vous dit que vous vous connaissiez tous les deux ? demanda Daisy.

— Oh, ça doit faire presque un an maintenant.

— C'est épatant, dit Bob sans raison apparente.

— J'imagine que tous les couples traversent des périodes difficiles, philosopha Daisy en se cantonnant dans une abstraction lourde de sens. Cela demande du temps et des efforts.

— Et aussi beaucoup de maturité.

— Quel âge avez-vous dit qu'elle avait, Alice ?

— Vingt-quatre ans.

— Et vous, quel âge avez-vous ?

— Trente et un. Presque trente-deux en fait, je les aurai en février.

— Ouais, eh bien, Bob et moi ne rajeunissons pas non plus, dit Daisy. A nous deux on a un peu plus de soixante-dix ans maintenant, pas vrai, Bob ?

— Sûr !

— C'est une très gentille fille de toute façon », conclut Daisy, révélant inconsciemment avec son « de toute façon » un désir antérieur d'ajouter quelque chose de sensiblement moins aimable.

Le fait qu'Alice avait quelque huit ans de moins que lui n'avait jamais gêné Éric jusque-là; d'ailleurs il avait toujours préféré les filles plus jeunes, ce qui faisait dire à ses amis qu'il les « prenait au berceau ». Outre ce qu'il appelait leur « corps gracile », ce qui l'attirait peut-être en elles, c'était le fait qu'elles lui permettaient de donner à certains avantages que le temps apporte naturellement un caractère d'accomplissement personnel. La maturité acquise par un homme de trente et un ans, simplement parce qu'il a été sur terre pendant un laps de temps suffisamment long, peut impressionner une fille de vingt-quatre ans habituée à la plus grande maladresse d'hommes plus jeunes.

Éric faisait preuve d'une admirable assurance dans ses rapports avec les gens. De nombreux voyages et un contact permanent avec les autres lui avaient conféré une aisance et une autorité certaines dans les salles de conférences et les restaurants, les hôtels et les bureaux. Cela lui donnait une impression de maturité qui était simplement le résultat d'un hasard chronologique.

Des différences d'âge ou de race peuvent contribuer à créer une position de supériorité artificielle : l'ouvrier allemand s'envole pour la Thaïlande et, à cause d'un avantage historique lié à une économie forte et un taux de change intéressant, se comporte comme le millionnaire qu'il a l'impression d'être. Un Anglais lourdaud débarque dans une petite ville américaine et, en raison simplement de son accent exotique, peut y être accueilli comme quelqu'un de plaisamment original et raffiné.

« Elle peut être encore très adolescente par certains côtés, reprit Éric au bout d'un moment. Parfois elle a des sautes d'humeur, elle devient très introspective, et il n'y a vraiment pas grand-chose que je puisse faire.

— C'est tout à fait une question d'âge, confirma Daisy. Elle est à un moment difficile de sa vie : elle est au début de sa carrière professionnelle, elle doit faire des choix, essayer d'envisager toutes les options, et cela peut être dur pour n'importe qui. Je me rappelle, quand j'avais son âge, j'étais absolument infernale ! Je changeais toujours d'avis, je ne savais pas ce que je voulais, je mettais mes petits amis à la torture. Tu sais, Bob, tu as de la chance de ne pas m'avoir connue à ce moment-là, tu aurais dû en passer par où en passe ce pauvre Éric... »

Éric ne protesta pas quand les problèmes d'Alice furent présentés comme étant les conséquences d'une étape chronologique particulière. Il était soulagé de voir que l'accent était mis sur l'étape plutôt que sur le problème, de cette façon les chamailleries et les bouderies semblaient être dans la nature des choses plutôt que dirigées contre une faute qu'il aurait commise. Il ne pouvait s'être mal comporté, puisque, quoi qu'il fît, à cause de la période délicate qu'elle traversait, Alice serait difficile de toute façon. Ses griefs n'étaient que les sous-produits de son évolution personnelle. Elle pouvait dire « Nous ne nous comprenons pas comme nous le devrions », mais ce message de surface ne signifiait pas grand-chose, car ce qu'elle voulait dire en réalité c'était : « Je suis à ce stade de ma vie où il est naturel que j'éprouve le besoin de demander à un amant si nous nous comprenons comme nous le devrions... »

Quels que fussent les mérites de l'accusation de type « adolescence », celle-ci réduisait d'un seul coup à presque rien les complexités des souffrances humaines. Eût-elle été étendue aux grandes œuvres de la littérature que tous les critiques littéraires du monde se seraient retrouvés sans travail. Quelle était la clef de la personnalité et du comportement de Hamlet, de Raskolnikov ou du jeune Werther ? L'angoisse adolescente, bien sûr. Et *quid ?* de don Quichotte ou de Humbert Humbert ? La crise de la quarantaine, naturellement. Ou encore de cette chère vieille Anna Karénine ? Très simple en vérité — syndrome prémenstruel et hormones déréglées.

Misogynie

Si quelqu'un avait accusé Éric de misogynie, il aurait trouvé cela choquant et déplacé. Non seulement il reconnaissait qu'une telle attitude était socialement inacceptable, mais il agissait concrètement pour affirmer les compétences des femmes. Dans sa banque, il avait plaidé vigoureusement en faveur de droits égaux et tout fait pour que des femmes entrent au conseil d'administration. Il ne tarissait pas d'éloges sur leur plus grande efficacité et disait volontiers en souriant à sa secrétaire qu'elle pouvait abattre le travail de cinq hommes à elle toute seule. Parmi ses amis il y avait beaucoup de femmes, auprès desquelles il jouait le rôle de mascotte et de confident. Mais quelle que fût la sincérité de son admiration, il était essentiel pour lui de savoir qu'il pouvait la prodiguer à partir d'une position de supériorité. Il pouvait se permettre d'être généreux envers les femmes en raison précisément d'une croyance plus fondamentale et rassurante en leur infériorité (ironiquement, rien n'aurait pu mettre mieux en évidence sa croyance intime que les hommes et les femmes n'étaient pas égaux que son zèle à améliorer leur statut au bureau).

Cet attachement à la supériorité masculine peut sembler contradictoire si l'on se rappelle qu'Éric préférait Alice quand elle était forte. Quel besoin avait-il d'être supérieur alors qu'il était d'autant plus satisfait d'Alice qu'elle était plus indépendante et réussissait mieux ? Une définition plus précise de la force et de la faiblesse sera sans doute nécessaire ici, car il se pouvait qu'il y eût pour Alice deux façons distinctes d'être forte, et qu'Éric ne fût à l'aise qu'avec l'une d'elles seulement.

Il y avait d'abord ce qu'on pourrait appeler la *force autonome,* correspondant à cette sorte d'attitude confiante et accommodante qu'adoptait Alice quand elle était de bonne humeur et maîtrisait les aspects dominants de sa vie. Au lieu de rester maussadement enfermée avec un livre, elle prenait part à des expéditions sous-marines (réelles ou métaphoriques) et charmait tous ceux qui l'approchaient. C'était l'Alice dont Éric aimait dire avec fierté qu'elle était destinée à devenir une des femmes d'affaires britanniques les plus en vue, la femme qui lui rappelait la profondeur de l'attachement qu'il lui portait quand elle lui adressait un clin d'œil affectueux au cours d'une soirée ou lui tirait effrontément la langue au beau milieu d'un dîner un peu trop cérémonieux.

Et puis il y avait une autre sorte de force qu'on pourrait appeler la *force olympienne,* par référence au célèbre tableau d'Édouard Manet exposé pour la première fois à Paris au Salon de 1865. En cette occasion, l'*Olympia* provoqua un scandale dans le monde de l'art et fut aussitôt condamnée pour obscénité et immoralité par les critiques. Manet fut accusé d'avoir parodié et caricaturé les genres picturaux traditionnels en donnant à son modèle une pose vulgaire et incongrue. Mais ce qui chagrinait les critiques en réalité, ce n'étaient pas tant des transgressions formelles qu'un sujet dont ils pouvaient beaucoup moins parler, à savoir l'expression du modèle, Victorine Meurent. Jusque-là, l'art (masculin) du nu féminin avait presque toujours représenté le modèle dans une attitude à la fois séduisante et docile : dans un boudoir ou un jardin à l'ancienne, la femme qui était montrée nue semblait attendre qu'un homme prenne l'initiative et son expression ressemblait à celle d'une fille de quinze ans peu farouche mais délicieusement pudique. Le visiteur pouvait saliver devant la belle nymphe, tout en paraissant seulement occupé à contempler le Grand Art avec toutes les pures intentions que l'ère préfreudienne attachait à une telle activité. C'était la tradition picturale de la *Vénus d'Urbino* de Titien, dont Manet a fait une esquisse dans sa jeunesse, et qui montrait une femme douce et innocente et pourtant visiblement prête à se livrer au coït avec le visiteur dès qu'il en aurait envie; il pouvait la dénuder complètement du regard et la corrompre à loisir, sans avoir à se soucier de ses goûts et de ses besoins.

Le cas d'Olympia était complètement différent : ce n'était manifestement pas une fleur timide et délicate, mais une femme sûre d'elle et consciente de ses propres désirs. Si quelqu'un devait prendre une quelconque initiative, ce serait sans doute plutôt elle qu'un visiteur mâle, et l'expression que Manet avait rendue en peignant ses yeux et sa bouche suggérait qu'elle pourrait même ajouter une petite plaisanterie ou deux (drôles pour elle, dévastatrices pour lui) dans lesquelles il serait question de taille ou de performance.

Le genre de force dont Alice semblait parfois faire preuve aux yeux d'Éric avait quelque analogie avec la menace contenue dans l'expression de Victorine Meurent — mais dans son cas cette menace était moins sexuelle qu'émotionnelle. Ce qu'il redoutait en elle, c'était son désir de le dépouiller de ses subterfuges, sa tendance à lui poser des questions telles que « Qu'est-ce que tu attends de cette liaison ? » ou « Pourquoi est-ce que tu ne me regardes jamais quand on fait l'amour ? ».

Il se sentait menacé par un aspect des femmes que l'on pourrait appeler (eu égard à son expérience personnelle plutôt qu'aux relations hommes-femmes en général) une maturité affective supérieure. Il en voulait à Alice de lui poser toutes ces questions, de tenir à « mettre les choses au clair », de lui demander ce qu'il ressentait ou pourquoi il agissait de telle ou telle manière. Elle attendait de lui quelque chose qu'il aurait préféré donner à son heure, elle était comme l'Olympia de Manet qui prenait sexuellement l'initiative avec des hommes habitués à contrôler eux-mêmes le processus de séduction. Dans ces moments-là il la trouvait inquisitrice, exigeante et (bien qu'il lui fût impossible de l'admettre) un peu effrayante. Il se retirait dans sa coquille, rechignait à répondre et aurait quitté la pièce en courant si cela avait été possible. Au lieu de quoi il changeait de sujet de conversation, mettait la musique plus fort ou prétendait avoir un coup de fil à donner. Quelque part au fond de lui-même il y avait l'idée qu'Alice était dangereusement plus mûre et sage que lui, qu'elle pouvait, dans ses moments les plus lucides, voir en lui ce qu'il craignait d'être — un roi nu.

Chaque homme a une mère avant d'avoir une amante — dans ce sens, chaque homme fait l'expérience de l'omnipotence de la mère vis-à-vis de l'enfant vulnérable avant que des rapports plus égaux (voire inversés) soient établis. La mère d'Éric avait été une femme de caractère, dont, enfant, il avait eu un peu peur. Elle avait élevé quatre fils avec une immense énergie ; c'était une personne éminemment pratique, habituée à retrousser les pantalons, à soigner les petites maladies et à faire des confitures et des gâteaux. Elle avait aussi été quelque peu étouffante — toujours à se tracasser, à se demander avec inquiétude si ses fils avaient assez de cache-col ou de pull-overs, s'ils avaient pris leurs médicaments ou fait leurs devoirs.

Tout cela avait suscité en Éric un vif désir d'indépendance, et il avait beau porter maintenant des costumes et des boutons de manchettes, donner des pourboires aux chauffeurs de taxi et avoir des cartes de visite professionnelles dans son portefeuille, son attitude envers les femmes était encore un peu celle du petit garçon qui, devant l'entrée de l'école, repousse la mère qui essaie de lui donner un baiser et de boutonner son manteau.

A l'âge de sept ans, il avait voulu, un jour de février, aller jouer dans la neige au bord d'un affluent de la Tamise avec ses frères aînés. Sa mère, craignant pour sa santé, avait dit au « Petiot » (comme on l'appelait dans la famille) qu'il se remettait tout juste d'une grippe et devrait donc rester à la maison. Mais comme elle était partie pour la journée, il était quand même allé avec ses frères. Il s'était bien amusé, il s'était montré à la hauteur, il avait lancé des boules de neige comme les meilleurs d'entre eux, il avait eu l'impression d'être un homme, pas un « petiot » comme l'avait surnommé sa mère, mais un champion comme ses frères. Ils jouaient depuis un moment sur la rivière — lançant des boules de neige d'une berge à l'autre —, quand la glace avait craqué sous ses pieds. Il était tombé dans l'eau glacée, jusqu'à la taille seulement, mais c'était douloureux et en rentrant à la maison il avait pleuré tout le long du chemin. Ses frères l'avaient mis au lit, et quand il s'était réveillé il avait vu sa mère qui le regardait, penchée sur lui, avec ses larges épaules et sa grande figure ronde. Son habituel sourire sévère aux lèvres, elle essuyait son front et demandait d'un ton plaintif et monocorde : « Pourquoi n'as-tu pas écouté maman, Petiot ? »

C'était dans de telles images qu'il eût fallu chercher l'origine de la misogynie d'Éric : la peur de l'infirmière, de la mère toute-puissante. Mais comme pour le délivrer de cette image, il y en avait une autre à laquelle il pouvait s'identifier, celle de son père qui n'avait qu'à élever la voix pour que sa mère devienne étrangement docile. Il avait toujours été surpris par la bonne grâce avec laquelle elle se pliait aux caprices de son père — il pouvait se montrer désagréable au sujet du hachis Parmentier du soir, lui dire que la maison avait l'air mal tenue ou l'accuser à tort, et cette femme de caractère acceptait tout cela sans se plaindre.

Éric savait comme il pouvait être facile parfois de réduire des femmes par ailleurs indépendantes et fortes à un état de docilité et de fragilité en faisant appel à ces modèles patriarcaux archaïques. Quelles que fussent ses intentions ou le nombre de petites amies qu'il avait pu avoir, Éric était, de par son histoire personnelle, tiraillé entre deux pôles qui définissaient son attitude envers le sexe opposé : d'un côté, la mère avec sa grande figure ronde, et de l'autre, cette même femme complètement soumise en présence d'un père tyrannique.

Quand Éric revint au bungalow dans l'après-midi, il sentit que l'avantage moral était passé du côté d'Alice, que ce n'était plus elle qui figurait dans le rôle de l'adolescent boudeur, mais lui au contraire qui avait l'air sur la défensive — un mâle immature qui avait fui une situation délicate afin de s'adonner puérilement aux joies de la plongée sous-marine.

« Tu as raté quelques poissons superbes, remarqua-t-il d'un ton conciliant en essorant son maillot de bain dans le lavabo de la salle de bains.

— J'en suis sûre, répondit Alice, qui ne regrettait rien du tout.

— Qu'as-tu fait de ta journée ?

— Deux garçons canadiens de l'hôtel m'ont emmenée faire du ski nautique.

— C'était bien ?

— Ouais, super.

— Tu n'as pas trop souffert du soleil ? Il faisait vraiment chaud aujourd'hui.

— Non, ç'a été. Et Brad m'a prêté son tee-shirt.

— Oh, tant mieux. C'est chouette que tu aies pu faire du ski nautique, tu avais dit que tu en avais très envie, non ?

— Je vais sortir encore avec Brad et Danny demain, ils veulent descendre le long de la côte vers Bridgetown.

— Ça m'a l'air d'être une idée formidable.

— Oui, je pense que je vais passer une excellente journée. »

Des vacances loin de soi-même

« Alice ! Vingt dieux ! Salut ! Entre, comment vas-tu ?

— Très bien, je suis contente de te revoir...

— Mon Dieu, quel magnifique bronzage tu as — vilaine !

— Je sais, je n'ai vu que des regards envieux toute la journée... »

Alice était passée voir Suzy (qui gardait l'appartement de son ami) en revenant du bureau après son premier jour de travail, et elles s'embrassaient à présent dans l'entrée comme des amies depuis longtemps séparées, alors que cela faisait à peine dix jours que l'avion dans lequel Alice avait pris place avait décollé de Heathrow.

« Sapristi, je suis jalouse, tu as si bonne mine...

— Toi aussi, Suzy.

— Oh non, je suis si blanche que je luis dans le noir, en fait je suis plus verte que blanche, et je n'ai fait aucun exercice depuis une éternité. Mais raconte-moi tout. Comment était l'île, l'hôtel et le reste ?

— Oh, c'était chouette, la Barbade était superbe, on avait ce bungalow sans vraies fenêtres, comme qui dirait ouvert aux éléments, avec vue sur la mer, et l'hôtel proposait des tas d'activités comme le ski nautique et des trucs du même genre.

— Rien que d'entendre ça, j'en ai des frissons partout — tout ça a l'air si excitant...

— Ouais, je suppose que ça l'était.

— Et as-tu mangé des tas de fruits tropicaux et veillé tard le soir et dansé le reggae ?

— Ouais, ce genre de choses.

— Et Roméo s'est bien comporté ?

— Plus ou moins.

— Et vous avez eu beau temps ?

— Oh, il faisait toujours très chaud, il pleuvait parfois la nuit et le ciel pouvait être un peu couvert le matin, mais dans l'ensemble c'était parfait.

— J'imagine ! Oh, Alice, je suis si contente pour toi ! Laisse-moi t'embrasser encore une fois. »

Avec cette visite, Alice avait une occasion, la première depuis son retour, de parler de ses vacances en détail. Elle en avait fourni quelques versions abrégées au bureau, mais elle s'était dit qu'avec Suzy elle pourrait explorer la diversité de ses sentiments et l'étendue de son ambivalence.

Elle avait souvent remarqué combien le premier récit d'un événement pouvait être important, comme si ce n'était pas tant le moment lui-même qui comptait que la façon dont il était narrativement arrangé. Jusque-là elle avait simplement vécu cette histoire, et les souvenirs qu'elle en avait flottaient en désordre dans son esprit.

« Regarde, j'ai épinglé ta carte postale à la penderie de Matt », dit Suzy en pointant son index vers la carte qu'Alice avait glissée dans la boîte aux lettres de l'hôtel une semaine plus tôt. On y voyait la plage principale, une étendue de sable clair bordée de végétation luxuriante et de hauts palmiers. La mer était vert turquoise, le ciel uniformément bleu.

« J'adorerais aller dans un endroit comme celui-là avec Matt, mais c'est si dur de réunir l'argent nécessaire en ce moment... Regarde un peu la couleur de cette mer, et ce ciel — c'est impossible de ne pas être heureux quand on pense à un endroit pareil ! »

Par une sorte d'identification avec les sentiments de son amie, Alice se souvenait de sa propre attente impatiente de ces vacances, laquelle rendait sa présente ambivalence d'autant plus inexplicable. Confronté au désir de Suzy de voir dans ce voyage l'expérience dont chacun rêve, le projet de récit détaillé et nuancé fit donc place (sous la pression de l'attente de son interlocutrice) au compte rendu simplifié d'un séjour antillais utopique.

Il peut être intéressant d'interpréter le voyage comme un effort *psychologique* plutôt que *géographique* — le périple extérieur étant alors une métaphore pour le périple intérieur désiré. Le trekking au Népal, la plongée sous-marine dans les Caraïbes, le ski dans les montagnes Rocheuses, le surf en Australie — sans doute tout cela peut-il être exotique et enrichissant, mais il se peut aussi que ce ne soient que de médiocres prétextes camouflant une motivation beaucoup plus profonde, à savoir l'espoir que la personne qui prendra plaisir à ces activités sera radicalement différente de celle qui a acheté son billet d'avion.

Bien que les agents de voyages prétendent ne s'occuper que de détails matériels tels que les horaires de vol, les réservations d'hôtel ou l'assurance-voyage, leur commerce repose secrètement sur l'illusion plus subtile qu'en s'achetant des vacances on pourra miraculeusement se laisser soi-même derrière soi. L'idée n'est pas que le « je » ait des vacances, mais que les vacances changent le « je ».

Le *moi* en vacances qu'Alice avait imaginé à Londres avait été dépouillé de tout ce qui rendait la vie avec elle-même difficile — elle s'était représenté un être affranchi de toute fatigue ou anxiété, de tout doute de soi, ennui ou regret. Elle avait rêvé que — parce que la température dépasserait les vingt-cinq degrés et que rien, dans la végétation ou dans les occupations quotidiennes de sa nouvelle existence, ne ressemblerait à sa vie londonienne —, elle pourrait se glisser sans effort dans le rôle imposé par un tel décor, le rôle du Bon Sauvage de Rousseau, échappant ainsi aux problèmes de la civilisation occidentale, au poids de sa propre histoire psychologique et de ses névroses. Mais au lieu de cela, et bien que le bungalow fût idyllique, les fruits succulents et le sable doux et chaud, rien d'important n'avait pu être esquivé. Si merveilleux que fût tout cela, ce n'étaient que des détails à côté de son paysage intérieur, du désordre de sa géographie interne.

Si Alice se demandait pourquoi son expérience de ces vacances avait été si différente de ce qu'elle en avait attendu, pourquoi, malgré toutes les qualités de l'île et de l'hôtel, elle s'était retrouvée dans le même état de confusion mentale que d'habitude, c'était peut-être parce qu'elle avait oublié de laisser une chose essentielle derrière elle quand elle avait mis ses lotions solaires, ses livres de conseils psychologiques, ses bikinis et ses lunettes de soleil dans son sac — à savoir son propre *moi*.

Dans l'état d'anticipation qu'elle avait connu à Londres quand elle avait rêvé, pleine d'impatience, à l'île de ses vacances, elle n'avait pas pensé qu'elle serait incluse dans la future équation, elle n'avait songé qu'à la plage, aux palmiers, à la brise…

Et puis, une fois à la Barbade, elle s'était rendu compte qu'elle avait passé la douane sans s'être délestée de la seule chose qu'elle avait voulu fuir en venant là, elle avait compris qu'elle était arrivée aux Antilles par une belle journée ensoleillée avec la seule chose qu'elle avait voulu laisser derrière elle (qui se soucie d'un ciel gris après tout ?) — c'est-à-dire *elle-même*.

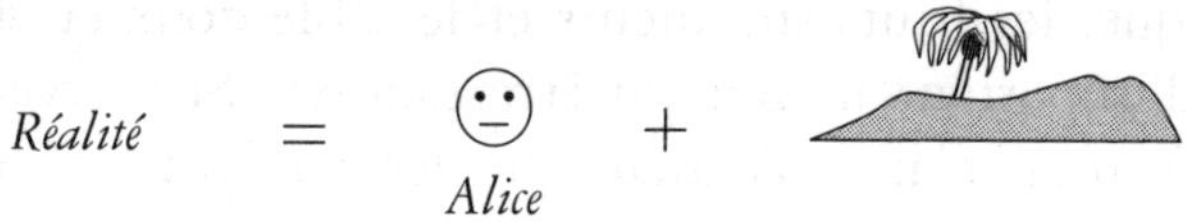

Dans son essai *De la Solitude,* Montaigne rapporte cette anecdote : « On disait à Socrate que quelqu'un ne s'était aucunement amendé en son voyage : "Je crois bien, dit-il, il s'était emporté avec soi." Il cite aussi Horace dans le même essai : « Pourquoi chercher des terres chauffées par un autre soleil ? Qui donc, exilé de sa patrie, se fuit aussi lui-même ? »

Parler de se « fuir soi-même » a une autre portée que parler simplement de fuir tel ou tel problème. Le *soi* est ici perçu comme étant le lieu géométrique d'une foule de difficultés intrinsèques et insolubles. Celles-ci ne peuvent pas être attribuées à une cause spécifique —

sinon on parlerait d'échapper « à son travail », « au mauvais temps » ou « à son mari ». L'emploi du « soi-même » dénote une vague lassitude existentielle, une irritation provoquée par l'ennui de toujours vivre dans le même corps et de se heurter sans cesse à des pensées trop familières quand la mécanique cérébrale est activée.

Alice avait oublié que l'œil qui regarde un certain décor ne change pas, même si le décor en question change. Elle avait envisagé l'avenir d'une manière impersonnelle, comme si elle devait en bénéficier sans avoir à souffrir d'une participation réelle. Rétrospectivement, elle était consternée par la pauvreté de son imagination — elle n'aurait eu qu'à soustraire de ses anxiétés d'alors les problèmes directement liés au fait d'être à Londres et d'y travailler pour comprendre que, même sur une île paradisiaque, elle aurait eu des tas de raisons de passer des nuits sans sommeil. Au lieu de quoi elle avait mis tous ses espoirs dans le temps qu'il ferait et les vertus bénéfiques du paysage, comme un mauvais acteur qui s'imagine que son jeu s'améliorerait si les costumes et les décors étaient plus fastueux.

Elle aurait pu reconnaître ce processus de la désillusion. Juste avant de quitter Londres, elle avait feuilleté un magazine et y avait vu une rubrique intitulée « Les Belles de la plage ». Cinq doubles pages sur papier glacé montraient un grand mannequin blond marchant le long d'une plage dans une longue robe de lin blanche portée par-dessus un maillot de bain jaune. Alice n'était pas particulièrement attirée par les robes blanches ou les maillots de bain jaunes et se sentait trop pauvre pour pouvoir s'offrir trop de gâteries, et pourtant quelque chose dans ces photos l'avait fascinée et elle avait noté le nom de la boutique et du couturier au dos d'une enveloppe.

Mais une fois à la Barbade, et sur une plage qui ressemblait en gros à celle des photos, elle avait pris conscience de la révoltante superfluité de cet achat. Elle n'était tout simplement pas assez grande pour ce genre de vêtements, le tissu se salissait dans le sable, cela semblait être la moins appropriée des tenues, trop habillée pour la journée, trop « plage » pour le soir. « Pourquoi diable ai-je acheté cette merde ? » s'était-elle demandé avant de la ranger mentalement dans la partie (tragiquement vaste) de sa garde-robe réservée aux vêtements impossibles à porter, des affaires qu'elle avait achetées dans des périodes de rejet ou de haine de soi et qui s'étaient révélées tout à fait inadéquates quand elle avait pu les voir sous un jour plus lucide et pratique (quand le besoin impérieux de dépenser de l'argent en achetant quelque chose, *n'importe quoi,* avait perdu quelque peu de sa force).

En achetant une robe de lin ou des vacances antillaises, Alice était tombée dans le piège classique de la consommation. Quand les choses ne sont pas achetées par pure nécessité, le but inconscient du sujet peut être non pas d'acquérir simplement un produit, mais d'être lui-même transformé par cette acquisition. Ce qu'Alice avait espéré acquérir, en dépensant ainsi quatre-vingts livres durement gagnées, ce n'étaient pas de misérables vêtements vendus trop cher, conçus par un couturier cynique et sans talent et lancés à grand renfort de publicité par un magazine de modes, mais bien plutôt l'*être* plus insaisissable de la personne qu'elle avait vue les porter — cela semblait ridicule, mais ce qu'elle avait désiré, ce n'était pas les vêtements du mannequin, mais son *moi.*

Et au lieu de cela que s'était-il passé ? Elle avait sorti la robe de son sac, et s'était rendu compte que ce ne serait pas la sculpture vivante admirablement proportionnée et bronzée des photos qui se glisserait dedans, mais son propre corps informe et trop connu, avec ses jambes imparfaites et trop courtes, ses hanches peu fascinantes, son ventre auquel un peu d'aérobic n'aurait pas fait de mal, ses seins maigrichons... Quelle supercherie! Elle pouvait dépenser tout l'argent qu'elle avait, mais la seule chose qu'elle voulait était justement celle que personne ne pouvait lui vendre : *quelqu'un qui ne fût pas elle.* C'était un cruel dilemme, car comment avouer une telle intention dans un magasin de vêtements, demander non telle ou telle taille mais un *moi* différent — ou garder un air impassible en demandant à un agent de voyages une destination de vacances « quelle qu'elle soit, du moment que c'est loin de moi-même » ?

Le mot « utopie » signifie en grec « lieu qui n'existe pas ». Mais les raisons de cette non-existence étaient très particulières dans le cas d'Alice. Elle croyait que des Utopies pouvaient exister *per se* (l'hôtel Robinson Crusoé *avait* été idyllique), mais elle concluait de son expérience qu'elle n'y aurait jamais pleinement sa place. Il n'y avait à cela aucune raison sociale ou financière, simplement ce paradoxe que pour pouvoir prendre plaisir à quelque chose il lui faudrait s'inclure elle-même dans l'équation et gâter de ce fait la chose à laquelle elle aurait dû prendre plaisir.

« Les seuls paradis possibles sont ceux que nous avons perdus », a dit nostalgiquement Proust. Des écrivains moins mélancoliques ont préféré des paradis à venir, mais l'important dans ces deux scénarios, passé ou futur (qui nous font rêver et soupirer devant la brochure de nos prochaines vacances ou une carte postale évoquant des vacances récentes), c'est qu'on peut les envisager sans que notre présence réelle les ternisse.

Tout en regardant son hâle de vacances disparaître graduellement au fil des semaines, Alice reconnaissait la justesse de cette vieille idée selon laquelle un homme qui abandonne sa femme pour épouser sa maîtresse doit se trouver malgré tout une nouvelle maîtresse — et comprenait que la personne qui s'envole vers une île des Caraïbes a encore besoin d'un paradis de l'esprit pour adoucir les inévitables (puisqu'elles résistent au soleil et à la mer) déconvenues.

Provincialisme

L'histoire familiale d'Alice ne la rattachait à aucune région particulière du globe. Elle avait vécu de nombreuses années à Londres, mais sa mère était née en Angleterre de parents franco-italiens et son père était un Américain de Chicago dont les grands-parents étaient venus de Russie. Il n'y avait aucun manoir ancestral vers lequel retourner, aucun cimetière où cinq générations d'ancêtres étaient enterrées et qui pouvait constituer un foyer de référence généalogique.

Parce que son père avait travaillé pour une compagnie multinationale, Alice était passée d'un pays et d'un continent à un autre pendant toute son enfance, elle avait changé d'école tous les deux ou trois ans, appris à parler anglais, français et espagnol, et vécu dans des maisons que fréquentaient toutes sortes de gens, des diplomates et des professeurs, des hommes d'affaires et des peintres, des architectes et des comptables. Elle avait grandi sans s'attacher à un lieu particulier et ses souvenirs suivaient les méandres d'une confuse chronologie géographique. Elle se souvenait d'un printemps à Barcelone, de l'odeur de l'automne dans un jardin de Neuilly, elle connaissait les dunes des plages de Long Island et le silence glacé des fjords norvégiens. Elle avait lu des histoires de fées, de monstres et de méchantes sorcières dans des livres d'enfant en différentes langues, Babar et les contes de Grimm, Potter et Zipe y Zape.

Ses allégeances dans ce domaine étaient confuses : on lui demandait souvent son sentiment à ce sujet, comme si la nationalité était une chose que l'on ressentait dans ses os. Mais elle ne pouvait limiter ses sentiments à un seul passeport : elle avait connu trop de maisons, trop d'écoles, trop de confiseries dans différents pays pour se sentir d'une seule nationalité. Ses amitiés avaient été brutalement rompues, elle avait dû se séparer de sa meilleure amie Sophie à l'âge de cinq ans, de son amie Maria à sept ans, de son premier amour Thomas à huit.

« Quelles sont vos racines ? » lui demandait-on encore. Qu'est-ce que cela signifie, avoir des racines? Sentir qu'on est issu d'un terroir particulier, que l'on peut s'identifier à un certain climat, à des produits culturels spécifiques, à la mentalité collective idéalisée qu'un peuple appelle son « caractère national ». Alice était surtout sensible à la diversité : quand elle était à Londres, elle comprenait ce que ses immeubles, ses rues, ses modes de vie avaient de relatif — elle pouvait les intégrer dans la conscience qu'elle avait d'autres cités et d'autres lieux. Elle pouvait comparer l'expérience d'un *bar mitzvah* à San Francisco avec celle d'une première communion à Séville, le goût du pain à Paris et celui du pain qu'on trouve à Chicago, la couleur du ciel à New York et à Londres; elle avait en tête les préjugés des bigots de nombreuses contrées.

Éric, au contraire, avait grandi dans un milieu aussi stable qu'un milieu peut encore l'être au XXe siècle. Sa famille vivait à Londres depuis cinq générations et, avant cela, était venue d'un village du Hampshire où ses grands-parents avaient encore possédé une ferme. Ses parents n'avaient jamais bougé de la maison dans laquelle il avait vécu enfant, dans ce quartier compris entre Notting Hill et Holland Park où les commerçants le reconnaissaient quand il entrait dans leur boutique, où sa mère pouvait appeler le laitier et le boucher par leur nom, où il existait une allégeance presque féodale entre celui qui servait et celui qui était servi. Éric était entouré d'amis qu'il connaissait depuis l'enfance : au bureau il travaillait avec quelqu'un qui était allé à la maternelle avec lui, il avait fréquenté à peu près le même cercle d'amis depuis le début de son adolescence — une continuité qui tendait à nier certaines questions d'identité.

« Je ne sais pas trop, répondit Alice quand Éric, un soir, lui demanda si elle se sentait d'une nationalité particulière. Et toi ?

— Je suppose que je me sens anglais... Je veux dire, je pourrais difficilement me sentir autre chose.

— D'accord, mais qu'est-ce que cela signifie pour toi, être anglais ?

— Mon Dieu, je ne sais pas, c'est simplement quelque chose de normal. C'est un ensemble d'impressions et de sentiments. Par exemple, le week-end dernier, quand on est revenus de Heathrow, j'ai senti une sorte de lien avec le paysage, j'ai senti que c'était mon pays. Ça a beaucoup à voir avec la campagne et avec les maisons. Et aussi, quand on est à l'étranger et qu'on voit des Britanniques ou des choses britanniques, on sent une sorte de lien avec eux. J'ai eu ce sentiment à la Barbade, quand j'ai trouvé un exemplaire du *Financial Times* ou écouté la B.B.C. »

La personne qui s'engage dans une liaison ne peut y amener seulement elle-même — elle doit y apporter tout le bagage culturel accumulé pendant la petite enfance et la jeunesse, un réseau de relations et de traditions, quelque chose qu'on pourrait peut-être appeler sa *province* particulière. Une province ne se définit pas uniquement par des caractéristiques nationales, mais aussi par une foule de caractéristiques plus spécifiques ayant trait à la classe sociale, à la région et à la famille. C'est un ensemble d'éléments — pour la plupart inconscients — que le sujet considère comme *normaux* : l'apparence *normale* d'une grand-rue ou d'un guichet de poste, la présentation *normale* des actualités du soir, la façon *normale* de remplir une feuille d'impôts, de saluer un ami, de faire un lit, de beurrer son pain, de tenir une maison propre, de choisir ses meubles, de commander un repas, de ranger des cassettes dans une voiture, de faire la vaisselle, de trouver une destination pour ses vacances, de mettre fin à une conversation téléphonique, de programmer un samedi…

« Pourquoi veux-tu toujours aller au cinéma l'après-midi ? demanda Éric à Alice un week-end de janvier ; elle voulait aller à la séance de quatorze heures, et lui à celle de vingt et une heures.

— Qu'est-ce qu'il y a de mal à ça ? répondit Alice, qui autrefois n'avait guère vu son père que lorsqu'il l'emmenait au cinéma le samedi après-midi, un moment de la semaine qui était resté inconsciemment associé dans son esprit au souvenir de son père et de ses films.

— Je ne sais pas, c'est vraiment bizarre de faire ça », reprit Éric, dont la famille avait toujours nourri une certaine méfiance à l'égard de ce que sa mère appelait le « cinématographe », et pour qui les après-midi du week-end avaient été traditionnellement consacrés au rugby, au football ou au cricket, en spectateur ou en acteur.

« Pourquoi bizarre ? C'est plus pratique, parce qu'il y a beaucoup moins de monde, et puis c'est moins cher, répliqua Alice — les goûts hérités du père se heurtant aux goûts (hérités eux aussi) du compagnon.

— Mais c'est si étrange de sortir d'une salle de cinéma et de voir qu'il fait encore jour, dit Éric. Quand on voit un film, on a envie de sortir dans l'obscurité, pas dans la lumière du soleil, et d'être prêt à aller dormir, pas d'avoir encore à dîner et tout… »

Une relation affective implique nécessairement la rencontre de deux provinces. Si confus qu'il ait été, le contexte familial d'Alice lui avait donné une province, même si on ne pouvait l'assimiler aisément à un seul pays : on ne pouvait pas dire qu'elle était « si anglaise » ou « si américaine » ou « si petite-bourgeoise ».

Ce qui caractérisait cette relation, comme Alice s'en rendait compte peu à peu, c'était le fait qu'Éric traitait les différences entre eux comme si c'était de toute évidence à elle que la responsabilité de l'altérité incombait. Cela impliquait que les critères de normalité se trouvaient dans sa province à lui, et que c'étaient les goûts d'Alice en matière de séances de cinéma ou de nourriture ou de couleurs ou de convenances sociales qui, en cas de divergence, méritaient d'être qualifiés d'étranges.

Bref, elle remarquait, dans cet inévitable heurt de deux provinces, la tendance qu'avait Éric à devenir *provincial* — c'est-à-dire à affirmer un attachement à ses propres traditions qui excluait l'égale légitimité de l'autre province. Peu disposé à reconnaître la relativité de sa position, il inclinait à voir dans ses propres valeurs le centre d'un univers monothéiste.

« Il y a une vente de meubles anciens à Islington ce week-end, dit Alice à Éric tandis qu'elle parcourait le journal un mardi matin. Ça a l'air très bien. Des antiquaires viendront de tous les coins du pays, et apparemment on peut avoir une réduction de dix pour cent si on apporte ce coupon. On pourrait y passer en revenant de ce déjeuner chez tes amis, tu ne crois pas ?

— Ça n'a pas l'air si bien que ça.

— Je pense que ça a l'air très bien.

— Je vais avoir beaucoup de travail à faire ce week-end.

— Dans ce cas je peux y aller seule. »

La question semblait réglée et le silence reprit possession de la cuisine où ils prenaient leur petit déjeuner.

« Mais pourquoi veux-tu aller à une vente de meubles anciens de toute façon ? demanda Éric un moment plus tard.

— Qu'est-ce qu'il y a de mal à ça ?

— Je ne sais pas, c'est tellement…

— Tellement quoi ?

— Tellement… vieux jeu. Il n'y a que les vieilles grand-mères qui s'intéressent aux meubles anciens.

— Ta grand-mère peut-être, la mienne s'intéressait au mouvement d'avant-garde De Stijl.

— Vraiment ? La mienne serait bien incapable d'épeler Stijl, même si on la payait cher. Mais dans ces ventes on ne voit que des vieux meubles marron foncé qui sentent le moisi, rien que de la camelote vendue par des escrocs de province qui jurent leurs grands dieux que leur table a été fabriquée par un assistant de Chippendale. Tu vas te faire arnaquer. Si tu as besoin de meubles, pourquoi ne vas-tu pas dans un magasin moderne, tu pourras choisir un bon styliste contemporain, tu devras peut-être payer un peu plus cher mais ce sera de la bonne qualité.

— Ce n'est pas vraiment mon goût.

— Alors pourquoi n'apprends-tu pas à avoir bon goût ?

— Parce que j'aime mon goût.

— Même si c'est de la merde ?

— Bon sang, pourquoi ne peux-tu pas simplement être content de savoir que je vais faire quelque chose qui me plaît ce week-end ? »

La réponse — bien qu'Éric n'eût guère été disposé à l'admettre — était qu'Alice allait prendre plaisir à quelque chose qui n'avait aucun rapport avec lui, et que la source indépendante de ce plaisir suscitait en lui une pointe de jalousie.

Elle avait récemment pris conscience de cette tendance qu'avait Éric à faire preuve de jalousie provinciale, à dénigrer des aspects de sa province à elle, mû par une forme de xénophobie. Cette prise de conscience résultait d'une sensibilité plus générale aux goûts et aux attentes des autres — attentes auxquelles elle avait elle-même fortement tendance à se conformer.

« Je suis un vrai caméléon », reconnaissait-elle, et on pouvait en effet relever de subtiles différences dans la façon dont elle se comportait en compagnie des autres, en particulier quand elle leur répondait ce qu'ils voulaient entendre plutôt que ce qu'elle aurait voulu dire. Sa mère aimait qu'elle fût socialement « sophistiquée » et Alice confirmait cette image en lui parlant des invitations qu'elle avait reçues, elle savait qu'Éric écoutait d'une oreille favorable ses remarques concernant la façon dont elle avait gonflé ses pneus ou fait un brillant exposé au bureau, elle sentait que son amie Lucy n'aimait pas trop qu'elle lui parle de ses succès et essayait donc toujours d'avoir l'air un peu déprimée pour ne pas la froisser. Quand elle parlait avec sa riche amie Lavinia, son accent prenait les inflexions distinguées des habitants des beaux quartiers, quand elle était avec son ami peintre Gordon, il devenait plus populaire et bohème.

Le discours d'Alice s'adaptait aux particularités de ses interlocuteurs, il enregistrait leurs aversions et leurs enthousiasmes et s'efforçait de ne pas les décevoir. C'était un discours nerveux, il se maintenait au diapason des autres plutôt qu'il ne suivait son propre rythme, il devait produire une certaine impression plutôt que rester constant.

Elle avait hésité jusque-là à révéler les aspects de sa province qui ne correspondaient pas à ceux de la province d'Éric. Elle minimisait l'importance des objections qu'elle aurait pu formuler à l'égard de ses choix politiques ou de son goût minimaliste en matière d'ameublement, elle n'osait guère lui dire d'acheter des cravates différentes ou de conduire moins vite en ville. Elle était réticente lorsqu'il s'agissait d'affirmer ses propres enthousiasmes — pour des promenades dans les parcs londoniens ou des excursions à la campagne pour voir des bâtiments historiques, pour des activités telles que la cuisson du pain ou la défense des tribus amazoniennes menacées d'extinction. Elle hésitait à servir à Éric sa moussaka végétarienne, à lui passer ses disques de James Taylor ou à lui dire de s'y prendre différemment avec les préliminaires amoureux.

De retour de vacances, Alice, frappée par ce manque d'affirmation de soi, était amenée à se demander si elle avait jamais réellement fait figure de personne distincte et originale dans ses rapports avec Éric.

Qu'est-ce que cela signifie, avoir une personnalité originale ? Au cours d'un dîner par exemple, l'homme dont tous s'accordent à dire que c'est un « original » est celui qui raconte des histoires cochonnes, rit aux éclats, exécute un tour de magie avec sa serviette et finit par faire du plat à la maîtresse de maison dans un état d'ébriété avancé. Personne ne qualifiera d'original celui qui a simplement parlé à son voisin de droite, puis à sa voisine de gauche, avant de s'excuser discrètement et de prendre congé. Ce n'est pas son statut d'être humain qui est en cause, seulement son statut de personne originale.

L'originalité se fonde sur la différence et la divergence. Plus quelqu'un est différent des autres, plus il paraît original : annoncez que vous aimez manger des vers de terre crus ou que vous pouvez chanter comme une cantatrice, et vous deviendrez aussitôt remarquable, quelqu'un qui n'est pas *comme tout le monde.* La littérature regorge de personnages, mais il y a beaucoup moins d'« originaux ». Don Quichotte est un « original », pas Joseph K. : le premier serait immédiatement repéré dans un cocktail, le second grignoterait discrètement des cacahouètes près de la porte, les paumes un peu moites, une expression un peu anxieuse sur le visage, et ne désirant rien tant que d'avoir l'air d'un employé comme les autres.

La mère d'Alice était une « vraie originale », décrite comme telle par des amis qui appréciaient cette tendance qu'elle avait à cancaner impitoyablement, à raconter des blagues de collégienne qui paraissaient choquantes dans ce milieu élégant et à s'étrangler drôlement quand elle riait. Elle était partout facilement reconnaissable à cause des longues robes roses qu'elle portait et du parfum fort qu'elle utilisait — autant de signes attestant qu'elle était en effet une authentique originale.

Mais les éléments qui constituaient l'originalité de sa fille étaient moins spectaculaires. Parce qu'ils ne reposaient pas sur un désir aveugle de différenciation, elle n'avait pas de signe distinctif évident ; il fallait du temps pour apprendre à connaître ses singularités.

Un de ces signes distinctifs peu spectaculaires était un certain goût qu'elle avait pour les meubles anciens — un goût qui était apparemment une cause de profonde contrariété pour son amant. Bien qu'il fût objectivement soucieux de son bien-être, Éric aurait préféré reléguer cet enthousiasme particulier dans un oubli caractéristique, tant il lui semblait incompatible avec l'idée qu'il se faisait d'elle.

« Qu'est-ce que ça peut foutre s'il ne veut pas aller avec toi ? » s'exclama Suzy quand Alice lui dit qu'elle aurait aimé aller à cette vente de meubles anciens, mais qu'Éric s'y refusait. « Vas-y donc quand même, tu vas bien t'amuser.

— Je ne sais pas si j'ai envie d'y aller finalement, dit Alice.

— Mais si, bien sûr que si, tu l'as dit toi-même.

— Je l'ai dit ?

— Oui, sinon tu ne t'en serais pas plainte…

— Je suppose que tu as raison.

— Bien sûr que j'ai raison. Et tu sais quoi ? Il y a ce bon copain de Matt, Philip. Il travaille comme ingénieur du son dans une maison de disques classiques. Il est vraiment sympa et je me souviens qu'il aime les vieux meubles, alors tu pourrais peut-être aller avec lui. Comme ça tu aurais quelqu'un pour t'accompagner. Je vais essayer d'arranger ça. »

Qui me permets-tu d'être ?

Philip appela Alice chez elle cette semaine-là et lui donna rendez-vous devant la gare Victoria le samedi suivant.

« Comment allons-nous nous reconnaître? demanda Alice. A quoi ressemblez-vous?

— Oh, quand je suis de bonne humeur, je pense que je ressemble vaguement à Robert De Niro. Je ne sais pas. Quelle question! Et comment vais-je vous reconnaître?

— Je serai dans une enveloppe brune ordinaire...

— Fantastique. »

Le jour venu, et après quelques descriptions plus détaillées, ils se trouvèrent sans difficulté et se dirigèrent vers le nord de Londres dans la Mini vert pomme de Philip.

La vente de meubles anciens se tenait dans un grand hall d'exposition d'Islington, et on y voyait surtout apparemment la sorte de vieux meubles à odeur de renfermé dont avait parlé Éric.

« En fait ce que je cherche c'est une table de cuisine, dit Philip tandis qu'ils parcouraient le hall des yeux depuis une des galeries supérieures.

— Vous croyez que vous allez en trouver une?

— Ça n'a pas l'air terrible, hein? Mais on ne sait

jamais. C'est étonnant ce qu'on peut trouver tout à fait par hasard quelquefois. Une fois j'ai trouvé un magnifique lit à colonnes dans une vente comme celle-ci, et je l'ai eu pour un prix ridiculement bas.

— Vous dormez dans un lit à colonnes ?

— Je sais, c'est embarrassant, mais c'est la vérité.

— Je ne pense pas du tout que ce soit embarrassant, c'est très romantique. Oh ! regardez cette table, elle ferait très bien à côté de mon lit, remarqua Alice tandis qu'ils passaient devant un stand où était exposée une petite table en bois en forme de violoncelle.

— Seulement vingt livres, s'empressa d'annoncer le vendeur.

— C'est raisonnable.

— Alors prenez-la.

— Vous croyez ?

— Ouais, bien sûr. Si elle vous plaît, pourquoi pas ? »

Une heure et demie plus tard, une table de nuit-violoncelle sous le bras de Philip (mais sans la table de cuisine qui lui eût convenu), ils sortirent du hall d'exposition grouillant de monde et se retrouvèrent sur le trottoir ensoleillé du boulevard. Comme il était midi passé, Philip suggéra de laisser le violoncelle dans la Mini et d'aller déjeuner dans un restaurant voisin spécialisé en fruits de mer.

« Est-ce que la mer n'est pas quelque chose d'étonnant, elle est si vaste, elle ramène tout à de plus justes proportions, dit Alice en regardant un paysage marin qui occupait un mur entier près de leur table.

— Ramène quoi à de plus justes proportions ?

— Je ne sais pas, les choses, tous nos petits problèmes

et nos petits soucis. Tout ce qui nous fait perdre le sommeil la nuit et nous tracasse pendant la journée.

— Est-ce que vous perdez souvent le sommeil ?

— Non, pas trop, mais je me fais quand même pas mal de souci, pas vous ? Quelquefois j'ai l'impression de vivre avec le frein à main tiré. Vous savez, quand on conduit et qu'on sent une sorte de lourdeur dans la voiture, et puis on s'aperçoit qu'on a oublié de desserrer de frein à main, ça m'arrive tout le temps... Mais je dis n'importe quoi.

— Pas du tout », répondit Philip, et Alice sourit faiblement. Elle prit la salière, versa un peu de sel dans sa main et le laissa s'écouler dans son assiette à pain, où il forma un petit tas. Il y eut un silence et leurs regards se tournèrent de nouveau vers le paysage marin.

« Il y a ce poisson, dit Alice, j'ai lu ça quelque part, qui vit au fond de l'océan et ne rencontre presque jamais de poisson de la même espèce, mais quand cela arrive, les deux poissons font aussitôt l'amour, après quoi la femelle dévore le mâle.

— Voilà une façon bien brutale de mettre fin à une aventure galante. Pas étonnant que ce soit une espèce si rare.

— Est-ce que ce n'est pas étrange ? Je pense souvent à ça, deux poissons solitaires dans un immense océan, et puis ils se rencontrent et l'un d'eux mange l'autre.

— La sole meunière ? demanda la serveuse.

— C'est pour moi », répondit Alice.

Philip et Alice ne tardèrent pas à s'apercevoir qu'ils parlaient de choses qui dépassaient de loin de simples questions d'état civil, sans tenir compte des strates conventionnelles qu'il faut généralement traverser avant que le fond rocheux de la sincérité soit atteint.

Plus remarquable encore, Alice s'aperçut que c'était elle qui parlait la plupart du temps, remarquable parce que d'ordinaire elle posait des questions sans qu'on lui en pose aucune en retour — ce qui lui avait valu d'être surnommée « l'interviewer » dans certains milieux. Si l'on considère que la faiblesse est liée au fait de se dévoiler et la force à celui de se contenir, alors l'interviewer a toujours le rôle fort et dominant. Mais cela tendrait à suggérer qu'Alice posait toutes ces questions pour des raisons machiavéliques, alors qu'elle se retrouvait dans cette position uniquement à cause d'une certaine peur de se livrer. Elle avait besoin de partager avec d'autres sa vie intérieure, mais elle répugnait à en imposer les détails à qui que ce fût. Et parce que les autres sentaient qu'elle était disposée à les écouter, ils avaient tendance à considérer leurs rapports comme une forme économique de psychothérapie plutôt que comme une véritable amitié.

Mais elle sentait en Philip une curiosité qui lui donnait envie de parler, et une sincérité qui l'encourageait à le faire. Entre hors-d'œuvre et dessert elle évoqua avec lui des pans entiers de son enfance, dont elle avait rarement parlé aussi franchement (et certainement pas aussi rapidement) avec qui que ce fût.

« C'était un homme extraordinairement brillant, dit-elle de son père, chacun l'admirait tout en pensant qu'il était fou. Il était toujours pris par ses voyages autour du monde, il travaillait pour une chaîne de grands magasins, et puis il a racheté une affaire d'installation de vitrines et de devantures. Je le voyais très rarement quand j'étais petite, et quand cela arrivait, je m'affolais toujours, je voulais tellement faire une bonne impression… Je me rappelle cet anniversaire, quand j'avais environ huit ans. Tout le monde lui faisait toujours des cadeaux somptueux, et moi aussi je voulais lui donner quelque chose de spécial. Bien sûr je n'avais pas d'argent, alors je me souviens que j'avais trouvé quelques énormes boîtes et que je les avais bien enveloppées — des boîtes complètement vides en guise de cadeaux... J'étais si excitée que j'ai fini par en avoir une cinquantaine. Mais je n'ai jamais pu les lui donner, il a été retenu au Canada et n'est pas revenu à temps pour son anniversaire. Ma mère a dit qu'elles prenaient trop de place, alors elle les a toutes jetées.

— On pourrait penser qu'elle était jalouse.

— Elle l'était sans doute d'une certaine façon, oui, elle dressait sans cesse des obstacles entre mon père et moi. Mais elle n'utilisait pas sa jalousie d'une façon constructive. Je veux dire, elle m'empêchait de le voir, mais elle n'essayait pas pour autant de mieux me connaître. Elle était destructive dans ce sens. Elle cherchait toujours à séparer les gens, sans être capable de s'intéresser vraiment à eux une fois qu'ils étaient seuls.

— Est-ce qu'elle aimait les enfants ?

— Eh bien, au début mon père n'était pas très chaud pour avoir des enfants, et il n'en a eu que parce que ma mère a quelque peu rusé pour arriver à ses fins. Elle avait très envie d'en avoir, mais elle tenait aussi à l'estime de mon père, qu'elle a légèrement perdue en en ayant, alors je pense qu'elle a reporté une partie de sa frustration sur nous. Elle avait le sentiment que nous avions été son idée à elle, et tout ce qui pouvait clocher en nous, elle s'en tenait pour personnellement responsable. J'étais une enfant plutôt lente, j'ai à peine parlé jusqu'à l'âge de douze ans, j'étais très timide et cela contrariait ma mère parce qu'elle pensait que mon père était très intelligent et que si ses enfants ne l'étaient pas, cela voulait dire que c'était elle qui avait apporté les "mauvais gènes" dans la famille.

— Est-ce qu'elle était heureuse dans son mariage ?

— Avec mon père ?

— Pourquoi, il y en a eu d'autres ?

— Elle en est à son troisième.

— Alors oui, avec votre père.

— Non, je ne pense pas. Je n'ai pas été triste quand elle est partie avec Avner, parce qu'au fond je n'ai jamais considéré qu'on formait une vraie famille. On n'a jamais été du genre à s'asseoir autour de la table de la cuisine pour jouer au jeu des sept familles. C'est une femme très froide, presque macho dans un sens. Son propre père est mort quand elle était encore très jeune, et elle était l'aînée des enfants, alors je suppose qu'elle a dû prendre en quelque sorte la place du chef de famille. Elle avait seulement douze ans quand c'est arrivé, et elle a dû grandir très vite. C'est pourquoi il y a en elle une femme très dure et pragmatique, mais aussi une petite fille de douze ans effrayée qui ne veut pas admettre qu'elle est effrayée.

— Alors pourquoi votre père l'a-t-il épousée ?

— Je pense qu'elle représentait une certaine sécurité pour lui. Ils se sont rencontrés au moment où il se lançait dans sa carrière d'homme d'affaires. Ils vivaient tous les deux à New York, et ma mère menait une existence assez brillante, elle travaillait pour une station de télévision à l'époque et elle gagnait très bien sa vie, et ils voulaient tous les deux se marier. Ils se sont rencontrés au cours d'une soirée, et trois semaines plus tard ils étaient mariés, ce qui est fou quand on y pense, mais ça montre à quel point ils étaient anxieux tous les deux de trouver une certaine forme de sécurité. Et ensuite il leur a fallu des années pour s'apercevoir que ça n'avait peut-être pas été une très bonne idée.

— Puis-je être très direct ? Êtes-vous aussi détraquée que vous devriez l'être à cause de tout ça ?

— Vous êtes drôle. Bien sûr que je le suis, oui, mais vous savez, je me méfie de ceux qui prétendent que leur famille était parfaitement heureuse. Ce n'est tout simplement pas possible, et au moins la nôtre était déglinguée d'une façon très ouverte. Personne ne pouvait passer cinq minutes chez nous sans se rendre compte qu'il y avait un sérieux problème. Ce n'était pas comme chez ces gens très polis où tout le monde dit "Comme c'est charmant, mon cher !" tout en grinçant des dents et en nourrissant des pensées meurtrières. Ce genre d'endroit me rappelle cette histoire drôle, vous savez, celle où un homme dit à son psychanalyste : "Docteur Speigeleier, j'ai fait un lapsus intéressant l'autre jour. Je prenais le thé avec ma mère, et j'ai voulu dire 'Mère chérie, pouvez-vous me passer le sucre s'il vous plaît ?' Mais à ma grande surprise, ce que j'ai dit en réalité c'est 'Mère, espèce de maudite garce, vous avez ruiné ma vie !'" »

Après le déjeuner, ils se promenèrent sur le boulevard et feuilletèrent des livres dans plusieurs librairies. Puis, une pluie légère ayant commencé à tomber, ils retournèrent à la voiture et revinrent dans le centre de Londres.

« Voulez-vous un coup de main pour monter le violoncelle ? demanda Philip quand ils arrivèrent devant l'immeuble d'Alice à Earl's Court.

— Non, ça ira. Je peux le faire moi-même.

— Comme vous voulez.

— C'était vraiment gentil à vous de m'emmener là-bas et de me ramener et tout — à charge de revanche un de ces jours…

— D'accord. Vous pourrez m'aider à trouver ma table de cuisine.

— Parfait, alors on se rappelle. »

Alice sortit de la voiture, prit le « violoncelle » à l'arrière et fit un petit signe de la main avant de disparaître derrière la porte d'entrée. Elle porta la table de nuit dans sa chambre, posa dessus une petite lampe et son réveille-matin et sourit en voyant comme elle allait bien près du lit — un sourire qui ne dura pas longtemps, car Éric, comme il était à prévoir, remarqua en passant (au cours du dîner ce soir-là) qu'on n'aurait sans doute pas pu gaspiller vingt livres sur un objet plus kitsch que celui-là.

Cet épisode eut pour effet de rappeler à Alice qu'elle n'était pas une seule personne. Cela ne voulait pas dire qu'il y avait des centaines de clones d'elle qui circulaient à Londres, Paris ou New York avec plus ou moins la même histoire personnelle et le même mode de vie, mais plutôt qu'il y avait en elle non pas une version d'elle-même mais plusieurs, en fonction des gens avec qui elle se trouvait. Qui plus est, elle reconnaissait que certaines de ces versions étaient meilleures, *plus elle,* que d'autres.

Les photos qu'Éric et elle avaient prises en vacances étaient enfin arrivées du laboratoire, et après dîner ils allèrent dans la salle de séjour pour les regarder. L'une d'elles les montrait sur la véranda de leur bungalow ; à en juger par la couleur de leur peau, elle avait été prise au début de leur séjour à la Barbade.

« Regarde celle-ci, tu y es vraiment très bien, dit Éric.

— Je suis horrible, tu veux dire. Ça ne me ressemble pas du tout, j'ai l'air d'un monstre là-dessus. »

Éric ne s'était pas trompé, la physionomie qu'elle avait sur la photo était bien la sienne (et n'avait pas été à demi effacée par un cruel laboratoire). Ce n'était pas non plus une photo particulièrement ingrate, elle révélait simplement des aspects de son visage qu'elle n'avait pas l'habitude de voir, qu'elle n'avait pas reconnus comme siens.

Sa réaction trahissait un certain sentiment de ce qu'était son « moi » le plus approprié. On ne pouvait voir dans le premier cliché venu — et certainement pas celui qui la représentait à côté du mur du bungalow barbadien — une image fidèle de ce qu'elle était. Le retardateur avait saisi un aspect de son apparence physique (et par extension un aspect de sa nature) avec lequel elle ne pouvait s'identifier. Elle n'avait jamais revendiqué ce genre de sourire, elle ne reconnaissait pas ces joues trop rouges ni ces cheveux décoiffés par le vent — et elle ne tenait pas à ce que ces caractéristiques lui fussent attribuées avec arrogance par la pseudo-vérité de l'appareil photo.

D'ailleurs de tels sentiments ne se limitaient pas aux photographies, car ce n'était pas seulement son corps, mais aussi sa personnalité qui pouvait être considérée sous différents angles — sous un éclairage différent, à travers des objectifs différents, des amants différents. Il y avait des gens avec qui elle se sentait plus « elle-même » que d'autres. Avec Suzy par exemple, elle s'était toujours sentie particulièrement comprise. Suzy, fine psychologue, lui disait : « Alice, je te connais, il te plaît seulement parce qu'il n'est pas disponible » ou bien « Tu essaies simplement d'amener quelqu'un d'autre à faire ce que tu voudrais faire toi-même… ». Et puis il y avait son ami Gordon, qui se montrait compréhensif à l'égard de cette partie d'elle-même qui avait envie de courir les magasins et de disparaître dans les pages d'un magazine, une facette de sa personnalité qu'il traitait avec une aimable ironie, en lui demandant sur le ton de la plaisanterie :

« Comment ça va aujourd'hui, Emma B. ? » Quand elle soupirait, il soupirait encore plus fort.

« Arrête de te moquer de moi, protestait-elle.

— Je ne me moque pas de toi, je suis vraiment navré que M & S n'ait plus les collants que tu voulais.

— Tu es... sarcastique.

— Est-ce un si grand crime, Votre Honneur ? » répondait gravement Gordon, ce qui les faisait rire tous les deux.

En plaisantant ainsi de ses petits travers, les amis d'Alice transformaient son côté « névropathe ordinaire » en quelque chose de plus ou moins comique. Ils savaient bien par exemple qu'elle avait du mal à s'organiser, mais au lieu de s'irriter contre elle, ils lui envoyaient des invitations où l'heure normale était remplacée par « l'heure d'Alice », décalée de cinquante ou soixante minutes pour tenir compte de sa désorganisation. Ils prenaient des accents amusants pour exagérer son désir de « se trouver », de devenir une starlette hollywoodienne ou de sauver la forêt brésilienne. Avec eux elle se sentait comprise, pardonnée et aimée pour ses petites manies.

Elle se demandait pourquoi il n'en allait pas de même dans ses relations avec Éric : là, les tensions semblaient ne pouvoir être mentionnées sans risquer de verser dans des dissensions dénuées de tout humour.

Parce qu'elle avait passé une journée agréable avec Philip, parce qu'elle s'était sentie tellement *elle-même* avec lui, elle avait essayé, ce soir-là, de continuer sur le même mode avec Éric. Philip s'était montré affectueusement blagueur. Il avait vite détecté ses petits défauts et les avait traités avec une intelligente ironie. Il l'avait gentiment taquinée au sujet de sa notoire indécision dans les restaurants en demandant à la serveuse, alors qu'ils n'en étaient qu'au plat de résistance, s'ils pouvaient commencer à étudier la carte des desserts pour être en mesure de prendre une décision à temps.

Elle était partie de chez elle d'excellente humeur, et en entrant dans l'appartement d'Éric, s'était comportée avec aisance et assurance.

« Alors, bûcheur ? Tu as fini ton travail ? avait-elle demandé à Éric.

— Ouais. Qu'est-ce que tu as ?

— Rien, pourquoi ?

— Je ne sais pas, tu as l'air d'humeur bizarre.

— Non, je suis seulement de bonne humeur.

— Oh.

— Tu veux entendre une histoire drôle que ce Philip m'a racontée ?

— Vas-y.

— Bon, alors voilà, il y a deux Juifs devant la porte d'une maison de bains, et l'un demande à l'autre "Est-ce que tu as pris un bain ?", et l'autre répond nerveusement "Non, pourquoi, il en manque un ?"

— Oh.

— Tu as compris, "il en manque un" ?

— Ouais, ouais, merci, j'ai pigé — il reste un peu de ce gâteau dans le frigo si ça te dit.

— D'accord… »

On pourrait dire, pour adapter Wittgenstein à notre propos, que les limites de la compréhension qu'ont les autres de nous-mêmes marquent les limites de notre propre monde. Nous ne pouvons exister qu'en fonction des paramètres de la perception des autres — ils nous permettent d'être drôles dans la mesure où ils comprennent notre humour, ils nous permettent d'être intelligents dans la mesure où ils sont eux-mêmes intelligents, leur générosité nous permet d'être généreux, leur ironie d'être ironiques. La personnalité fonctionne comme un langage qui nécessite à la fois un lecteur et un écrivain. Shakespeare n'est que du charabia sans queue ni tête pour des écoliers de sept ans, et tant qu'il n'est lu que par des enfants de sept ans, il ne peut être apprécié que pour ce qu'un enfant de sept ans peut comprendre et rien de plus — à peu près de la même façon que les potentialités d'Alice étaient limitées par la capacité d'empathie de son amant.

Il y avait en elle un côté espiègle et clownesque que Philip avait perçu et encouragé par ses réactions, mais comment pouvait-elle continuer sur ce mode si ses plaisanteries tombaient à plat ? Elle ne pouvait qu'en revenir au type de comportement que la perception d'Éric tendait à imposer.

Il se peut que nos relations avec les autres soient moins fondées sur leurs qualités propres que sur l'effet que ces qualités ont sur l'image que nous avons de nous-mêmes — sur leur aptitude à nous renvoyer une image adéquate de nous-mêmes. Quelle personne Alice avait-elle le sentiment d'être sous le regard d'Éric ? Comment ce dernier suggérait-il ce genre de chose ? Elle ne savait pas trop comment cela fonctionnait, si tout était dans sa tête ou avait une réalité extérieure, mais elle avait depuis longtemps déjà un sentiment de médiocrité en sa compagnie. Cette Alice-là était physiquement disgraciée et sans grande intelligence, faisait une fixation sur les problèmes émotionnels et souffrait d'une irritante dépendance vis-à-vis d'autrui.

Éric ne lui disait jamais explicitement cela : c'étaient simplement des choses qu'elle ressentait au sujet d'*elle-même* quand elle était avec lui. Quand des scientifiques veulent déterminer la cause d'un certain effet, ils procèdent à des expériences méthodiques, dans lesquelles une seule chose change à la fois, afin que la cause agissante puisse être isolée. Dans une expérience de ce type, Alice aurait très vite vu comment Éric affectait l'idée qu'elle se faisait d'elle-même — car de quelle autre manière aurait-elle pu expliquer ce sentiment prononcé d'insuffisance qu'elle éprouvait auprès de lui ? Mais elle ne percevait pas cette relation de cause à effet. Ses sentiments envers lui pouvaient rester chaleureux (ou dégager la chaleur de la passion religieuse) alors même que ses sentiments envers elle-même étaient devenus froids et mornes. Éric affectait l'idée qu'elle se faisait d'elle-même bien avant d'affecter l'idée qu'elle se faisait de lui.

Quand A regarde B, B ne peut qu'être affecté par le jugement contenu dans le regard de A. Si A pense que B est un adorable petit ange à la peau douce, B commencera probablement à ressentir certains des effets que l'on peut s'attendre à ressentir quand on est considéré comme un adorable petit ange à la peau douce. Si A pense que B est un pauvre crétin incapable d'additionner deux et deux, B verra vraisemblablement ses capacités diminuer en conséquence, et sera donc peut-être amené à conclure que deux et deux font à peu près six.

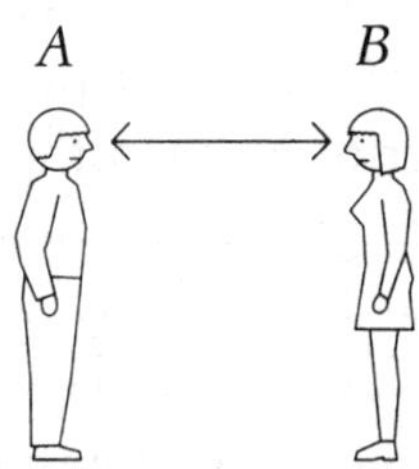

Ce qui déroutait Alice, c'était la subtilité avec laquelle ce processus fonctionnait. Après tout, si A estime que B est un pauvre crétin, il est rarement obligé de dire « Tu es un pauvre crétin » pour faire connaître son opinion — cela se fait d'une façon assez immatérielle pour que B, perplexe, en soit réduit à se demander « Est-ce que je me fais des idées ou… ? ».

La communication entre les gens est rarement faite d'abruptes déclarations — il est rare qu'un individu doive expliquer avec des mots ses sentiments à un autre. Alors comment un message peut-il être suggéré sans qu'il soit besoin de l'énoncer ?

Lorsque Alice avança l'idée que leurs amis Miles et Claire se comportaient comme s'il était un enfant et elle la mère, Éric (qui connaissait Miles depuis le collège) la rejeta aussitôt en disant : « Absurde ! Tu vois des problèmes là où il n'y en a pas, comme d'habitude.

— Mais reconnais qu'il y a vraiment quelque chose de bizarre dans leurs relations. Il semble se plaindre tout le temps, et à chaque fois elle accourt pour lui venir en aide — et on dirait qu'ils aiment tous les deux jouer ces rôles.

— Balivernes. Ce sont des gens formidables.

— La question n'est pas là.

— Où elle est alors ?

— C'est simplement que leur comportement donne à penser que…

— Tu aimes compliquer les choses, hein ?

— Non, c'était juste pour dire… Oh, à quoi bon ? N'en parlons plus. »

La leçon qui finissait par se dégager des réactions d'Éric (et bien que rien ne fût dit dans ce sens), c'était qu'il jugeait excentrique l'intérêt qu'elle portait à la vie affective de ses amis, et suggérait qu'elle imaginait des formes et des ombres là où les gens sains d'esprit ne voyaient rien d'anormal. Il n'était jamais obligé d'être plus explicite. Il lui suffisait de manifester son désaccord avec ce qu'elle pensait en un certain nombre d'occasions pour qu'un tel verdict fût prononcé, d'une manière silencieuse mais écrasante.

Un jour, Alice lui dit qu'elle avait l'intention d'emporter une pile de livres dans sa chambre pendant le week-end. Plus tard, Éric y fit allusion en lui demandant : « C'est aujourd'hui que tu déménages toutes tes éditions originales ? » Il ne lui reprocha pas ouvertement et pesamment d'être trop cultivée ou de trop lire. Néanmoins, appeler ses livres des « éditions originales », alors que c'étaient des bouquins ordinaires et bon marché, revenait à l'accuser légèrement de prétention, la prétention de ceux qui achètent de vieux volumes pour épater la galerie plutôt que pour s'intéresser à leur contenu.

Naturellement, Alice n'avait pas le temps de décoder de telles attaques. Elle n'était pas disposée à croire que son amant pouvait être en train de l'attaquer et cela l'empêchait d'essayer d'y voir plus clair en disant : « Je ne possède aucune édition originale, tu le sais bien, alors épargne-moi tes sarcasmes inspirés par la jalousie. J'aime les livres et si ça te pose un problème, on devrait peut-être en discuter. » Alors elle rentrait chez elle tout attristée, sans savoir au juste pourquoi ou à cause de qui.

Même en l'absence de toute remarque plus ou moins rosse, la personne qu'Alice avait le sentiment de pouvoir être en compagnie d'Éric était limitée par les goûts de ce dernier en matière de conversation. S'il avait envie de discuter de la situation du yen ou des performances d'un nouveau moteur qu'on mettait au point pour la prochaine génération de B.M.W., elle comprenait vite que les sujets qu'elle aurait préféré aborder n'étaient pas les bienvenus. Il ne lui interdisait pas de raconter ses histoires, il indiquait simplement, par les histoires qu'il racontait lui-même, que ce qu'elle pourrait dire tomberait dans l'oreille d'un sourd.

Elle oubliait donc dans quelle mesure elle pouvait être intéressante en présence des autres, et concluait qu'elle était devenue quelqu'un de bien terne. Lorsqu'elle dînait avec Éric, au lieu de se dire avec assurance qu'il y avait des choses dont elle aurait aimé discuter si elle avait eu en face d'elle un compagnon plus approprié, *elle oubliait tout simplement qu'elle aurait eu quelque chose à dire* — preuve que les autres ne déterminent pas tant ce que nous *pouvons* dire que ce que nous avons *envie* de dire, *ce que nous sommes capables de vouloir dire.*

La semaine suivante, Alice déjeuna avec Philip, et parce que sa collègue de bureau Xandra venait d'annoncer que son ami et elle se marieraient en juin, la conversation s'orienta vers la question du mariage.

« Je pense que beaucoup de gens se marient simplement parce qu'ils ont peur d'être seuls », remarqua Alice, et Philip reprit cette idée à son compte, l'enrichit, et la lui repassa.

On pourrait comparer le potentiel « conversationnel » à une structure en forme d'arbre, dans laquelle le dialogue peut se développer en autant de branches différentes que de personnes avec qui on parle ; ce même jour Alice dîna avec Éric, et parce que sa collègue avait annoncé son mariage ce matin-là seulement, la conversation, pour la seconde fois ce jour-là, s'engagea sur ce terrain.

De sorte qu'on pourrait représenter côte à côte, pour les comparer, les branches formées par ces deux dialogues, à gauche celui d'Alice et de Philip, à droite celui d'Alice et d'Éric.

ELLE : Je pense que beaucoup de gens se marient simplement parce qu'ils ont peur d'être seuls

↓

LUI : C'est justement ce que mon amie Jill me disait l'autre jour : elle ne supporte pas d'être seule et elle préférerait se marier, même si le gars n'est pas forcément parfait. Et vous-même ? Est-ce que vous pouvez être seule sans problème ?

↓

ELLE : Ça ne me gêne pas du tout. En fait, je constate que je ne peux avoir de vrais rapports avec les gens que si j'ai été seule pendant plusieurs heures avant. Mes moments les plus productifs sont toujours ceux où je suis seule.

↓

LUI : Je suppose qu'il y a une différence entre être seul et se sentir seul.

↓

ELLE : C'est vrai, quelquefois je suis seule et pourtant j'ai l'impression d'être avec un tas de gens, parce qu'ils sont dans ma tête et que je pense à ce qu'ils m'ont dit, aux choses qu'on a faites ensemble et ainsi de suite — si bien que je n'ai pas le sentiment d'être isolée…

↓

LUI : J'imagine que si on ne souffre pas de la solitude, c'est qu'on a le choix en la matière. On sait qu'il y aurait des tas de gens qu'on pourrait appeler si on avait besoin de bavarder un peu.

↓

ELLE : C'est drôle que vous disiez ça, parce qu'à l'université j'étais toujours obsédée par l'idée de voir des gens, j'étais quelqu'un de sociable mais au fond de moi j'avais toujours un peu peur de ne pas vraiment faire partie du groupe. Je devais sans cesse filer au bar de la fac, parce que je craignais d'être laissée sur la touche.

↓

LUI : Alors qu'est-ce qui a changé ?

↓

ELLE : Beaucoup de choses en fait. D'abord j'ai commencé à travailler, alors j'ai eu moins de temps pour fréquenter des gens, et puis je me suis fait quelques très bons amis, mais j'ai cessé de faire partie d'un grand groupe. J'ai cessé de m'inquiéter de ce que pensait le clan. Je me suis rendu compte que le monde était grand et que la question de savoir où passer son samedi soir n'était pas d'une importance cruciale.

13 h 31, Dean Street Restaurant, Londres W1

LUI : Les gens se marient plus tôt à nouveau. J'ai lu ça dans le journal.

ELLE : Tu crois qu'ils ont plus peur qu'avant d'être seuls?

LUI : Non, c'est économique : chaque fois qu'il y a une crise, les gens se marient plus tôt, pour moins dépenser.

ELLE : C'est vraiment curieux comme l'économie peut affecter ce genre de relations.

LUI : Dans les pays d'Asie, ils se marient beaucoup plus tard maintenant, parce que le P.I.B. augmente. Est-ce que je te l'ai dit? Le garage a appelé aujourd'hui, c'était quelque chose dans la transmission finalement.

ELLE : Ah bon, tant mieux.

20 h 07, Onslow Square, Londres SW7

Malgré l'insignifiance d'un tel exemple, on voit que les deux branches de l'arbre font apparaître deux Alice distinctes. La réceptivité de Philip à l'égard de sujets tels que le mariage, la solitude et la compagnie permettait à Alice de formuler certaines pensées que les réactions d'Éric l'empêchaient d'exprimer — et lui donnait indirectement le sentiment qu'elle était une personne légèrement différente, et dans ce cas, légèrement plus riche. Éric ne lui interdisait jamais de parler de ce que cela fait d'être seul avec un tas de gens dans sa tête, il barrait simplement le chemin qui aurait permis à la conversation de s'engager dans cette voie, il négligeait d'exploiter les possibilités latentes de ce qu'elle avait initialement avancé.

Alors que préférait-elle, le déjeuner ou le dîner?

Âme

Philip, qui n'avait pas été invité à dîner dans l'appartement d'Onslow Square (il avait passé une soirée assommante en compagnie de cadres allemands de l'industrie du disque dans un restaurant de Baker Street), savait très bien quel repas il préférait. Il n'avait guère cessé de penser à Alice ce jour-là et une grande partie du suivant. C'étaient des pensées très innocentes, un simple effleurement de conscience associé à l'image mentale d'Alice assise en face de lui au restaurant, à cette alternance qui l'avait frappé entre de nombreux sourires et une expression étrangement sérieuse et presque mélancolique.

Philip avait un ami prénommé Peter, avec qui il passait souvent la soirée au pub à discuter des principaux éléments constitutifs du bonheur — le travail et l'amour —, et il se surprit à lui parler d'Alice quand ils se revirent la semaine suivante.

« Je l'ai rencontrée par l'intermédiaire de Suzy, l'amie de Matt. Elles se connaissent depuis longtemps, elle travaille dans le marketing ou quelque chose comme ça. On est allés à une vente de meubles anciens à Islington l'autre jour. Elle est vraiment merveilleuse.

— Merveilleuse dans quel sens ?

— C'est difficile à dire, je ne sais pas vraiment.

— Est-ce qu'elle est belle ?

— Non, pas spécialement… Elle est très séduisante à sa façon, mais on ne peut pas dire qu'elle soit vraiment belle.

— Est-ce qu'elle te fait rire ?

— Ouais, plutôt, mais ce n'est pas demain qu'elle fera un tabac dans un numéro de comique…

— Alors est-ce qu'elle est particulièrement dynamique, est-ce qu'elle a de la classe ou quelque chose comme ça ?

— C'est bizarre, je ne sais pas au juste ce qui fait son charme. Quand j'y réfléchis, il me semble qu'il y a une vraie profondeur en elle, mais c'est quelque chose d'indéfinissable… On sent là en quelque sorte une *âme,* si tu vois ce que je veux dire.

— Une âme ? » répéta Peter, qui manifestement ne voyait rien du tout.

Quand le philosophe des Lumières La Mettrie (1709-1751) publia son livre *L'Homme-machine* en 1748, il scandalisa la frange cultivée de l'opinion publique en affirmant brutalement (car l'époque où il vivait était encore largement dominée par la spiritualité) que les êtres humains n'étaient au fond que des machines compliquées, guère plus que des combinaisons de vannes et de valves, de rouages divers, de tuyaux et d'atomes — comme on peut en trouver dans les reptiles, les amibes ou les chronomètres maritimes.

« L'homme est une machine et il n'y a dans tout l'univers qu'une seule substance diversement arrangée » déclara-t-il, la substance en question étant bien entendu l'humble *matière.* Une telle assertion remettait en cause le dualisme qui avait régné à peu près en maître depuis Platon, et selon lequel tous les êtres humains étaient faits de matière et d'âme. Chacun voyait clairement quel était l'élément le plus important; c'était l'âme qui conférait aux humains leur principe vital et leur dignité, sans elle ils auraient été de simples machines vouées à une mort éternelle en cas de fatal infarctus au cours d'une réunion d'actionnaires.

Mais qu'était-ce donc que cette âme? Elle était comparable à la capsule spatiale située au sommet de la fusée qui a servi au premier vol lunaire habité en 1969. Cette capsule n'était qu'une des quatre parties de l'énorme Apollo 11 : avec tous ses étages, l'engin spatial mesurait cent onze mètres, mais quand les astronautes revinrent sur Terre au bout des huit jours qu'avait duré leur mission, il était réduit à ce qui en avait constitué l'extrémité supérieure, un minuscule cône d'un peu plus de trois mètres de haut. Le reste de la fusée avait servi à lancer les astronautes en orbite, mais l'élément principal et vital était le module contenant lesdits — « un petit pas pour l'homme… » — astronautes.

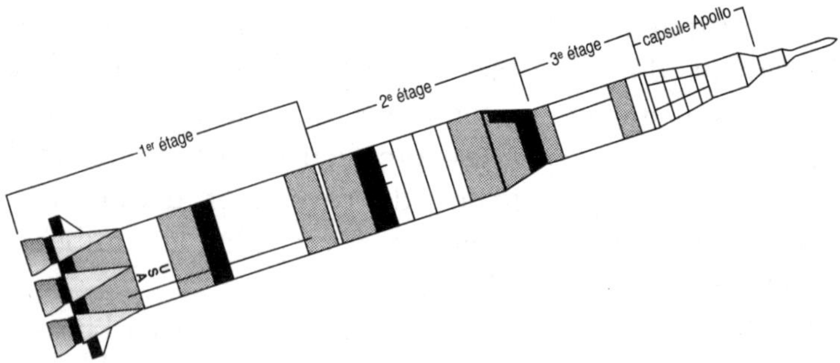

De même, les théoriciens de l'âme estimaient que l'être humain se composait d'un corps volumineux mais spirituellement inutile, et d'une âme plus petite mais infiniment précieuse. Le corps était l'équivalent humain de la fusée, chargé de transporter l'âme et propulsé grâce à la combustion de pain complet et de doubles hamburgers. Bien que le corps fût souvent impressionnant (même s'il atteignait rarement cent onze mètres de haut), il était en fin de compte superflu : après un voyage de quelques décennies, la seule chose qui subsistait était la minuscule âme-capsule spatiale, invisible même sous l'objectif du plus puissant microscope.

La plupart des philosophes s'accordaient pour dire que les humains se composaient d'une âme éternelle et d'un corps-fusée, mais ils n'étaient pas aussi unanimes en ce qui concernait le contenu de la précieuse capsule : cette chose était naturellement la partie la plus importante de l'être humain, mais de quoi était-elle faite au juste ?

Platon est entré dans l'arène philosophique en soutenant que la raison était d'une importance cruciale, et a donc défendu l'idée que l'âme était un module *rationnel.* Saint Augustin, pour qui Dieu était beaucoup plus important, pensait que l'âme-capsule appartenait à Dieu et aspirait au Ciel — un point de vue qui resta très populaire parmi les astronomes et les profanes pendant des siècles. Mais quand la foi en Dieu commença à décliner avec l'avènement des Lumières, le rôle de l'âme, dans l'acception théologique du mot, commença aussi à changer. Si la partie la plus importante d'une personne était son âme, mais si Dieu n'était plus aussi important, quel serait le rôle de l'âme désormais ?

Bien entendu, tout le monde n'était pas aussi convaincu que l'âme-capsule dût continuer à présenter un quelconque intérêt, et des savants et d'intraitables philosophes comme La Mettrie décidèrent de renoncer carrément à ce concept en faveur d'allégeances matérialistes, laissant à des penseurs plus mystiques et des poètes ingénus le soin de chercher encore à remplir l'âme-capsule — ce qu'ils se mirent illico à faire en la truffant de *sentiment.*

Dès lors l'âme ne fut plus cette chose que l'on possédait automatiquement en tant qu'être humain, mais une chose dont on était plus ou moins pourvu, en fonction de son degré de sensibilité. Une personne grossière, qui se mettait les doigts dans le nez, rotait pendant les opéras et n'avait que mépris pour la poésie serait dorénavant considérée comme un être « sans âme », un sort auquel avait échappé même le pire jocrisse d'antan. « Être dépourvu d'âme » en vint à signifier : être insensible à des choses telles que l'art, la littérature et la musique. Cela explique pourquoi le dramaturge John Dryden (1631-1700) a pu écrire de Shakespeare que c'était « l'homme qui, de tous les poètes modernes et peut-être même anciens, avait l'âme la plus vaste et étendue ». Pour Keats, l'âme avait sa propre nourriture (pas question de doubles hamburgers ici), et fort commodément pour lui-même et son éditeur, elle se présentait sous forme de strophes poétiques : « La poésie devrait être sublime et discrète, une chose qui pénètre votre âme… »

Sexuellement parlant, aimer quelqu'un pour son âme en vint à paraître infiniment plus méritoire que l'aimer pour son corps-fusée — même si, dans un cas comme dans l'autre, cela pouvait se terminer par des soupirs dans la chambre à coucher. Lorsque Marilyn Monroe (1926-1962) voulut dénoncer la faillite morale de l'industrie cinématographique, elle exprima une conception « post-Lumières » de l'âme en affirmant que Hollywood était

« un endroit où on vous paie mille dollars pour un baiser, et cinquante *cents* pour votre âme ».

Par conséquent, lorsque Philip parlait d'*âme* à propos d'Alice, il voulait exprimer le sentiment, fort agréable au demeurant, qu'elle était dotée d'une grande sensibilité. Mais comment pouvait-il affirmer une telle chose après quelques rencontres seulement, au cours desquelles ils n'avaient ni écouté du Ravel ensemble, ni assisté à des lectures du *Prélude* de Wordsworth ?

Bien que le sentiment soit une expérience subjective, certains ont soutenu que l'âme pouvait être visible, s'inscrire sur les traits d'un visage, laisser une trace sur l'enveloppe charnelle. Dans son roman *Clarisse Harlowe* (1747), Richardson nous dit que les yeux de Clarisse étaient « pleins d'âme », et de tout temps les poètes ont appelé ces organes les fenêtres de l'âme. Mais qu'est-ce que cela peut bien être qu'un *œil* plein d'âme ?

La représentation de visages « pleins d'âme » a plus ou moins disparu de l'art occidental — maintenant on représente généralement des visages souriants, passionnés ou boudeurs —, mais dans certains portraits de la Vierge Marie peints au commencement de l'ère moderne en Europe, on peut trouver de très bons exemples d'expressions répondant à cette description. Une visite de la National Gallery de Londres permet ainsi de voir le tableau de Van der Weyden intitulé *Madeleine lisant* (peint vers 1430), dans lequel les yeux de Marie-Madeleine suggèrent une tristesse presque ineffable ; elle semble étrangement détachée du livre qu'elle est en train de lire, perdue dans le monde intérieur de la personne « pleine d'âme ». On pense aussi à la *Vierge à l'Enfant* de Botticelli (peinte entre 1475 et 1510), un tableau dans lequel l'expression de la Vierge évoque la mélancolie d'une des dernières arias de Bach ou du *Stabat Mater* de Pergolèse.

« Écoute, Philip, qu'est-ce que tu racontes ? Tu veux coucher avec la Sainte Vierge ou quoi ? l'interrompit Peter.

— Ne dis pas de bêtises, répondit Philip, je n'ai pas dit qu'elle *était* la Sainte Vierge, j'ai simplement dit qu'elle avait ce genre d'expression qui me fait penser à certaines de ces Vierges Marie qu'on voit quelquefois.

— Je ne pige pas.

— Tu ne piges pas grand-chose, hein ?

— Sans doute. J'avoue que depuis que tu as renoncé à sortir avec la plus belle fille du monde occidental, je suis plongé dans une certaine perplexité. »

Peter faisait allusion à l'ex-petite amie de Philip, Catherine, qu'il avait fréquentée pendant quelques mois avant de mettre fin à leur liaison. Catherine était grande, blonde, et dotée d'un visage et d'un corps parfaitement proportionnés. Il lui était arrivé, pour se faire de l'argent, de poser comme mannequin pour plusieurs publications, et on s'accordait généralement à voir en elle un spécimen presque idéal de beauté humaine. Et ce n'était pas seulement un joli visage. A vingt-sept ans, elle était médecin diplômé après avoir été reçue à tous ses examens avec mention, et avait commencé à participer en tant que chercheur à des colloques universitaires. Son caractère paraissait lui aussi sans défaut : elle n'était jamais rancunière, ne laissait pas tomber ses vieux amis, et écrivait des lettres charmantes pour remercier ceux qui l'invitaient à dîner — alors pourquoi Philip avait-il eu le sentiment très net qu'elle n'avait pas d'*âme* ?

C'était peut-être dû à son *prosaïsme* non sentimental de type la mettrien, conséquence d'une formation médicale qui l'avait rendue peu disposée à mâcher ses mots ou à perdre de vue les réalités essentielles de la vie et de la mort. En comparaison, la façon de s'exprimer d'Alice paraissait *poétique* — non qu'elle parlât en distiques rimés, mais on sentait dans ses paroles des résonances que l'on trouve à l'occasion dans la poésie, mais généralement pas dans la prose.

Lorsque Alice racontait de banales vacances enfantines pendant lesquelles elle avait fait du bateau et pêché, cet événement éminemment prosaïque devenait d'une certaine façon poétique — comme si elle évoquait plus qu'un simple voyage, des parties de pêche ou une cabane sur une plage norvégienne. Elle n'épuisait pas l'intérêt de Philip par son prosaïsme, son monde intime suggérait une indéfinissable mélancolie, elle entretenait un certain degré de mystère essentiel à l'épanouissement du désir.

Quelques jours plus tôt, avant de déjeuner ensemble, Philip et elle avaient bu un verre avec un futur client de son agence de publicité : l'homme lui avait parlé de son affaire (« Nous importons des tuyaux d'échappement des Pays-Bas, installons dessus les nouveaux convertisseurs, et les réexportons dans toute la Communauté européenne... »), et Alice avait hoché la tête et glissé çà et là un « Je vois » ou un « Très intéressant », et pourtant, pendant tout ce temps, elle avait paru être sur une autre planète — une planète vers laquelle Philip ne demandait pas mieux que de se propulser lui-même s'il arrivait à trouver la fusée Apollo adéquate.

Mais bien que ceci pût paraître très innocent, l'enthousiasme que manifestait Philip pour l'âme d'Alice avait potentiellement un côté plus sombre.

Il est significatif que si le concept d'âme en vint à être associé au *sentiment* pendant la période romantique, le sentiment, lui, fut bientôt associé à la *douleur* plutôt qu'au plaisir. Ressentir les choses intensément signifiait rarement être heureux, siffler sous la douche ou chanter dans le jardin — cela suggérait plutôt une prédisposition à la souffrance.

Ce n'est pas une coïncidence si la *soul music* (la « musique de l'âme ») a été, de Ray Charles à Aretha Franklin (la « Grande Dame de la Soul »), un mouvement musical essentiellement noir. On a dit volontiers, depuis l'apparition du blues, que les musiciens noirs avaient « plus d'âme » que les blancs : c'était comme si des siècles d'oppression — les bateaux d'esclaves, les champs de coton — leur avaient permis de comprendre et donc d'exprimer la souffrance et l'émotion mieux que des Blancs plus favorisés.

Ce rapprochement entre l'oppression des Noirs et la *soul music* était inspiré par l'idée romantique plus générale selon laquelle l'artiste (celui qui *ressent*) est un créateur torturé, quelqu'un dont l'œuvre ne peut être le fruit que d'une longue succession d'épreuves et de souffrances. Le philosophe américain George Santayana (1863-1952) a avancé l'idée que l'âme ne pouvait s'épanouir qu'à travers une initiation à la douleur : « L'âme aussi a sa virginité et doit saigner un peu avant de porter des fruits. » Cyril Connolly a dit pour sa part qu'il aurait aimé être Baudelaire ou Rimbaud sans avoir à subir les souffrances qui, pensait-il, avaient été la condition préalable (plutôt qu'un obstacle héroïquement surmonté) de leur production artistique; c'est l'idée que les artistes ne créent pas *malgré* leurs souffrances, mais *à cause* d'elles.

Ne se pouvait-il donc pas que cet amour de l'âme

manifesté par Philip cachât un certain amour de la tristesse, ce très classique et puissant aphrodisiaque?

Mais comment la tristesse peut-elle être attrayante?

Tandis qu'une femme que l'on voit rire en compagnie d'autres hommes n'a visiblement pas besoin qu'on s'intéresse à elle, celle qui fixe tristement des yeux sa tasse de café, seule dans un wagon-restaurant, permet à un séducteur d'imaginer que, connaissant le chagrin, elle pourrait être sensible au sien. Sa peine l'aidera à comprendre ma peine, peut-il espérer, assis à l'autre bout du wagon désert.

La gaieté tend à exclure, la tristesse à inclure. L'amant qui a besoin qu'on ait besoin de lui peut donc préférer une expression triste à une expression heureuse, dans l'espoir d'échapper à l'indépendance, à l'insensibilité à la souffrance qu'implique la gaieté. Rechercher la tristesse, c'est peut-être chercher à fuir la compétition suggérée par les expressions empreintes d'autosuffisance.

« Je vois, l'interrompit à nouveau Peter, c'est un pur fantasme de sauvetage. Voilà une femme qui a des problèmes avec son type, et tu veux te pointer sur ton cheval blanc pour lui porter secours. Tu es un de ces détraqués qui prennent leur pied avec la détresse des gens. J'ai vu des couples comme ça, où la femme est malheureuse et l'homme trouve ça charmant. Et tu sais ce qui arrive? C'est terrible, la femme finit par être encore plus malheureuse, parce que l'homme l'influence dans ce sens — parce qu'il est si heureux de la voir malheureuse.

— Peter, je connais ça, et crois-moi, ce n'est pas le cas ici. Je ne veux pas sauver Alice, c'est la dernière chose qui me viendrait à l'esprit, et je suis sûr qu'elle serait choquée par l'idée même qu'elle a besoin d'être secourue. Elle est incroyablement indépendante, si quelqu'un essayait de lui venir en aide, elle l'enverrait probablement sur les roses en disant "Écoutez, je peux me débrouiller toute seule, merci bien." Tu sais, c'est bizarre, mais la seule excuse que j'aie de la trouver attachante, c'est cette idée, sans doute ridicule, qu'à cause de cette impression qu'elle donne d'avoir une âme, elle est d'une certaine façon plus profonde et intéressante qu'un tas d'autres femmes que je connais.

— Je pense simplement que ce n'est peut-être pas très prudent d'essayer de séduire quelqu'un qui a l'air de sortir d'une toile de Van der Weyden.

— Hé, minute ! Ce n'est pas parce que j'ai dit qu'elle était merveilleuse que j'ai la moindre intention d'essayer de la *séduire*...

— Hein ? Tu n'arrêtes pas de me répéter depuis une demi-heure à quel point cette fille est formidable, et maintenant tu me dis que tes intentions sont purement amicales ? J'ai peine à le croire.

— Écoute, elle a quelqu'un et tu sais ce que je pense de ce genre de situation. Je refuse de me lier avec une fille qui a déjà quelqu'un dans sa vie, c'est trop compliqué, la vie est trop courte pour ça. Elle est plus ou moins heureuse avec ce type, et moi je suis heureux d'être son ami, de bavarder avec elle, ce genre de chose. C'est une amie intelligente, intéressante et sensible, et je n'ai absolument pas l'intention de changer quoi que ce soit à cet état de choses. »

Niveaux de vérité

On peut vivre tant bien que mal la plus grande partie de sa vie sans s'appuyer sur un système de valeurs cohérent ; l'absence de dilemmes moraux nous exempte de la responsabilité du choix. Quelles sont nos vraies allégeances littéraires, une fois que nous sommes affranchis de ces scrupules culturels que suscitent en nous les pages littéraires des journaux sérieux ? Sommes-nous vraiment à même d'en juger, tant que nous ne devons pas faire nos valises pour aller passer le reste de notre vie sur une île déserte ? A quoi attachons-nous le plus de prix, au pouvoir ou à l'honnêteté ? A moins d'avoir été forcés de choisir entre les deux, pouvons-nous et voulons-nous vraiment le savoir (pas étonnant que Faust nous mette tellement mal à l'aise) ?

Les choix définitifs nous inspirent de l'aversion, parce qu'ils nous empêchent de faire ce qui nous est le plus naturel, à savoir, croire une douzaine de choses différentes à la fois, complètement disparates et agréablement flatteuses. Ne serait-il pas très ennuyeux de se considérer comme un grand amateur de littérature intellectuelle et de s'apercevoir, au moment de partir sur l'île déserte, que son livre préféré est un roman de gare ? Ou de se croire parfaitement intègre et de découvrir avec quelle facilité dix millions de dollars pourraient mener à d'effrayants arrangements avec la vérité ?

Que pensait Alice de Philip ? *Oh, c'est un garçon très sympathique. Il travaille comme ingénieur du son dans une maison de disques classiques. Il était à Berlin avec Midori dernièrement, pour enregistrer du Bach je crois. Vraiment tu ne veux pas de thé ? Je suis allée avec lui à une vente de meubles anciens l'autre jour, on a eu une conversation très agréable. Tu demandes ça pour une raison particulière ou simplement... ?*

Toutefois, d'un point de vue freudien, malgré d'énormes zones d'ignorance de soi et de conflits non résolus, il existe une certaine dynamique interne qui vise à une meilleure connaissance de soi-même et à la résolution des problèmes. Les rêves et les lapsus sont, dans cette optique, interprétés comme étant des tentatives confuses, mais finalement très logiques, de la part des désirs cachés, pour remonter à la surface. Le général qui se croit aussi hétéro qu'on peut l'être rêve, une nuit, de sodomiser le lieutenant aux yeux bleus avec qui il a joué au billard ce soir-là — et découvre ainsi sa propre homosexualité. L'homme qui ne peut s'empêcher de penser secrètement à la femme de son meilleur ami doit reconnaître la force de ses sentiments pour elle lorsque, voulant demander à son ami comment il va, il lui dit : « Comment va-t-elle, Bill ? Je veux dire, comment vastu, Bill ? »

Les rêves d'Alice ne présentaient pas d'anomalies particulières depuis qu'elle avait rencontré Philip. Elle avait rêvé qu'elle était dans un avion qui s'écrasait sur une montagne. Elle avait rêvé qu'elle avait cinq ans et était tout excitée à l'idée de partir en vacances au bord de la mer près de La Rochelle. Elle avait rêvé qu'elle entrait en scène au cours d'une représentation scolaire d'*Hélène de Troie* et que seules des bulles de savon sortaient de sa bouche quand elle essayait de parler. C'était l'habituel mélange d'angoisse et de fantaisie, mais rien qu'elle n'aurait pu confier à Éric en s'éveillant près de lui. Il n'y avait pas eu non plus d'oublis ou de lapsus notables; elle avait bien oublié le nom d'un comptable désagréable qu'elle avait dû appeler chez un concurrent, mais Shrivangajuri était un nom qui vous échappait facilement. Elle avait utilisé par mégarde le prénom de son amie *S*uzy en parlant de sa collègue *L*ucy, mais l'équation linguistique était assez marquée pour qu'une interprétation psychologique fût superflue. Et pourtant, malgré cette absence d'actes manqués classiques, le désir d'Alice s'était bel et bien manifesté, et ce, grâce à un phénomène que l'on pourrait appeler le *lapsus du répondeur téléphonique.*

Quand Freud mourut à Londres en 1939, le téléphone était encore un instrument primitif réservé à une minorité. Beaucoup d'appels devaient passer par une standardiste, il fallait réserver certaines lignes des heures à l'avance et les tarifs internationaux étaient prohibitifs. De surcroît, si quelqu'un appelait quand on était sorti (et si un maître d'hôtel n'était pas là pour décrocher), il n'y avait pas moyen de recevoir le message. Comme la méthode d'enregistrement sonore qui prévalait alors était l'impression sur cire, il était impossible de connecter le téléphone à une machine enregistreuse. Jusqu'à ce que l'usage de la cassette magnétique se répande dans les années 70, il n'y eut donc aucun moyen de laisser un message si la personne que l'on voulait appeler était sortie déjeuner. Mais l'apparition de la cassette permit à un certain nombre de compagnies de se lancer dans la fabrication du *répondeur téléphonique,* une boîte qui pouvait être connectée au téléphone et activée lorsqu'il y avait un appel, une sorte de boîte aux lettres sonore. Avant qu'on les intègre aux téléphones eux-mêmes (vers le milieu des années 80), ces machines étaient généralement des petites boîtes rectangulaires contenant deux cassettes, une pour le message de départ et l'autre pour les messages d'arrivée, munie de plusieurs boutons de commande et d'un petit écran à diode électroluminescente (LED) affichant le nombre de messages reçus pendant son absence.

Seul un hasard chronologique a empêché Freud d'étudier l'énorme portée psychologique de cette invention, car le répondeur téléphonique projette (à peu près comme le font les rêves) un éclairage décisif sur l'inconscient du sujet. En effet, l'appareil est conçu de telle sorte que son propriétaire apprend qu'on a cherché à le joindre (en voyant le chiffre affiché par l'écran LED) avant de savoir qui l'a appelé. Il y a donc nécessairement un délai crucial entre le moment excitant où il découvre qu'on l'a appelé et celui où il apprend qui l'a appelé — un délai qui facilite et encourage le jeu de l'imagination, lequel lui révèle non qui a appelé, mais par qui il *voudrait* avoir été appelé. Souvent il n'a pas conscience d'avoir concentré ses espoirs sur une certaine personne, à cause du danger qu'il y a à reconnaître un besoin voué à rester insatisfait. Cependant, quand il rentre chez lui après avoir passé une soirée avec des amis, et voit l'écran luminescent afficher un brillant et prometteur ④, le *lapsus du répondeur téléphonique* révèle immanquablement l'identité de l'interlocuteur désiré : le sujet ne peut s'empêcher d'espérer fugitivement (tout en cherchant à tâtons le bouton « lecture ») qu'enfin *il* ou *elle* a appelé.

C'est ce qui portait Alice à imaginer, quand elle voyait en rentrant l'écran LED de son répondeur, que Philip avait pu l'appeler en son absence, une classique « réalisation de désir » telle que la définissent Laplanche et Pontalis dans leur *Vocabulaire de la psychanalyse* : « Une formulation psychologique dans laquelle le désir apparaît à l'imagination comme ayant été réalisé. »

Un tel désir n'était pas totalement injustifié : Philip, après tout, avait son numéro de téléphone et avait promis, à la fin de leur déjeuner dans le restaurant de Dean Street, de l'appeler dans le courant de la semaine suivante afin de fixer un rendez-vous pour aller voir un film ou visiter cette nouvelle exposition à la Royal Academy. Il ne faut donc pas s'étonner si, le jour où elle trouva un ③ sur son répondeur en rentrant chez elle, elle pensa instinctivement qu'un de ces appels venait de Philip, alors qu'ils venaient en fait, comme elle s'en aperçut bientôt, de sa mère, de son plombier et de son directeur de banque, ou encore si, pas moins de ⑤ personnes ayant appelé le lendemain, la même idée lui traversa l'esprit une fois de plus, bien que leur identité, comme elle ne tarda pas à s'en rendre compte, fût tout aussi décevante (mais dans quelle mesure pouvait-elle être réellement déçue, alors qu'elle aimait profondément Éric, qu'elle avait suffisamment d'amis, qu'elle était débordée de travail, et qu'elle avait vu Philip seulement quelques jours plus tôt de toute façon ?).

La semaine suivante, Éric organisa un cocktail dans son appartement et demanda à Alice d'ajouter quelques noms à la liste des invités. Elle s'acheta une élégante robe noire pour l'occasion et la perspective de cette soirée parut la réjouir plus que de coutume. Ce soir-là elle siffla l'indicatif musical d'une émission consacrée à la nature tout en se maquillant devant le miroir de la salle de bains d'Éric.

Au cours de la réception, le téléphone sonna dans la cuisine et Alice alla répondre. C'était Philip. Il s'excusa et exprima ses regrets de ne pouvoir venir. Un enregistrement sur lequel il avait travaillé au King's College de Cambridge avait duré beaucoup plus longtemps que prévu, et il lui était vraiment impossible de revenir à Londres à temps. En outre, il allait à Cologne le lendemain pour un travail qui le retiendrait trois semaines, le cinéma et la Royal Academy devraient donc attendre, mais il l'appellerait dès son retour.

Quand Alice retourna vers les invités qu'elle avait quittés quelques minutes plus tôt, la conversation s'était orientée vers les méthodes de travail au Royaume-Uni. Un journaliste de haute taille et barbu était en train de dire :

« Je pense que l'idée que les Britanniques ne sont pas fiables est aussi dépassée que l'idée qu'ils vont tous à Eton et ont des accents distingués. La Grande-Bretagne a un des taux de productivité les plus élevés en Europe, les grèves y sont beaucoup moins fréquentes que dans d'autres pays et son réseau de communications est très développé et performant. Les entreprises britanniques livrent généralement leurs produits à temps, au juste prix et dans les quantités prévues. »

Ce discours ennuyait trop les autres invités pour qu'ils songent à exprimer leur accord ou leur désaccord, et la conversation semblait sur le point de marquer une pause.

« C'est complètement faux! dit soudain Alice, il y a de l'inefficacité partout. Où qu'on aille, on voit des contrats qui ne sont pas honorés, des gens qui manquent à leurs promesses. Hier encore je lisais quelque chose sur une compagnie qui s'est fait rafler un marché de plus de sept cent mille livres par un concurrent américain à cause d'un retard de vingt-quatre heures sur un contrat... »

Cette attaque passionnée d'Alice contre l'inefficacité britannique surprit ses invités, qui avaient jugé la question peu litigieuse ou parfaitement ennuyeuse. Plusieurs d'entre eux eurent assez de tact pour estimer que leur hôtesse s'échauffait peut-être un peu trop pour qu'il fût poli de poursuivre cette discussion, et orientèrent la conversation vers des sujets plus neutres : ils finirent par causer de vacances en bateau en Cornouailles.

Alice était furieuse contre Philip — mais non, comment pouvait-elle être furieuse contre lui, puisqu'il lui était à peu près indifférent? En réalité, si elle était irritée, c'était uniquement parce qu'il y avait là un journaliste qui croyait à l'efficacité britannique, alors que chaque jour elle était amenée à constater une effarante inefficacité britannique. Et puisque l'invité à lunettes était d'humeur combative, quoi de plus naturel que de passer une partie de la soirée à défendre passionnément une cause dont elle ne s'était encore jamais aperçue qu'elle lui tenait tant à cœur?

Tout se passait comme si les différents désirs qui s'affrontaient en elle étaient arrivés à un compromis.

D'un côté, la colère provoquée par l'attitude de Philip cherchait à s'exprimer, mais d'un autre côté, le censeur psychique jugeait une telle expression impossible en raison de ce que cette colère disait de ses sentiments pour lui. Un marché avait donc été conclu, une partie de son esprit disant à l'autre : « Je te permets de te mettre en colère, mais seulement si tu ne te rends pas compte de ce qui te met en colère — si tu te mets en colère sans chercher à connaître la vraie cause de ta colère. » Il était infiniment plus facile de dire qu'elle était irritée par l'inefficacité britannique que d'avouer qu'elle était irritée par l'inefficacité particulière d'un certain Britannique pour lequel elle éprouvait une certaine affection, bien qu'elle aimât profondément quelqu'un d'autre.

Éric s'approcha d'elle alors qu'elle discutait encore, la prit gentiment par la taille et lui demanda si elle passait une bonne soirée.

« Certainement, c'est parfait, il y a des gens vraiment intéressants ici.

— Qui a téléphoné tout à l'heure ?

— Téléphoné tout à l'heure ?

— Oui, qui était-ce ?

— Oh, personne, je veux dire, c'était Philip, rien d'important, c'était juste pour dire qu'il ne pourrait pas venir.

— C'est dommage, j'étais impatient de faire sa connaissance. Tu dois être contrariée.

— Contrariée ? Non, pourquoi ?

— Je ne sais pas, parce que tu l'avais invité.

— Ça m'est complètement égal. C'est son problème, pas le mien. La seule chose qui m'agace, c'est que des gens acceptent de venir quelque part et puis ne le font pas. »

Et Alice, ayant donné à sa blessure l'apparence d'un

grief convenablement administratif, plutôt que honteusement émotionnel, put passer à un autre sujet.

Ce qui caractérise l'aveuglement sur soi-même, c'est une incapacité, chez une même personne, à être cohérent vis-à-vis de deux croyances qui devraient normalement s'annuler. En termes philosophiques, cela implique une situation dans laquelle une personne agit d'une certaine manière (manière *x*) seulement à cause d'une croyance antérieure mais cachée en l'opposé de *x* (*x* est rendu possible par *non-x*). L'exemple classique est celui de l'homme ventripotent qui préfère croire qu'il est mince, qui veut se faire croire qu'il est mince, et qui pour cela rentre le ventre juste avant de se regarder dans une glace. Le miroir ne montre pas l'ampleur de sa bedaine, cependant cette manœuvre dissimulatrice suppose une conscience préalable de son existence et de ses dimensions. Cet homme n'aurait pas pu se considérer comme quelqu'un de mince s'il n'avait pas su d'abord qu'il était gros (et donc inspiré à fond pour cacher ce fait gênant).

Bien qu'elle n'eût pas de grosse bedaine, Alice se livrait malgré elle à une manœuvre similaire, car si elle n'était pas contrariée par l'absence de Philip, cet insolite manque d'irritation superficielle supposait la conscience d'une colère bien plus profonde et inacceptable provoquée par cette même absence. Elle accordait moins d'importance que d'habitude au fait que Philip fût présent ou non, justement parce qu'à un certain niveau elle savait qu'elle lui accordait plus d'importance que d'habitude, et beaucoup plus qu'il n'était conseillé (un exemple de pensée *x* rendue possible par la pensée *non-x*).

Mais comment la même personne peut-elle à la fois produire et gober une contre-vérité ? La réponse, dans le cas d'Alice, ne pouvait être cherchée que du côté du faible mais légendaire *à un certain niveau.* Alice aimait-elle Éric ? Bien sûr — à un certain niveau. Qu'éprouvait-elle pour Philip ? Une certaine affection peut-être — à un certain niveau. Était-elle consciente de tout cela ? Peut-être — à un certain niveau.

Son esprit aurait pu être comparé à un ascenseur reliant entre eux plusieurs étages, le contenu d'un étage n'excluant pas nécessairement celui d'un autre. Des choses tout à fait incompatibles pouvaient se produire à chaque niveau, l'ascenseur passait simplement de l'un à l'autre sans continuité logique.

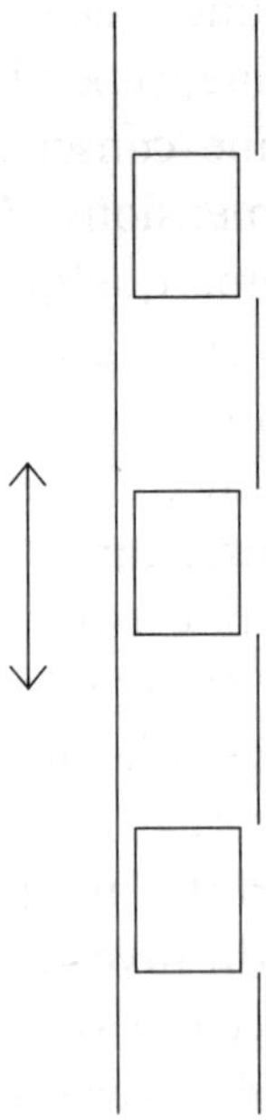

1
Étage de l'amour d'Éric

2
Étage de la colère contre les méthodes de travail britanniques

3
Étage des sentiments d'affection envers Philip

Cette soirée avait donc été fertile en paradoxes : une soirée où Alice avait, à un certain niveau, accordé peu d'importance à l'absence de Philip parce que, à un autre niveau, elle y avait accordé trop d'importance pour pouvoir l'admettre, et une soirée où elle avait aimé Éric moins que d'habitude, mais fait l'amour avec lui plus passionnément que d'habitude, pour éviter de prendre conscience d'une défaillance affective dont elle avait dû pourtant, à un certain niveau, avoir déjà conscience, sinon pourquoi aurait-elle fait l'amour aussi passionnément ?

Il était seulement dommage qu'il y eût à chaque étage des personnes différentes…

Questions

Philip n'avait jamais nié qu'il trouvait Alice séduisante ; il avait simplement refusé dès le début, calmement mais fermement, de se lier intimement avec une femme qui avait déjà quelqu'un dans sa vie.

Quand il revint d'Allemagne quelques semaines plus tard, Alice et lui commencèrent à se voir régulièrement au moment du déjeuner, la proximité de leurs lieux de travail à Soho conférant à leurs rencontres une certaine justification géographique.

« Qu'as-tu fait ce week-end ? demanda Philip un lundi midi.

— Oh, pas grand-chose. Et toi ? Es-tu allé en Cornouailles finalement ou es-tu resté ici ?

— C'est moi qui ai posé la question le premier.

— Bah, c'était juste un week-end comme les autres... Avons-nous commandé ? J'ai vraiment envie d'un avocat aujourd'hui, j'en ai eu une envie folle toute la matinée.

— Est-ce que tu le fais exprès ?

— Quoi donc ?

— De changer de sujet de conversation.

— Non, pas vraiment… Écoute, je ne sais pas quoi dire. Ça n'a pas été terrible comme week-end. Éric était encore taciturne, tu sais, le genre "Ne me parle pas, je ne suis pas d'humeur à ça", alors qu'il m'avait expressément demandé de rester à Londres au lieu d'aller passer le week-end avec Suzy. Quand il est mal luné comme ça, il m'ignore comme si j'avais fait quelque chose d'affreux, mais si je lui demande ce qui ne va pas, il s'emporte et me dit d'arrêter de l'embêter. Je suis entrée dans une pâtisserie hier et comme je sais qu'il adore le flan au fromage blanc, j'en ai acheté une tranche, mais quand je l'ai posée sur son bureau à côté de lui il n'a même pas levé les yeux, et quand je suis revenue plus tard, il était sorti et le flan était toujours là, il n'y avait pas touché… Mais je ne vois vraiment pas quel intérêt ces misérables et assommantes histoires pourraient avoir pour toi. Je meurs de faim. Pouvons-nous commander maintenant ? »

Si misérable et douloureux que soit l'amour non partagé, notre culture nous apprend à le considérer avec bienveillance. Alors que la société se montre généralement sévère à l'égard de l'échec professionnel, elle continue de manifester un certain respect pour le malheur affectif. Les grands amants déçus de la littérature (Madame Bovary, le jeune Werther) suscitent l'admiration de leurs lecteurs en faisant preuve de générosité envers l'objet — récalcitrant, médiocre ou cruel — de leur amour. En éprouvant de la pitié pour Alice, Philip se conformait donc à un schéma social ancien et bien connu. Il avait affaire au cas tristement classique de la femme qui aime un homme incapable de répondre à l'affection qu'on lui porte. Éric était le vilain monstre, Alice la gentille fille qui apporte le flan au fromage blanc, et comme elle avait incontestablement de beaux yeux et un visage au sujet duquel on pouvait parler d'âme, Philip n'avait — c'était prévisible — guère de mal à ressentir de la compassion pour l'infortunée jeune fille.

« Ne te laisse pas marcher sur les pieds : c'est la pire chose que tu puisses faire. Il ne te respectera pas si tu te comportes comme une chiffe molle.

— Qu'est-ce que je dois faire alors ?

— Sois donc un peu plus dure avec lui. S'il est mal luné, sois encore plus mal lunée que lui, au lieu d'être accommodante et passive. Il se conduit comme ça seulement parce qu'il sait qu'il peut le faire impunément. »

Il y eut de nombreuses séances de ce genre : Alice mentionnait d'un air penaud quelque indélicatesse commise par Éric, et Philip s'efforçait de lui donner des conseils, de suggérer des solutions.

Ces séances avaient beau paraître innocentes, elles n'en soulevaient pas moins des questions difficiles. Pourquoi Alice passait-elle ainsi son temps à se plaindre de son amant ? Si elle se plaignait de lui, c'était à l'évidence que les choses n'allaient pas trop bien entre eux, et si elles n'allaient pas trop bien, on pouvait supposer qu'elle espérait trouver quelqu'un avec qui elles pourraient aller mieux. Dans ce cas, quel était le rôle de Philip dans tout ça ? Pourquoi était-ce sur lui que s'était porté le choix de l'ami/thérapeute qui écouterait la litanie de ses malheurs ? Était-ce parce qu'il savait écouter, ou parce que la patiente n'aurait pas demandé mieux que de dépasser avec lui le stade des relations amicales ? Alice se plaignait-elle d'Éric pour suggérer qu'elle ne détesterait pas que Philip lui fasse la cour, ou ces discussions au restaurant représentaient-elles simplement pour elle des occasions bien innocentes d'exprimer ce qui l'agaçait dans une liaison par ailleurs essentiellement heureuse ?

Le terrain était miné, et Philip devait avancer avec précaution.

« Éric est toujours si négatif au sujet de mes goûts… Quand je choisis un film et lui demande s'il veut aller le voir, j'ai toujours l'impression qu'il refuse parce que c'est mon choix…

— Hmm.

— Qu'en penses-tu ?

— Peut-être qu'il n'aime pas les films de Bergman, tout simplement.

— Non, non, il y a autre chose, c'est comme s'il utilisait Bergman pour dire quelque chose au sujet de nos relations.

— Quoi donc ?

— Eh bien, qu'il ne me respecte pas, par exemple…

— Vous ne pouvez jamais discuter de ce genre de choses ?

— Comment ça ?

— Je veux dire, toutes ces tensions sont-elles un sujet complètement tabou entre vous ?

— Non, pourquoi ?

— Je ne sais pas, on le croirait à t'entendre.

— Vraiment ?

— Ouais… »

Il y eut un silence ; le garçon arriva avec une salade tomate-mozzarelle.

« Tu sais, les choses ne vont peut-être pas toujours au mieux avec Éric, reprit Alice en repoussant ses cheveux en arrière, mais nous savons tous les deux que nous nous aimons, que c'est vraiment sérieux entre nous. Il m'a apporté des choses qu'aucun homme ne m'avait apportées avant, et je le respecte pour cela. »

Pourquoi dans ce cas Alice passait-elle tant de temps à suggérer le contraire, ne défendant ses relations avec Éric que lorsque Philip les attaquait trop directement ? Pourquoi, après avoir énuméré ses griefs, éprouvait-elle soudain le besoin de réaffirmer son amour ?

Quelle que fût la réponse à d'aussi délicates questions, leur existence avait du moins un notable effet secondaire : elle tournait en dérision la résolution exprimée par Philip de ne jamais se lier avec une femme qui aurait déjà quelqu'un dans sa vie. Alors qu'il avait essayé de résister au charme d'Alice pour le motif très rationnel que cela n'amènerait que des complications, il se retrouvait dans une situation que l'indécision et les interdits rendaient dangereusement compliquée.

Transfert de culpabilité

Éric étant parti en voyage d'affaires à Athènes pour quelques jours, Alice appela Philip et lui demanda s'il voulait bien l'accompagner au cinéma pour voir un film que ses autres amis avaient déjà vu.

« Je ne sais pas pourquoi il m'appelle tout le temps comme ça, dit-elle à Suzy au moment de quitter l'appartement.

— Pourquoi ne le devrait-il pas ?

— Pour rien. J'espère seulement qu'il ne se fait pas des idées...

— A quel sujet ?

— Eh bien, du fait que c'est seulement... tu sais, amical.

— Qu'est-ce qu'il y a de mal à penser que c'est seulement "tu sais, amical" ?

— Oh, tu es bête. »

Comme le cinéma n'était qu'à deux pas de chez Philip, Alice fit la remarque, après la séance, qu'elle pourrait finalement profiter de l'occasion pour voir son appartement.

Ils s'assirent côte à côte sur un grand canapé vert dans la salle de séjour et leur conversation acquit une dimension temporelle peu commune pour une soirée de milieu de semaine. Ils parlèrent de politique, de cuisine, de famille, de maladie, ils se demandèrent même quel était le fleuve le plus long du monde et se penchèrent consciencieusement sur un grand atlas (leurs genoux se touchant légèrement) pour le vérifier.

« A mon avis c'est le Mississippi, dit Alice.

— Pas du tout, c'est l'Amazone, tout le monde sait ça.

— L'Amazone est peut-être le fleuve le plus sinueux, mais ce n'est pas le plus long.

— Regarde dans les dernières pages, c'est marqué là.

— Okay, voilà la page, populations, superficie des lacs, altitudes, océans, mers, et là, les fleuves. C'est drôle, aucun de nous n'avait raison.

— C'était le Yang-tsé-kiang ?

— Non, c'est le Nil.

— Bon Dieu, le Nil, comment ai-je pu l'oublier ? C'est tellement évident…

— Presque trop évident.

— Alors quelle est sa longueur ?

— Six mille six cent quatre-vingt-dix kilomètres, cent vingt de plus que l'Amazone.

— Bah, j'avais presque raison.

— Il n'y a pas de « presque raison » dans ce jeu : tu t'es trompé de cent vingt kilomètres, mon cher. »

Leurs recherches fluviales une fois terminées, Alice se racla la gorge, jeta ostensiblement un coup d'œil sur sa montre, soupira et prononça les mots suivants :

« Je suis fatiguée. »

Le contenu sémantique d'une telle phrase pose généralement peu de problèmes à ceux qui l'entendent. Dans la plupart des situations, « je suis fatigué » suggère une disposition biologique à s'envelopper dans une couverture et à mettre la conscience en veilleuse pendant quelques heures.

Mais vu les circonstances et le ton employé, ce « Je suis fatiguée » était potentiellement assez riche en significations pour pouvoir rivaliser avec les constructions du langage les plus expressives :

1. Cela pouvait être interprété comme un impatient « Écoute, Philip, est-ce que tu t'imagines que je ne me rends pas compte de ce qui se passe ? Penses-tu vraiment que ça m'amuse de rester assise là toute la nuit et de parler de la longueur des fleuves du monde ? Fais quelque chose. Il y a des gens qui doivent être à leur bureau à neuf heures demain matin ».
2. Cela pouvait être une façon pour Alice de rappeler à Philip que bien qu'elle fût assise à côté de lui sur un canapé et que son genou eût effleuré le sien quelques instants plus tôt, elle ne désirait nullement que les choses aillent plus loin.
3. Cela pouvait être une façon pour elle d'aborder la question de son départ, non parce qu'elle avait la moindre envie de partir, mais pour inciter Philip à l'empêcher de le faire.
4. Enfin (et vu les circonstances, c'était le moins vraisemblable), cela pouvait signifier simplement qu'elle était fatiguée.

Philip, après un gros effort pour démêler un tel écheveau, trancha finalement en faveur d'une interprétation qui oscillait avec optimisme entre (1) et (3). Cela explique le soudain déplacement de sa main vers la paume ouverte d'Alice, dont elle caressa les lignes sans susciter de protestation. Cela explique aussi le mouvement de son torse un instant plus tard, une réorientation qui permit à sa bouche de se poser doucement sur la sienne, d'en effleurer les contours avec ses lèvres, et d'en obtenir une réaction indubitablement favorable, voire enthousiaste.

« Écoute Philip, c'est impossible, c'est fou », protesta

Alice un moment plus tard, bien que ce moment eût été assez long pour suggérer le contraire.

Elle ajouta, comme si cela pouvait leur apprendre quelque chose à tous les deux : « Tu ne peux pas attendre de moi ce genre de chose, j'ai déjà quelqu'un dans ma vie. »

Il existe un jeu de société classique appelé « Transfert de culpabilité » — un jeu qui exige deux partenaires, un tabou ou risque, et une possibilité de culpabilité ou de récrimination. Il s'agit pour un des joueurs de créer subtilement une situation qui amènera l'autre à être responsable de la faute associée à la réalisation de leurs désirs.

Supposons qu'une action donnée exige quatre manœuvres, mais ne puisse être identifiée en tant qu'action avant que la quatrième ait été exécutée. Même si l'autre personne a accompli les trois premières, c'est l'auteur de la quatrième qui sera finalement tenu pour responsable de l'action (et c'est donc à lui que la faute pourra être attribuée). Par conséquent un joueur habile prendra l'initiative des trois premières manœuvres, puis reculera d'un pas et regardera l'autre exécuter la dernière, échappant ainsi à la responsabilité liée à l'accomplissement de leurs désirs.

Imaginons qu'Alice n'était pas si fatiguée que ça, mais que le fait d'embrasser Philip était trop lourdement chargé de culpabilité en raison de sa liaison avec Éric. Quelle meilleure idée que d'être complice d'un baiser, tout en suggérant que le projet en avait été conçu ailleurs ? Après tout, ce n'étaient pas ses lèvres à elle qui avaient franchi le seuil décisif ; qu'avait-elle fait d'autre que de rester assise sur un canapé et de soupirer en disant qu'elle était fatiguée ?

Philip répugnait par nature à porter des fardeaux de culpabilité qui n'étaient pas les siens, c'est pourquoi il dit à Alice : « Oh, je t'en prie. Ne gâche pas tout en faisant l'innocente. Il y a des semaines qu'on a envie que ceci arrive. Je reconnais que c'est un gros problème, mais c'est le nôtre et pas seulement le mien. »

Sur quoi il l'attira de nouveau doucement à lui.

« Philip, il y a un malentendu. Je suis désolée. Ce qui est arrivé ce soir n'aurait vraiment pas dû arriver, et je ne sais pas comment j'ai pu... J'ai des responsabilités envers Éric, je ne peux pas l'oublier.

— Tu parles tout à coup comme s'il ne t'avait jamais déçue.

— Je ne suis pas du tout sûre qu'il m'ait déçue.

— Alors pourquoi passes-tu tant de temps à te plaindre de lui quand tu es avec moi ?

— Tu es injuste.

— Et toi, qu'est-ce que tu crois que tu es ?

— Tu ne comprends pas. J'aime Éric.

— Eh bien, excuse-moi si je me suis formé une impression légèrement différente, sans que tu y sois pour rien évidemment. Laisse-moi te dire quelque chose, Alice. A l'avenir, je te serai reconnaissant de réserver ta confusion et ton hypocrisie pour quelqu'un d'autre.

— En ce cas, je regrette de t'avoir jamais dérangé. »

Sur ces mots, les deux amis se séparèrent froidement, et Alice tâcha d'oublier son ambivalence en se répétant l'histoire bien connue d'une amitié gâchée par la myopie d'un individu qui confond l'amical avec le romantique.

Langages privés

Le fiasco avec Philip incita Alice à retrouver toute la force de son affection pour l'homme qui avait rendu un tel fiasco si nécessaire.

Lorsque Éric revint d'Athènes, elle l'étreignit avec une ferveur dont l'intensité aurait pu éveiller ses soupçons, n'eût été sa prédisposition plaisamment naïve (sinon légèrement vaine) à trouver tout naturel qu'on voulût lui prodiguer de ferventes étreintes.

Ses efforts se manifestèrent par un certain nombre de discours adressés (dans son bain, en allant au travail, avant de s'endormir) à une représentation intérieure d'Éric. Ces discours exposaient avec concision tout ce qui n'allait pas entre eux, esquissaient un plan hardi pour transformer leur liaison en un parangon de franchise et de communication modernes. Ils commençaient par : « Je veux sentir que je peux être sincère avec toi… » Elle évoquerait, d'une façon mûre et réfléchie, les zones de tension entre eux, atténuerait ses critiques en réaffirmant son amour, aurait recours au bien connu « Tu sais que si je te dis ça, c'est seulement parce que… ».

Elle comptait prononcer son discours un soir après le

travail. Éric rentrerait, poserait sa serviette et irait chercher un verre d'eau dans la cuisine. Il s'assoirait près d'elle sur le sofa, et alors, d'une voix douce mais assurée, elle commencerait : « Éric, il y a des choses dont il faudrait que nous parlions… » Elle imaginait la surprise que susciterait en lui son éloquence, la façon dont ses sentiments jusque-là contenus exigeraient une réponse. Elle exposerait son affaire comme un maître du barreau, et lorsqu'elle aurait fini, le tribunal tout entier serait acquis à sa cause.

Wittgenstein a rejeté l'idée qu'il puisse exister un langage privé en arguant du fait que le langage est par définition un outil de communication et n'est donc pas imaginable en dehors d'une société.

Mais quelle que fût l'opinion de Wittgenstein sur la question, Alice était peu à peu forcée de reconnaître que ces discours étaient formulés dans ce qui n'aurait pu être décrit que comme un langage privé. En quoi consistait donc ce langage ? Ce n'était pas un système inintelligible de grognements ou de cliquètements, mais plutôt un enchevêtrement de mots dont il s'avérait que le message ne pouvait être exprimé et encore moins compris.

Dans la réalité en effet, Éric rentrait comme prévu et allait chercher un verre d'eau dans la cuisine, puis il allumait la télévision, et tandis que des images d'émeutes en Afrique du Sud et de fusillades en Irlande du Nord défilaient sur l'écran, Alice se disait que le lendemain soir serait sans doute un moment plus approprié finalement pour procéder à une aussi importante communication.

Et lorsqu'enfin elle parlait, sa voix lui refusait la fluidité d'élocution promise. Elle paraissait étranglée, tendue, anxieuse, et ses accents ne rappelaient en rien ceux d'un avocat comme elle l'aurait voulu. Et puis Éric n'était pas l'interlocuteur docile qu'elle avait imaginé. Alors qu'elle avait compté sur une écoute patiente et compréhensive de sa part, suivie d'une réponse réfléchie, elle devait reconnaître que sa répugnance initiale à parler avait été causée dans une large mesure par le sentiment inconscient, mais douloureusement juste, que cela ne la mènerait nulle part.

LUI : Il faut que je fasse quelque chose au sujet de mes pneus.
ELLE : Éric, il faut que je te parle.
LUI : Quel est le problème ?
ELLE : Je pense que tu le sais.
LUI : Les pneus ?

Leurs échanges verbaux avaient ce côté absurde des dialogues scéniques de Harold Pinter ou Tom Stoppard, dont les personnages semblent condamnés à un perpétuel quiproquo : l'un répond à une autre question que celle qui vient d'être posée, ou continue comme si de rien n'était une conversation qu'un autre a abandonnée dix minutes plus tôt (un décalage présenté comme n'ayant même pas d'importance, tant chaque personnage est enfermé dans un monde solipsistique et suppose complaisamment que l'autre est sur la même longueur d'onde, sans se donner la peine de le vérifier).

Chaque plainte exprimée présuppose une croyance optimiste en la capacité de l'autre à reconnaître ses torts. Le grief implique une foi en la vertu du dialogue — le sentiment que bien que l'un ait été blessé, l'autre a une capacité (rétrospective) à comprendre le mal qu'il lui a fait.

L'art de se plaindre, dans le cas d'Alice, oscillait entre des phases messianiques et des phases autistiques.

1. La phase messianique

Dans cette phase, elle pensait que les conflits, si sérieux qu'ils fussent, trouveraient immanquablement une solution à travers le dialogue. Les désaccords étaient simplement dus au fait qu'un partenaire ne comprenait pas le point de vue de l'autre, mais si on pouvait les réunir et leur donner assez de temps pour qu'ils puissent s'expliquer calmement, un accord s'ensuivait naturellement.

Dans les premiers temps de sa cohabitation avec Suzy, celle-ci avait eu l'irritante habitude d'utiliser le même couteau pour beurrer ses tartines et pour prendre du miel dans le pot, lequel en conséquence était plein de particules blanchâtres. L'origine de l'irritation d'Alice était sans doute complexe, mais la question de savoir comment l'exprimer l'était plus encore. Comment Suzy aurait-elle pu comprendre l'ampleur de son exaspération à la vue de ces taches et de ces miettes, la colère silencieuse qu'elles provoquaient chaque matin ?

Pourtant, lorsque Alice s'était enfin décidée à aborder la question, son hésitant « Écoute, je sais que ça a l'air ridicule, mais… » avait réussi à entraîner dans son sillage un « on pourrait peut-être désigner un couteau pour la confiture ou le miel et un autre qu'on utiliserait seulement pour beurrer le pain » plus assuré.

« D'accord, bonne idée », avait répondu Suzy, sans se douter des extraordinaires turbulences intérieures qu'Alice avait dû affronter avant de pouvoir émettre une telle suggestion.

Ses relations avec sa mère n'avaient été qu'une longue succession de couteaux-à-beurre-dans-le-miel métaphoriques, mais de tels efforts en faveur d'une conversion messianique leur avaient rarement profité. Mais parce qu'Alice voyait maintenant sa mère assez peu souvent pour que son image s'estompe nostalgiquement, elle avait récemment décidé, en apprenant qu'elle allait venir à Londres, de bousculer l'habituelle hypocrisie polie des relations entre adultes afin de pouvoir parler franchement de ce qui s'était passé entre elles pendant son enfance.

2. *Phases autistiques*

Alice et sa mère avaient dîné dans un restaurant de Wandsworth, et après un échange de menus propos, la première avait orienté la conversation vers le passé.

« Ton père et moi étions toujours très occupés. Ce n'est pas qu'on ne t'aimait pas, simplement on n'avait pas le temps de le montrer, expliqua la mère.

— Mais était-ce vraiment une question de temps ?

— Tu as raison. Je ne peux pas défendre la façon dont nous nous sommes comportés. Je vois bien avec le recul que c'était égoïste. Mais nous étions jeunes, et si pressés de tirer de la vie tout ce qu'elle pouvait nous offrir, d'avoir des enfants et de réussir professionnellement et de gagner de l'argent… Tout cela semble si insignifiant maintenant — maintenant que je suis un vieux pruneau ratatiné.

— Oh ! maman, ce n'est pas vrai.

— Si ma chère, rien qu'un vieux pruneau ratatiné. Aucun docteur, aucune crème faciale ne peut m'aider à présent.

— Mais tu es une des plus belles femmes que je connaisse…

— C'est gentil à toi de dire ça, ma chérie, mais la flatterie n'est d'aucun secours à mon âge. Je me regarde dans la glace et je me rends compte que tout est fini. Mais où en étions-nous ? Ah oui, ton enfance. Ce que je voulais dire, c'est que je m'aperçois maintenant que la chose la plus importante dans ma vie, ce sont mes enfants, que rien d'autre ne compte vraiment. On n'avait pas demandé de l'eau non gazeuse ?

— Non, l'eau gazeuse me convient très bien.

— C'est très mauvais pour mon estomac.

— Alors on va demander autre chose.

— Non, non, ma chérie. Je vais la boire par petites gorgées, voilà tout. »

Alice rentra chez elle persuadée qu'à sa façon sa mère avait commencé à reconnaître ses anciens torts. Elle avait laissé entrevoir une évolution dans son sens des valeurs ; elle comprenait maintenant que ses enfants comptaient plus pour elle que le reste — alors qu'autrefois même une partie de golf semblait avoir la priorité sur eux.

Pourquoi dans ce cas un tiers rapporta-t-il ensuite à Alice que sa mère avait estimé qu'elle souffrait d'une « espèce de dépression nerveuse » ? « La pauvre fille est encore visiblement très perturbée, quiconque à son âge fond en larmes en évoquant des choses qui sont arrivées des années plus tôt devrait vraiment se faire soigner. J'ai fait ce que j'ai pu pour la rassurer, mais elle est encore tellement vulnérable, tellement sensible… »

C'étaient des expériences comme celles-là qui replongeaient violemment Alice dans des phases autistiques, où elle était convaincue que les gens ne se comprendraient jamais vraiment, si ouvert que fût le dialogue et quel que fût le nombre de raisonnements, de prières et d'arguments persuasifs utilisé. Elle aurait pu parler avec sa mère pendant des jours, celle-ci aurait donné des signes encourageants de vie et d'empathie, mais serait finalement restée aussi aveugle qu'elle l'avait jamais été, aussi égocentrique dans ses années-pruneau que dans sa jeunesse. Il y avait tout simplement des choses qu'elle ne pourrait jamais comprendre, et il valait mieux s'y résigner que risquer d'autres déceptions.

Alors quelle était l'attitude d'Alice envers Éric ? Dès le début elle avait manifesté une tendance plus marquée vers le messianisme que vers l'autisme — quoique ceci suggérât peut-être trop fortement une idée de conversion pour quelqu'un qui provoquait rarement le dialogue et se contentait d'espérer en silence (certains diraient : d'une façon presque mystique) une meilleure compréhension de la part de son amant.

Ils étaient allés voir un film ensemble quelques semaines plus tôt, une histoire moralisatrice dans laquelle un homme négligeait sa compagne et ses amis avant de se rendre compte qu'il avait fui ses responsabilités et de changer sa façon d'être. Bien que le message fût grossièrement exprimé, Alice avait observé le visage d'Éric dans la pénombre et espéré qu'il faisait le même rapprochement qu'elle entre la fiction et la réalité. Mais ensuite il avait été évident que l'identification espérée ne s'était pas produite. Bien loin d'avoir forcé Éric à se reconnaître dans le personnage, le film lui avait simplement donné le sentiment réconfortant qu'on lui montrait les défauts d'un homme qui se trouvait à un million de kilomètres de sa propre situation.

Sans doute Alice était-elle consciente des défauts d'Éric, mais si cette compréhension ne s'accordait pas avec la façon dont il se percevait lui-même, elle était cruellement impuissante à changer quoi que ce soit. C'était le vieux problème de celui qui peut certes amener un cheval à l'abreuvoir (ou au cinéma), mais qui n'a pas le pouvoir de le faire boire.

Elle avait remarqué par exemple qu'il attribuait souvent les problèmes des gens à leur propre incompétence, sans tenir compte des facteurs plus généraux qui pouvaient être en jeu. Elle avait une douzaine de théories pour expliquer pourquoi il en était ainsi.

« C'est parce que tu es si dur avec toi-même que tu dois être dur avec les autres, lui dit-elle après qu'il eut renvoyé un autre employé.

— Ça n'a rien à voir avec la dureté, Alice. Simplement avec le fait que je ne peux pas continuer à travailler avec des gens qui traitent les règles élémentaires de la gestion bancaire comme une sorte de plaisanterie. Je sais que tu aimerais voir ceci déboucher sur un vaste et profond débat sur ma personnalité, ta personnalité et probablement l'état du pays aussi, mais je crains que la question ne soit beaucoup plus simple, et beaucoup moins intéressante, que cela. »

Sans doute Alice avait-elle procédé à une évaluation correcte de la structure psychologique d'Éric, mais cet avantage épistémique était inutile si le but recherché était qu'il se comporte en fonction de telles révélations. Sa perspicacité était aussi pitoyablement impuissante à l'amener à se reconnaître lui-même que le biologiste qui montre à quelqu'un sa structure A.D.N. : il peut bien lui dire que ces gènes sont effectivement les siens, mais parce que la personne ne peut *ressentir* cela subjectivement, on peut comprendre qu'elle réponde : « Ces histoires absurdes de double hélice n'ont rien à voir avec moi. »

Lorsqu'elle analysait ainsi la personnalité d'Éric, Alice était comparable à un observateur qui regarde un labyrinthe végétal depuis un hélicoptère et qui peut donc voir le cœur problématique de l'enchevêtrement de haies, invisible au niveau du sol.

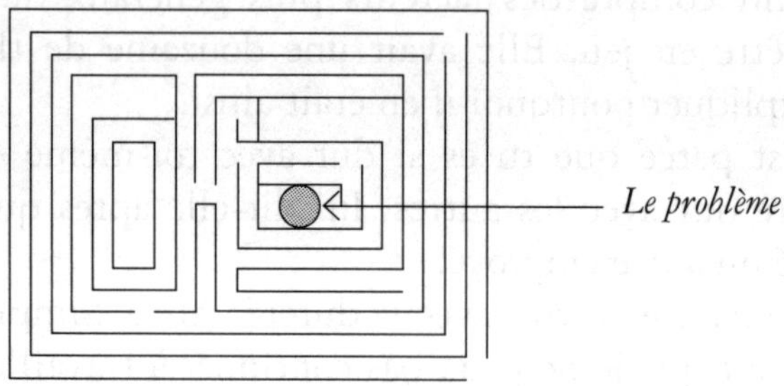

Mais sa solution au problème du labyrinthe (quelle que fût sa valeur) restait tristement inutile. Peut-être Éric, des années plus tard, se rendrait-il compte, allongé dans sa baignoire, qu'une ancienne petite amie avait eu quelques remarquables intuitions au sujet de sa personnalité, mais Alice ne pouvait pas lui faire survoler en hélicoptère son dédale psychologique et montrer du doigt le cœur du problème en s'attendant qu'il lui dise qu'elle avait absolument raison. N'ayant pas fait le voyage lui-même, incapable de voir les chaînons reliant cette information au reste de sa structure interne, il pourrait déclarer, sans qu'on puisse lui en tenir vraiment rigueur : « J'apprécierais que tu gardes ta psychologie de pacotille pour toi-même. »

Erreurs de lecture

Quand nous aimons quelqu'un qui a un problème (il ne peut répondre à notre amour, il est jaloux, insensible, plus intéressé par l'autre sexe, marié avec quelqu'un d'autre...), notre réaction la plus commune est de déclarer que ce problème ne fait pas partie intégrante de lui-même. Il l'a, certes, mais ce n'est pas un élément central de sa personnalité, c'est là plutôt par hasard, comme un ongle incarné qui peut être enlevé, un petit obstacle que le temps fera disparaître.

Supposons que nous soyons amoureux d'un être émotionnellement distant, qui répond rarement à nos coups de téléphone, ne trahit jamais la moindre vulnérabilité et ne partage rien de précieux avec nous. Qu'importe? Ce ne sont là que de menus détails à côté de ce que nous estimons être les composantes essentielles de sa personnalité — à savoir, cette sensibilité qu'on perçoit dans son regard, cette façon qu'il a eu un jour de prendre notre main dans une artère commerciale animée, la fois où nous l'avons vu pleurer en voyant un film, les traumatismes d'une enfance pour laquelle nous ressentons une si grande empathie...

Alice avait toujours procédé à une lecture originale, peut-être oblique de la personnalité d'Éric, en vertu de laquelle certaines facettes de sa nature, bien qu'elles prissent proportionnellement moins de place que d'autres, étaient perçues comme reflétant l'essence de ce qu'il était. Cette approche de type « iceberg » faisait que si Éric par exemple avait été drôle une fois ou deux seulement, elle croyait malgré tout qu'il était doté d'un sens de l'humour remarquable, quoique en grande partie immergé.

Mais la question se posait maintenant de savoir si les prétendus obstacles qui l'empêchaient d'être drôle, sensible ou aimable plus souvent qu'en de rares occasions étaient réellement des obstacles. Ne pouvaient-ils pas autant prétendre au titre de *vrai moi* d'Éric que les précieuses pépites avec lesquelles elle l'avait jusque-là identifié ?

Notre regard est généralement complété, certains diraient même dominé, par ce que nous savons ou désirons. Nous nous en remettons rarement tout à fait à ce que nous avons sous les yeux, nous y jetons seulement de rapides coups d'œil influencés par des images déjà mémorisées. Prenez le trajet d'Alice quand elle allait travailler : elle le connaissait si bien qu'elle y faisait rarement attention, parfois elle arrivait à son bureau sans même se souvenir d'avoir traversé la moitié de Londres pour l'atteindre. Un bref regard ensommeillé en direction des formes générales de la station de métro suffisait, le reste suivait : elle savait combien d'arrêts elle devait laisser passer, dans quel sens les escaliers mécaniques fonctionnaient, quels passages souterrains étaient moins fréquentés par la foule. La volonté de remarquer la couleur des wagons, la forme des nuages qui flottaient au-dessus des toits londoniens ou la texture des vêtements de ses voisins lui faisait défaut. Quoique charmants et sans nul doute poétiques, de tels détails étaient superfétatoires dans le schéma d'ensemble de son trajet.

La paresse visuelle d'Alice dans le métro, la pauvreté de ses perceptions venaient de ce qu'elle s'en remettait, pour ses trajets quotidiens, à l'habitude. Elle voyait ce qu'elle avait pris l'habitude de voir plutôt que ce qui aurait pu s'offrir à un regard vierge.

Lorsqu'un mot manque ou est répété dans une phrase familière ou pleine d'autorité, il arrive fréquemment que le lecteur, s'attendant à un texte correct, ne s'en aperçoive pas. Prenons par exemple cette phrase tirée d'un article récent sur le Moyen-Orient paru dans un quotidien :

> Le ministre des Affaires étrangères a déclaré qu'un accord ne pourrait être conclu que lorsque les deux camps seraient prêts à négocier; il a ajouté que des pressions extérieures ne ne suffiraient jamais à mettre fin aux effusions de sang dans la région.

Un lecteur peut être si habitué à lire des phrases avec un seul *ne*, en particulier des phrases imprimées dans un quotidien, que la répétition lui échappera. Sachant ce qu'il veut lire (une phrase correcte), il rejettera inconsciemment l'information visuelle qui ne correspond pas à son préjugé favorable.

Une observation résulte d'un heurt ou d'un mélange de deux types de données :

1. L'aspect d'un objet.
2. Ce que nous savons ou *désirons* des objets qui ont tendance à avoir cet aspect-là.

L'idéal bien sûr serait d'équilibrer judicieusement les deux, de mêler l'idée préconçue et la perception. L'illusion (le renoncement à la réalité extérieure en faveur d'un désir intérieur) ne commence que lorsqu'on se concentre exclusivement sur le second point. C'est en ce sens que l'on pourrait reprocher au lecteur qui n'a pas vu le double *ne* (comme à Alice dans un autre contexte) une petite mais très nette hallucination.

En mai, Alice et Éric furent invités à un dîner auquel ils arrivèrent séparément, Éric de son bureau, Alice de chez elle. Ils étaient assis de part et d'autre de la table, elle à côté de leur hôte, lui entre un avocat glacial et une sémillante attachée de presse. Pendant une pause dans sa conversation, elle regarda de l'autre côté de la table et entendit Éric raconter une histoire :

« On est arrivés à Hong Kong au milieu d'une de ces inondations subites qu'ils ont pendant la saison des pluies, et l'avion tout entier vibrait. Ils nous ont avertis que l'atterrissage serait rude, et quand les roues ont touché le sol l'eau a tout éclaboussé, on ne voyait rien par les hublots. Et puis, alors même que l'avion ralentissait et qu'on pensait que tout allait bien se passer, on a remarqué qu'il ne s'arrêtait pas tout à fait assez vite. Il a dépassé la piste d'atterrissage et s'est immobilisé à quelques mètres de la mer, la roue avant complètement enfoncée dans la vase.

— Vous avez dû avoir peur.

— On l'a échappé belle. »

Bien que nous regardions constamment les gens qui nous entourent, ils suscitent rarement en nous des impressions neuves, une impression impliquant l'enregistrement d'une nouveauté plutôt que la confirmation d'une idée préconçue. Nous ne nous formons activement une image de quelqu'un qu'en de rares occasions — lors d'une première rencontre, après une longue absence, au cours d'une violente dispute, après une maladie, bref, quand quelque chose vient perturber la nonchalance de l'habitude photographique.

Le résultat fut stupéfiant, car le temps de prononcer une phrase ou deux, Éric apparut soudain à Alice comme quelqu'un d'incroyablement *ordinaire.* Ses manières ne semblèrent plus être révélatrices d'une personnalité exceptionnelle, ni sa conversation digne d'une attention ou d'un respect particuliers. Tandis que leur hôte versait à nouveau du vin dans les verres et qu'Éric reprenait des petits pois, elle se surprit à penser (comme si c'était là une intuition extraordinaire) : *C'est juste un être humain comme les autres* — écho affaibli de la fameuse maxime de Bernard Shaw selon laquelle l'amour n'est qu'une curieuse façon d'exagérer les différences entre une personne et une autre.

Qui fait l'effort ?

Éric était bien forcé de constater que l'affection qu'Alice lui témoignait montrait des signes de faiblesse. Il avait remarqué la fréquence de ses déjeuners avec Philip, et même quand ceux-ci avaient brusquement cessé, elle avait continué à se comporter quelque peu en coquette. Alors qu'elle n'avait guère manifesté jusque-là d'intérêt pour les soirées, elle s'y rendait maintenant régulièrement, sans Éric la plupart du temps, et recevait ensuite des appels d'hommes qui n'avaient pas été précédemment identifiés comme des amis.

Ce changement par rapport à des sentiments naguère si dévoués aurait très bien pu inspirer de la jalousie à Éric, et il aurait pu demander d'un ton aigre (comme d'autres hommes l'auraient fait) : « Pourquoi étais-tu si aimable avec ce bassiste ce soir ? » ou « Qui est ce Luc qui appelle tout le temps ? »

Mais il avait toujours estimé que la jalousie était un sentiment très vulgaire, le recours des êtres dépourvus de raffinement ou de pudeur. Les enfants et les adolescents pouvaient éprouver de la jalousie, pas les hommes adultes sûrs de leur position dans le monde.

Un tel manque de jalousie aurait pu être considéré comme admirable — du moins épargnait-il à Alice les scènes grotesques de certaines liaisons paranoïdes. Mais il pouvait tout aussi bien être interprété comme une insulte flagrante, un refus de la part d'Éric d'affirmer et de défendre son amour, car pour éprouver de la jalousie il eût fallu qu'il admette deux choses :

Premièrement : qu'il tenait désespérément à un autre être humain.
Deuxièmement (et c'était là que l'amour-propre entrait en jeu) : que cette personne ne tenait plus trop à lui.

Si Alice n'était pas enchantée par cette absence de jalousie, c'était parce qu'elle lui paraissait révélatrice d'une inaptitude obstinée à reconnaître le premier point, laquelle contribuait ironiquement à préparer le terrain pour le scénario du second.

Pourtant le comportement d'Éric se modifia quelque peu. Alice était presque toujours venue passer la nuit chez lui, ce qui était très commode pour lui, moins pour elle. C'était à elle qu'il avait incombé de mettre des affaires dans un sac et de quitter son appartement — conséquence de ce jeu mystérieux (et bien sûr tacite), qui tient de la stratégie de la corde raide, et qui consiste pour les deux partenaires à voir jusqu'où ils peuvent aller pour forcer l'autre à faire un effort avant de se résigner à se déplacer eux-mêmes. Dans ces cas-là, leurs conversations téléphoniques ressemblaient à peu près à ceci :

ELLE : Qu'est-ce que tu fais ce soir ?
LUI : Rien de spécial, je reste chez moi. Et toi ?
ELLE : Je ne sais pas. Est-ce que tu veux faire quelque chose ?
LUI : D'accord.

ELLE : Tu veux venir ici ou je vais chez toi ?
LUI : Je suis fatigué ce soir.
ELLE : Vraiment ?
LUI : Ouais. Une journée chargée au bureau.
ELLE : Moi aussi.
LUI : Hmm.
ELLE : Alors ?
LUI : Quoi ?
ELLE : Bon, alors je vais chez toi ?
LUI : Ouais, bonne idée.

A un moment donné, au cours de la conversation, Alice sentait que si elle ne se forçait pas à quitter son appartement, il y avait fort à parier qu'Éric ne quitterait pas le sien non plus. Le désir d'Éric de passer une soirée à deux était légèrement, mais de façon décisive, plus faible que le sien. Il aurait supporté de la passer seul, elle ne le pouvait pas aussi facilement — c'était donc à elle de faire l'effort nécessaire. Peut-être que si elle n'avait pas cédé, si elle avait dit « Pourquoi diable ne viendrais-tu pas pour une fois ? », Éric serait aussitôt accouru chez elle. Mais sa situation ne lui permettait pas d'essayer une aussi dangereuse tactique : elle tenait trop à le voir pour risquer de se heurter à un refus de sa part.

Mais à présent que son affection pour lui diminuait, elle se sentait plus libre de prendre ce genre de risque. Quand la question revenait sur le tapis, elle ne se hâtait plus de proposer d'aller chez lui, de sorte qu'Éric devait apprendre à se déplacer lui-même. Leur conversation ressemblait maintenant plutôt à ceci :

LUI : Qu'est-ce que tu fais ce soir ?
ELLE : Je vais peut-être sortir avec Gordon, ou Suzy. Pourquoi ?
LUI : Tu veux venir ici ?

ELLE : Désolée, Éric, je suis vraiment trop flapie.
LUI : Mais je ne t'ai pas vue depuis jeudi...
ELLE : Et alors ?
LUI : Alors ça fait un bout de temps.
ELLE : Vraiment ?
LUI : Oui, bien sûr.
(Silence.)
LUI : Et si je venais plus tard ?
ELLE : Eh bien ?
LUI : Eh bien, est-ce que ça te conviendrait ?
ELLE : Ouais, je suppose, mais alors ne viens pas avant onze heures, je serai au pub jusque vers cette heure-là.

Une telle tactique aurait pu être comparée à ce jeu qu'on voit dans certains films américains, dans lequel deux conducteurs foncent l'un vers l'autre au volant de leur voiture sur une route étroite, le gagnant étant celui qui déboîte le dernier sur l'accotement. Chaque conducteur doit évaluer quelles sont les chances pour que l'autre donne un coup de volant avant que lui-même ne le donne, mais si aucun d'eux ne le fait, ils sont tués tous les deux.

Bien qu'aucune vie ne fût en jeu en l'occurrence, la décision finale — qui devrait traverser Londres, Alice ou Éric ? — dépendait d'une évaluation similaire : dans quelle mesure l'autre partenaire serait-il tenté de leur éviter à tous les deux une nuit solitaire ? Se ranger sur l'accotement, c'était faire un effort pour éviter la collision, laisser son appartement ou son amour-propre, bref, abandonner ses désirs égoïstes pour le bien du couple. C'était bien sûr Alice qui s'était écartée le plus souvent de la route de l'égoïsme, car sa peur était plus grande. Éric était invincible, car il paraissait ne pas craindre de tuer l'amour.

Mais il remarquait maintenant, quand il s'agissait de mettre fin à une conversation téléphonique, de prendre la plus mauvaise place au cinéma, de faire les courses ou d'aller ouvrir la porte, qu'Alice devenait plus téméraire que lui. Or, il n'est logique de conduire dangereusement que tant qu'on est sûr d'être le seul qui soit prêt à sacrifier l'amour. Si Alice se mettait à jouer au même petit jeu, ces techniques kamikazes représentaient un risque excessif pour quelqu'un qui voulait éliminer les efforts plutôt que sa petite amie.

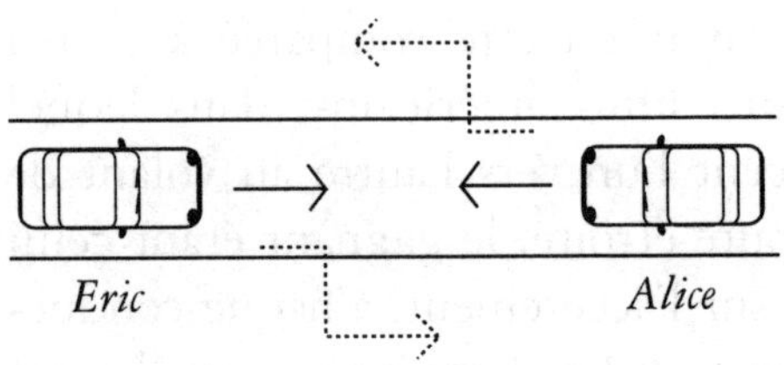

On pourrait dire que les relations amoureuses ont un inhérent et cruel besoin d'équilibre interne. En termes mathématiques, si l'on considère qu'il faut quarante unités d'effort (désignées ici par la lettre *x*) pour que deux partenaires restent ensemble, on obtient l'équation :

$$\textit{Alice}\ 20x + \textit{Éric}\ 20x = \textit{Relation de}\ 40x$$

$40x$ implique que la relation est une affaire qui marche — le côté cruel de la chose est qu'il n'est pas nécessaire que chacun paie la même somme. Ce n'est que dans les liaisons les plus raisonnables que les deux partenaires fournissent chacun 20 unités d'effort ; généralement l'un d'eux fait plus d'efforts que l'autre. Mais pourquoi en est-il ainsi ? Qu'est-ce qui fait qu'une personne paie moins qu'une autre? Un sentiment très cynique du degré d'attachement de l'autre. Chacun jauge intuitivement l'autre et se demande : « Quel est l'effort minimum que je peux faire? Jusqu'où puis-je forcer l'autre à payer plus que moi avant qu'il ne refuse et que l'amour soit perdu? »

La plupart du temps, Éric évitait de payer son dû parce qu'il savait qu'Alice paierait s'il ne le faisait pas. S'il payait seulement 10 unités, elle fournirait les 30 autres. S'il n'avait pas envie de sortir pour aller chez elle, elle viendrait chez lui. S'il ne désirait pas faire le premier pas après une dispute, il pouvait compter sur elle pour sortir le drapeau blanc.

Mais il avait mal évalué jusqu'où il pouvait aller avec Alice, dont la part des $40x$ commença à diminuer lentement, ce qui l'obligea à combler le déficit. Au début seules de petites sommes furent en jeu, mais elles connurent une implacable inflation, jusqu'au moment où tout le poids de la relation en vint à reposer sur ses épaules délicates...

Alice avait, de mille façons, tout simplement cessé de se sentir concernée, et Éric se rendait compte que s'il ne continuait pas à injecter environ $39x$ dans leurs relations, ils entreraient inévitablement en collision et tout serait fini.

Puzzles amoureux

C'était une étrange et mélancolique pensée que celle de « se détacher » de quelqu'un avec le temps, comme on se défait d'un pantalon ou d'un manteau devenus trop étriqués. Cela rappelait qu'un partenaire peut en distancer un autre plus lent sur le plan affectif. Les réponses qu'Alice attendait de l'amour changeaient au fur et à mesure qu'elle changeait elle-même, le temps révélait des possibilités qui nécessitaient la révision du contrat relationnel initial. Du simple fait de la modification de ses propres capacités, un être naguère adoré pouvait se transformer à ses yeux en dinosaure amoureux.

Alice aimait pour compenser ses propres insuffisances, elle cherchait dans les autres des qualités auxquelles elles aspirait, qu'elle respectait mais n'avait pas. Ses besoins affectifs étaient comparables à un puzzle auquel manque un fragment qui doit être apporté par un autre, mais les dimensions de cette lacune changeaient en fonction de son évolution personnelle, la pièce qui convenait à quinze ans ne convenait plus à trente. La lacune redessinait ses contours, et si la personne-puzzle ne s'y adaptait pas, il ne restait plus à Alice que de forcer maladroitement une décision et de s'en séparer.

On aurait pu dresser ainsi la table des différentes solutions passées :

Âge	*Lacune à combler*	*Solution masculine*
8	Désir de trouver quelqu'un avec qui elle pourrait grimper aux arbres et jouer avec des allumettes, et qui la ferait entrer dans le clan le plus select à l'école.	Un garçon de 9 ans très « classe » prénommé Thomas, qui portait un blouson de cuir et possédait un vélo de course. Ils projetaient de se marier et d'avoir douze enfants. Il lui permit une fois de le regarder faire pipi dans le jardin.
13-16	Désir d'apprendre des choses sur le sexe et les baisers : terreur correspondante d'en faire l'expérience.	Une succession d'adolescents boutonneux qui l'étreignaient furtivement dans les coins, puis lui écrivaient des lettres d'amour pleines d'intensité et de fautes d'orthographe (qu'elle corrigeait).
16	Le vagin.	Le premier homme qui avait paru capable de lui prendre sa virginité : le fils d'amis de ses parents — un diplômé de l'université de Yale de 24 ans qui n'était pas trop délicat, finit en cinq minutes et refusa de répondre à ses lettres après qu'elle fut tombée désespérément — quoique d'une manière bien prévisible — amoureuse de lui.

Âge	*Lacune à combler*	*Solution masculine*
18	Désir de prendre des drogues hallucinogènes et d'écouter de la musique énigmatique dans d'obscurs sous-sols.	Un garçon de 20 ans qui étudiait Hermann Hesse à la fac, surnommé « le bon docteur » par ses amis à cause de son armoire à pharmacie pleine de pilules et d'herbes. Donna à Alice le nom d'une déesse hindoue de la fertilité, bien qu'il fût lui-même impuissant.
19	Désir d'améliorer sa vie sexuelle, et par la même occasion de choquer ses parents (vestiges de cette « classe bourgeoise historiquement condamnée » dont parle Marx).	Un saxophoniste jamaïcain nommé Trevor qui prétendait avoir couché avec deux cents femmes, faisait des « affaires » à Notting Hill, lui fit connaître brièvement l'extase — et effraya tellement les vestiges de la classe bourgeoise historiquement condamnée qu'ils menacèrent de le faire suivre par la police.
20-23	Recherche de modèles paternels intellectuellement supérieurs.	Un professeur de biologie barbu à l'université, qui faisait des sermons sur l'évolution darwinienne et criait des noms de fossiles pendant l'orgasme.
24	Mal à l'aise à Londres, désir d'un amant sûr de lui, prospère et beau pour compenser ses propres anxiétés.	Éric.

Le puzzle amoureux évolutif

Ce qu'Alice aimait en Éric représentait une solution historiquement *relative* au problème du morceau de puzzle manquant. Leur histoire d'amour ressemblait fatalement à la jonction de deux routes allant dans des directions différentes : leurs chemins s'étaient réunis momentanément (et, par bien des côtés, très agréablement) avant de diverger à nouveau.

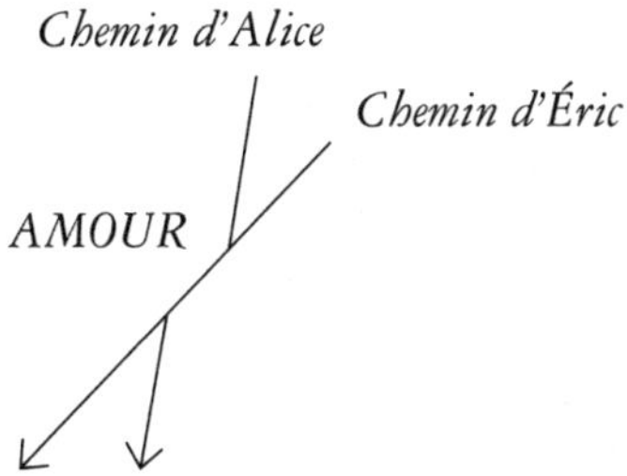

La souffrance naît de différences de croissance, deux personnes se rencontrant dans une *phase* propice à une certaine compatibilité pouvant découvrir avec le temps qu'en fait elles ne vont pas dans la même *direction* — la compatibilité qui caractérise une phase n'étant qu'une convergence fortuite le long d'un chemin plus large et divergent.

Ce qu'Éric pouvait offrir à Alice ne la tentait plus. Une bonne connaissance des restaurants londoniens, un appartement élégant, une position sociale mieux assurée, tout cela était devenu à la fois plus accessible et moins nécessaire. En raison de son propre succès professionnel, la carrière de son partenaire était une considération secondaire à côté de son aptitude à la faire rire ou à la surprendre par sa gentillesse. Et bien que le biologiste barbu l'eût dégoûtée pour un temps de tout intellectualisme, la légèreté psychologique d'Éric s'était révélée, à sa façon, tout aussi fastidieuse. Elle rêvait d'un compagnon pour qui l'esprit ne serait ni une effrayante superfluité, ni un outil avec lequel humilier ceux qui sont intellectuellement moins brillants. Son respect de soi avait augmenté au point qu'elle ne pouvait plus tolérer les humiliations rituelles inhérentes à l'amour religieux.

Âge	*Lacune à combler*	*Solution masculine*
25	Besoin de quelqu'un qui fût gentil sans être mou, drôle sans fuir la gravité, respecté pour son travail sans aspirer uniquement aux signes extérieurs du succès, intelligent sans condescendance — un saint qui n'élèverait pas la voix, quel que fût le nombre de manœuvres dont elle avait besoin pour garer sa voiture.	

Déclarations

Confronté à la perte imminente de la bien-aimée, Éric sortit de son quant-à-soi et *le* dit pour la première fois.

Ils étaient assis dans sa salle de séjour; c'était un samedi, à l'heure du déjeuner, elle était venue « mettre les choses au clair », une odeur de café et de mort était dans l'air.

« Je ne vais pas rester longtemps, dit Alice, j'ai rendez-vous avec des amis à deux heures.

— Tu veux manger quelque chose?

— Écoute, il est inutile de tergiverser. Éric, c'est fini entre nous. »

Parce qu'elle n'attendait plus de réponse, parce qu'elle ne présentait pas des arguments mais une conclusion, sa voix était plus assurée qu'elle n'aurait cru possible.

« C'est toujours moi qui ai fait le plus d'efforts dans cette histoire. Je n'essaie pas de te donner mauvaise conscience. J'espère seulement que tu te rends compte que ce qui arrive n'était pas inévitable, mais que tu l'as rendu inévitable. Toutes ces heures que j'ai passées à essayer de te comprendre, de savoir ce que tu pensais de moi, ce que tu pensais de nous… Ça me fait bouillir de rage, et en même temps ça me donne envie de pleurer. Bon Dieu, ç'a été un tel gâchis... Mais j'ai assez pleuré comme ça. Je veux tourner la page. J'aimerais pouvoir dire qu'on devrait rester amis — mais je me souviens de t'avoir entendu dire que tu ne restais jamais en relation avec tes anciennes petites amies, que tu pensais que c'était une perte de temps. Cela aussi m'a peinée, je ne sais pas très bien pourquoi, mais ça m'a fait l'impression d'être inutilement cruel. De toute façon j'en ai assez dit, je ferais mieux d'y aller. J'ai mis la clef sur la table, et il y a un carton dans l'entrée avec quelques-unes de tes affaires. »

Alors cela sortit — une bulle qui flotta légèrement vers le centre de la pièce, accrocha brièvement mais avec espoir les rayons du soleil de l'après-midi, avant d'éclater en quelques gouttelettes qui amorcèrent leur chute vers le sol.

« Mais Alice, je t'aime.

— Éric, non, je t'en prie. Ne rends pas les choses plus difficiles pour nous deux.

— Ce n'est pas du tout mon intention, je te jure. Pourquoi ne pas donner à tout ceci une autre chance ?

— Qu'est-ce que j'ai fait depuis le début, Éric ? Je t'ai donné ta foutue chance, et tu sais ce que tu as fait à chaque fois ? Tu me l'as recrachée à la figure.

— Pourquoi ne pas en parler plus calmement ? On pourrait passer à table et manger un morceau, causer dans une ambiance plus détendue...

— Au diable les ambiances détendues ! Je suis aussi calme que j'ai besoin de l'être, et tout a été dit.

— Je ne comprends pas.

— Ça a toujours été ton problème.

— Mais ça peut sûrement s'arranger. Si on se comportait en adultes, on pourrait en discuter et régler le problème ensemble, parce que j'y tiens vraiment — parce que je t'aime, Alice. »

Tant d'espoirs sont associés au verbe aimer qu'on peut en toute confiance le sortir de sa boîte au milieu de presque n'importe quelle crise et en escompter un effet miraculeux, une perte totale des facultés critiques, accompagnée d'humides sourires béats.

Puis-je te demander pourquoi tu me rends la vie impossible en abusant de ma carte de crédit, en polluant ma salle de bains, en cassant tout dans ma cuisine et en me faisant tourner en bourrique ? Oh, je vois, c'est parce que tu m'aimes… Maintenant je comprends, dans ce cas très bien, vas-y, et n'oublie pas de mettre le feu à la baraque et de frapper l'autre joue pendant que tu y es.

La mère d'Alice avait fait un usage immodéré de ce mot. « Mais, ma chérie, tu sais combien je t'aime », tel était son leitmotiv chaque fois qu'elle avait fait quelque chose qui tendait à suggérer le contraire. Elle aimait sa fille, elle le disait au monde entier, chacun, de la dame pipi au Président, avait entendu parler de ce sentiment rare et désintéressé qui forçait l'admiration. Si elle arrachait Alice à son école pour pouvoir suivre un nouveau mari, si elle faisait tout ce qu'elle pouvait pour briser ses quelques vraies amitiés, si elle sapait continuellement sa confiance en elle-même et son respect de soi, que pouvait-on y voir d'autre que des actes d'amour certes complexes, mais profondément authentiques ?

Et voilà maintenant qu'Éric lui disait qu'il l'aimait. Elle aurait sauté de joie en entendant de telles paroles un mois plus tôt seulement, mais maintenant il n'aurait pu trouver un être plus cynique à qui les adresser — le cynique étant ici défini comme *celui qui a trop espéré et attendu trop longtemps.* Sa déclaration n'était-elle pas simplement la réaction réflexe d'un homme qui s'aperçoit qu'il va passer la nuit tout seul et n'aura personne sur qui déverser sa mauvaise humeur ?

La décision d'Alice avait beau être irrévocable, elle n'en était pas moins étrangement douloureuse. Les larmes coulaient sur ses joues tandis qu'elle descendait précipitamment l'escalier, et quand elle arriva près de sa voiture au bout de la rue, elle ne put retenir ses sanglots. Elle rentra chez elle (il n'y avait pas de rendez-vous avec des amis), et une fois dans sa chambre, s'effondra épuisée sur son lit. Elle éprouvait un sentiment aigu de perte, les souvenirs des moments passés avec Éric défilaient cruellement dans sa tête et chaque évocation s'accompagnait d'une vive douleur.

Et pourtant elle ne pouvait plus croire que c'était réellement Éric qu'elle regrettait. Elle éprouvait un sentiment de perte tout en reconnaissant que l'objet de son amour n'avait rien fait pour le justifier. L'amour avait été généré par une idée d'Éric dont celui-ci ne s'était jamais montré digne. Elle était dans la situation paradoxale de quelqu'un qui ressent de la nostalgie pour quelque chose qui ne s'est pas produit en dehors des limites du désir et du rêve. Elle regrettait quelqu'un (ses larmes le prouvaient), mais quand elle interrogeait sa mémoire, elle ne pouvait plus attribuer honnêtement son sentiment de perte à Éric.

Il était étrange de penser que la personne capable de faire naître de tels sentiments pouvait être incapable de s'en montrer digne. Éric n'avait-il pas été simplement un catalyseur pour un désir d'amour qui avait existé avant lui et existerait après ? Son amour avait *coïncidé* avec lui, mais l'avait-il pour autant *concerné* ? Ses sentiments pour lui étaient-ils autre chose que des espérances qui n'avaient jamais porté de fruits ? Éric avait été trop médiocre pour pouvoir répondre à la passion qu'il avait lui-même suscitée, il s'était révélé incapable de satisfaire ou d'apaiser les désirs et les aspirations qu'il avait éveillés en elle. Il avait été comme une personne stupide qui dit quelque chose de très intelligent sans savoir ce que cela signifie, et à qui on ne peut donc en attribuer le mérite.

Une telle situation était comparable à l'illusion d'optique ci-dessous, où un triangle apparaît uniquement à cause des formes qui l'entourent, un mirage déterminé par des objets sans rapport direct avec lui — de même qu'Éric avait été un mirage amoureux engendré par les espoirs rassemblés autour de sa personne.

Cela rappelait la distinction subtile mais cruciale entre ce qu'un individu permet à un autre de penser qu'il possède et ce qu'il possède réellement — une distinction entre le besoin qu'il peut incarner et la personne qu'il se révèle être finalement.

« Une partie de moi-même lui est encore très attachée, dit Alice à Suzy plus tard dans l'après-midi, mais je sais que ce n'est pas vraiment lui que je regrette. C'est dingue.

— C'est l'amour », soupira son amie.

Invitations

Alice goûta sa solitude retrouvée comme un voyageur qui revient de contrées sauvages et prend plaisir aux activités les plus simples et les plus routinières. Elle pouvait maintenant prendre toute la place qu'elle voulait dans son lit la nuit, fréquenter des amis qu'elle avait cessé de voir, s'attaquer à une pile de livres qu'elle n'avait pas eu le temps de lire, s'inscrire à un cours du soir pour apprendre l'italien. Elle était si tranquille qu'elle ne voyait pas comment on aurait pu vouloir échanger une telle existence contre les turbulences émotionnelles d'une liaison amoureuse.

Quelques semaines après sa rupture avec Éric, elle organisa une petite soirée pour un groupe d'amis qu'elle avait connus à l'université, et s'arrêta au supermarché en revenant du bureau pour acheter quelques provisions. Elle poussait son caddie le long du rayon des fruits et légumes, lorsqu'elle se heurta à quelqu'un qui avait un visage familier.

« Oh mon Dieu, Philip ! Comment vas-tu ?

— Très bien, et toi ?

— Qu'est-ce que tu fais ici ?

— Je vais acheter un melon, je pense.

— Pourquoi, tu n'en es pas sûr ?

— Je ne sais pas s'ils sont assez mûrs. Ils ont une drôle de couleur.

— Mais non, ils sont très bien ces melons.

— Vraiment ? Ils n'ont pas l'air un peu pâles ?

— Non, ils sont parfaits, tiens, sens celui-ci, tu verras.

— Je te fais confiance, je vais le prendre, dit Philip en souriant. En tout cas je suis content de te revoir. Ça faisait longtemps. Comment ça va pour toi ?

— Oh, pas mal... Et pour toi ?

— Eh bien, pas mal non plus, l'un dans l'autre... »

Ils échangèrent pendant un moment quelques vagues propos (pas assez vagues cependant pour qu'Alice omît de mentionner la fin de sa liaison avec Éric), puis se séparèrent à l'angle du rayon du pain et du rayon des fromages.

Philip n'avait pas montré de rancœur pour la façon embarrassante dont s'était terminée leur dernière soirée et Alice se rappela, non sans remords, son propre comportement. Les choses étaient allées trop loin et elle n'avait pas pu les rattraper. Mais une rencontre des mois plus tard dans un supermarché n'était guère propice à la sorte de réconciliation que les circonstances eussent peut-être exigée. En rentrant chez elle avec ses achats, elle songea une fois de plus avec tristesse qu'elle avait perdu à jamais un bon ami.

Elle ne s'attendait certes pas à recevoir une carte postale de Philip quelques jours plus tard, avec la photo d'un melon d'un côté, une invitation à dîner de l'autre — et elle n'aurait certes jamais imaginé à quel point cette perspective la remplirait simultanément de joie et de terreur.

Martyre

Philip arriva au restaurant un peu avant l'heure convenue. Il était assis à une table bien placée au centre d'une petite trattoria de Gower Street qui se remplissait rapidement ; c'était un vendredi soir et de nombreux couples dînaient en ville.

Le garçon (plein d'à priori hétérosexuels) lui demanda aussitôt s'il voulait boire quelque chose *avant que Madame n'arrive,* et bien qu'une ou deux gorgées d'eau eussent peut-être été les bienvenues, il refusa son offre et demanda seulement à voir la carte des vins.

Dix minutes après l'heure fixée pour son rendez-vous avec Alice, il jeta un premier coup d'œil à sa montre, se dit que la circulation devait être dense et se rappela que certaines lignes de métro avaient des problèmes de signalisation.

Les mêmes pensées lui revinrent à l'esprit dix minutes plus tard, car Alice n'était toujours pas arrivée et les garçons, évoluant autour de lui d'une manière qui évoquait un peu plus celle des vautours, lui demandaient maintenant s'il ne voulait pas prendre connaissance du menu avant que Madame n'arrive.

Lorsque dix autres minutes se furent écoulées, les explications devinrent plus difficiles à trouver : même le pire embouteillage ou le métro le plus défectueux n'auraient pas retenu Alice si longtemps. Les excuses qu'il lui chercha se firent donc plus imaginatives. Peut-être y avait-il eu un malentendu au sujet de la date. Avait-elle cru qu'il s'agissait du vendredi suivant ? N'y avait-il pas un autre restaurant du même nom ? Avait-il bien précisé qu'il l'invitait à dîner et non à déjeuner ? A Londres et non à Rome ?

Mais les réponses à de telles questions tenaient de la conjecture philosophique, et après les avoir ruminées pendant quelques minutes, Philip conclut (avec tout l'héroïsme que cela supposait) que — tous les coups étant permis en amour comme à la guerre — on lui avait bel et bien posé un lapin.

Les garçons, qui avaient compté sur les retombées financières d'une addition assez considérable, paraissaient maintenant affectés, de façon bien compréhensible, par des événements dont ils commençaient aussi à saisir la portée. Cependant, malgré le sentiment qu'avait Philip d'avoir été rejeté par l'objet de son désir, son estomac continuait stoïquement à émettre des signaux non équivoques. Par conséquent, bien qu'il fût pitoyablement seul à une grande table avec des petits pains croustillants et maintenant une humide noix de beurre pour toute compagnie, et bien que les autres couples le regardassent parfois du coin de l'œil afin de soulager leur propre détresse en se raccrochant à la pensée « Au moins on n'est pas comme lui », il décida que plutôt que de s'enfuir par la fenêtre des toilettes, il resterait et commanderait un repas pour une personne.

Sa bravoure avait dû lui valoir l'admiration du personnel,

car le maître d'hôtel s'approcha de sa table peu après l'arrivée du premier plat et engagea avec lui une conversation qui dura par intermittence jusqu'à la fin du repas, et qui porta sur les déboires sentimentaux et les peines de cœur — l'homme ayant récemment beaucoup souffert à cause d'une jeune femme chargée de débarrasser les clients de leur manteau, et qui apparemment n'avait pas été disposée à soulager le maître d'hôtel de quoi que ce soit.

Ce n'est qu'en arrivant chez lui que Philip commença à ressentir une colère somme toute justifiée.

« Quelle garce », grommela-t-il en repensant au sort qui avait été le sien dans ce restaurant, mais sa colère retomba un peu lorsqu'il s'aperçut qu'il y avait quelqu'un qui l'attendait devant sa porte.

« Écoute, Philip, je suis désolée, vraiment. Est-ce que tu m'as attendue ?

— Non, non, je m'habille toujours comme ça pour aller dîner seul au restaurant.

— Je m'excuse, j'ai essayé de venir, mais...

— Le métro s'est arrêté ?

— Non.

— Tu croyais que c'était la Trattoria Verde à Milan ?

— Non... J'ai essayé de laisser un message.

— Je sais, c'est difficile de laisser des messages, hein ?

— J'avais vraiment beaucoup de travail.

— Bien sûr.

— Il y avait une autre réunion aujourd'hui, alors...

— Oh ! arrête ces salades, veux-tu ?

— Quelles salades ? D'accord, je regrette, je voulais venir, mais en même temps... »

Philip ne s'empressa nullement de combler le silence.

« Dis quelque chose, Philip. Tu es fâché contre moi. Ne reste pas comme ça, crie, hurle, mais fais quelque chose...

— Je ne vais sûrement pas crier, je veux seulement te demander quand tu vas commencer à être sincère avec moi.

— A propos de quoi ?

— De tout, de la raison pour laquelle tu te conduis comme tu le fais. A quoi joues-tu, Alice ?

— Je ne joue pas, je déteste jouer.

— Excuse-moi, j'avais oublié. Pour quelqu'un qui n'aime pas jouer, je dois dire que tu t'en sors pas mal.

— Je suis désolée. Je ne me reconnais plus. Tu as entièrement raison d'être furieux contre moi... »

Philip prit sa clef dans sa poche et ouvrit la porte d'entrée. « Il faut que je dorme un peu maintenant.

— Écoute, je déteste laisser les choses comme ça... Est-ce que je peux entrer cinq minutes ?

— Pourquoi ?

— S'il te plaît.

— Pourquoi ?

— Philip, s'il te plaît.

— Bon, mais cinq minutes, d'accord ? »

Ils gravirent sans mot dire l'étroit escalier qui menait à la salle de séjour.

« Je vais faire un peu de café. Est-ce que tu en veux ? demanda-t-il sévèrement.

— Non, merci. »

Elle vint sur le seuil de la cuisine, et ils regardèrent tous les deux en silence la vapeur qui s'échappait de la bouilloire.

Alice s'était toujours considérée essentiellement comme une personne généreuse sur le plan affectif et prête à tout risquer pour l'homme qu'elle aimait. Tandis que d'autres refusaient de s'engager émotionnellement au nom d'une maturité soucieuse d'autopréservation, elle concevait l'amour comme l'arène de tous les sacrifices.

Il était donc remarquable qu'elle eût toujours limité à ce point ses attachements à des hommes totalement inadéquats ou peu désireux de participer à un vrai dialogue. Si profond que fût son désir de s'abandonner, le choix de ses partenaires avait systématiquement réduit cette possibilité à néant. Elle avait protesté contre leur cécité émotionnelle, elle avait pleuré devant des amis et s'était désespérée de cette cruauté persistante à laquelle elle se heurtait, mais elle avait continué obstinément à ne rien faire pour trouver des candidats plus appropriés. Ses amis avaient commencé à la soupçonner d'être secrètement attachée aux objets de ses plaintes, un attachement qui rendait vaines les tentatives qu'ils faisaient pour suggérer des options différentes.

Si irritants qu'ils fussent, ces individus peu affectueux semblaient être des obstacles nécessaires à la réalisation de désirs souvent exprimés mais problématiques. Ils incarnaient une forme classique de compromis, ils lui permettaient d'exprimer son amour sans courir le risque de le voir accepté ; subtilement ils la privaient du plaisir, mais surtout lui épargnaient l'anxiété, d'être comprise.

Bien que son martyre affectif eût suscité beaucoup de compassion chez certaines personnes de son entourage, il eût sans doute été possible de l'interpréter d'une façon différente et beaucoup plus sceptique. Après tout, était-ce vraiment si désintéressé que cela d'aimer sans jamais rien recevoir en retour ? Était-ce si généreux d'offrir des cadeaux à des gens dont on savait qu'ils ne les accepteraient jamais ?

Alice n'avait-elle pas été prête à tout donner à Éric ? Ne s'était-elle pas plainte quotidiennement qu'elle ne pouvait en faire assez, que quoi qu'elle lui donnât, il le rejetait froidement ? Mais ne l'avait-elle pas choisi précisément parce qu'il lui permettait d'avoir la satisfaction de se considérer comme quelqu'un qui pouvait donner *sans avoir réellement besoin de le faire* ?

Tout cela faisait que Philip représentait un problème, car il y avait en lui une forme d'honnêteté affective qui avait très vite fait pressentir à Alice le caractère très différent que revêtirait une relation amoureuse avec lui. Il ne saurait être question alors de structure religieuse, car c'était un homme qui était disposé à donner autant qu'à recevoir — une agréable perspective sans doute, mais seulement pour quelqu'un aux yeux de qui un échange affectif sans rapport de forces ne présentait aucune difficulté pratique (par opposition à une difficulté conceptuelle).

« J'ai vraiment tout gâché, marmonna Alice.

— Qu'est-ce que tu dis ?

— Rien.

— Tu as dit quelque chose.

— Non.

— Mais si.

— Ce n'était pas important.

— Qu'est-ce que c'était ?

— Simplement que... eh bien, que j'ai tout gâché. »

Il y eut un autre silence avant que Philip ne murmure (mais le fort chuintement de la bouilloire couvrit à moitié ses paroles) : « On est tous les deux des idiots.

— Quoi ?

— J'ai dit qu'on était tous les deux des idiots.

— La seule idiote ici c'est moi. »

Les deux idiots cessèrent un instant de s'autodénigrer pour échanger un bref sourire.

« J'avais pris la résolution de ne plus jamais t'adresser la parole, mais je crois bien que je l'ai déjà foulée aux pieds, dit Philip.

— Pourquoi ?

— Tu veux que j'arrête ?

— Non, bien sûr que non. C'est juste que… j'ai été si rosse avec toi depuis le début. Cette fois-là dans ton appartement, et maintenant et tout… Et le pire c'est que je ne sais même pas pourquoi.

— Pour pouvoir être absolument sûre que je n'ai aucune raison de m'attacher à toi ?

— Peut-être.

— C'est curieux, mais tes efforts ne servent pas à grand-chose. Je ne peux même pas t'en vouloir. J'avais décidé quelque chose de très différent, et voilà que je parle avec toi comme si de rien n'était. »

Alice avait un visage trop angélique pour que Philip réussisse à bouder très longtemps, et bien qu'il fût conscient des avantages potentiels d'un comportement désagréable, il misa sur la franchise. S'il désirait Alice, c'était pour établir une relation sincère avec elle — feindre l'indifférence à son égard allait plutôt à l'encontre du but recherché.

« Tu connais l'histoire du sadique et du masochiste ? demanda-t-il.

— Dis toujours.

— Le masochiste dit au sadique “Frappe-moi”, et le sadique répond “Non”. Eh bien, je vais dire non.

— Ouille. »

Ils sourirent.

« Je me demande ce que tu vois en moi, dit-elle.

— Quelqu'un qui pose justement ce genre de question.

— Oh, arrête. »

Alice enfouit sa main dans la manche de son pull-over et s'en couvrit la bouche. Philip la regarda quelques instants, puis il prit son bras, dégagea sa main et déplia ses doigts. Il glissa ses propres doigts sous la manche d'Alice et caressa son poignet en suivant le tracé de ses veines.

Elle leva son visage et le regarda d'un air à la fois ironique et désabusé, honteux et chaleureux.

« Je ne suis qu'une pauvre idiote névrosée. Tu dois me trouver bien étrange.

— Mais non.

— Allons donc, bien sûr que si.

— D'accord, peut-être, mais c'est normal après tout d'être étrange, et tellement plus intéressant.

— Est-ce que je peux t'embrasser ?

— Seulement si tu me laisses te faire la même chose après. »

DANS LA MÊME COLLECTION

Kôbô Abé, *Mort anonyme*
Julian Barnes, *Avant moi*
Love, etc.
Le Porc-épic
Metroland
Jerome Charyn, *Un bon flic*
Elseneur
Les Filles de Maria
Chiyo Uno, *Confession amoureuse*
Clive Collins, *Le Mariage de Sachiko*
Anita Desai, *La Claire Lumière du jour*
Jeux au crépuscule
Shûsaku Endô, *Douleurs exquises*
Silence
La Fille que j'ai abandonnée
Adelaida Garcia Morales, *La Logique du vampire*
Cristina Garcia, *Rêver en cubain*
Yasushi Inoué, *Shirobamba*
Kôsaku
Penelope Lively, *Le Cerceau des jours*
La Tour de cristal
La Sœur de Cléopâtre
Maria Nurowska, *Post-scriptum pour Myriam et Anna*
Arto Paasilinna, *Le Lièvre de Vatanen*
Le Fils du dieu de l'Orage
La Forêt des renards pendus
Francine Prose, *Les Petits Miracles*
Des gens primitifs
Soledad Puertolas, *Reste la nuit*
À l'heure de la fermeture des bars
Nino Ricci, *Les Yeux bleus et le serpent*

José Miguel Roig, *Les Montagnes russes*
Élisabeth Russel Taylor, *Demain*
Isaac Bashevis Singer, *Le Petit Monde de la rue Krochmalna*
Gimpel le naïf
Le Certificat
Meshugah
Israël Joshua Singer, *Les Frères Ashkenazi*
Yoshe le fou
Rebecca Stowe, *Ce n'était pas la fin du monde*
David Vogel, *Et ils partirent pour la guerre*
Jiří Weil, *Vivre avec une étoile*
Mendelssohn est sur le toit
Virginia Woolf, *Une chambre à soi*
A.B. Yehoshua, *Trois jours et un enfant*

À paraître :

Sami Michael, *Victoria*
Abdulrazak Gurnah, *Paradis*
Louis de Bernières, *La Mandoline du capitaine Corelli*

Mise en page et dessins TyPAO Sarl

Cet ouvrage
a été reproduit
et achevé d'imprimer
en août 1995
par l'Imprimerie Floch
à Mayenne.

D.L., septembre 1995.
Éditeur, n° 7341.
Imprimeur, n° 38077.
Imprimé en France.

7341